E-COMMERCE

conceitos, implementação e gestão

E-COMMERCE

conceitos, implementação e gestão

Nara Stefano
Izabel Cristina Zattar

Rua Clara Vendramin, 58 · Mossunguê
CEP 81200-170 · Curitiba · PR · Brasil
Fone: (41) 2106-4170
www.intersaberes.com
editora@intersaberes.com

Conselho Editorial
Dr. Alexandre Coutinho Pagliarini
Drª Elena Godoy
Dr. Neri dos Santos
Dr. Ulf Gregor Baranow

Editora-Chefe
Lindsay Azambuja

Gerente editorial
Ariadne Nunes Wenger

Assistente editorial
Daniela Viroli Pereira Pinto

Preparação de originais
Masterpress

Capa
Bruno Palma e Silva

Projeto gráfico
Cynthia Burmester do Amaral
Silvio Gabriel Spannenberg

Imagens do projeto gráfico
Patrycja Ebis/Scanrail1/Marin de
Espinosa/Wonggod Tapprapai/cybrain/
Cool Vector Maker

Diagramação
Maiane Gabriele de Araujo

Iconografia
Regina Claudia Cruz Prestes

1ª edição, 2016.
Foi feito o depósito legal.
Informamos que é de inteira responsabilidade das autoras a emissão de conceitos.
Nenhuma parte desta publicação poderá ser reproduzida por qualquer meio ou forma sem a prévia autorização da Editora InterSaberes.
A violação dos direitos autorais é crime estabelecido na Lei n. 9.610/1998 e punido pelo art. 184 do Código Penal.

Dados Internacionais de Catalogação na Publicação (CIP)
(Câmara Brasileira do Livro, SP, Brasil)

Stefano, Nara
   E-commerce: conceitos, implementação e gestão/ Nara Stefano, Izabel Cristina Zattar. Curitiba: InterSaberes, 2016.
   Bibliografia.
   ISBN 978-85-5972-208-6
   1. Comércio - Programas de computador 2. Comércio eletrônico 3. Internet (Rede de computador) 4. Marketing 5. Planejamento estratégico I. Zattar, Izabel Cristina. II. Título.
16-06583   CDD-004.678

Índice para catálogo sistemático:
1. E-Commerce: Uso da Internet: Processamento de dados 004.678

SUMÁRIO

8 APRESENTAÇÃO

11 COMO APROVEITAR AO MÁXIMO ESTE LIVRO

15 **1. COMPETÊNCIAS: BASES PARA O *E-COMMERCE***

1.1 Comunicação digital: internet e seus componentes 17

1.2 Internet: principais conceitos, nomenclaturas e tecnologias 21

1.3 Vantagens da internet 28

1.4 Computação em nuvem 31

1.5 Protocolos de internet 32

1.6 Mídias de comunicação e vídeo 33

1.7 Sistemas operacionais para servidores *web* 34

1.8 Programas utilitários para *websites* 36

1.9 Computadores servidores 39

1.10 Avaliação do desempenho de servidor *web* 40

1.11 Arquiteturas de *hardware* para servidor *web* 41

1.12 Sistemas de balanceamento de carga (*Load-Balancing Systems*) 43

1.13 Conhecendo o *e-commerce* 44

1.14 Diferença entre *e-commerce* e *e-business* 47

1.15 Características das tecnologias do *e-commerce* 55

1.16 *Website* de *e-commerce* 61

1.17 Competitividade e *drivers* no *e-commerce* 65

1.18 Mercado digital e mercado tradicional 71

1.19 Benefícios do *e-commerce*... 75

1.20 Limitações do *e-commerce* 77

1.21 Estratégias no *e-commerce* 80

1.22 *Marketing* no *e-commerce* 87

1.23 Modelos de negócios para *e-commerce*.................................90

1.24 Segurança em redes 96

1.25 Logística e *e-commerce*...100

2. HABILIDADES: INFRAESTRUTURA PARA O *E-COMMERCE*

2.1 Desenvolvimento de *websites* para o *e-commerce* 117

2.2 Estrutura do *e-commerce* e seu desenvolvimento 120

2.3 Principais aplicações do *e-commerce* e suas funcionalidades

.... 135

2.4 Ameaças à segurança no ambiente de *e-commerce*...........138

2.5 Segurança para computadores clientes e servidores 142

2.6 Vírus, *worms*, *softwares* antivírus, *ransomware (scareware)*, cavalos de troia, *backdoor, bot, botnets* e códigos maliciosos

....149

2.7 Certificados digitais..154

2.8 Esteganografia 154

2.9 Soluções tecnológicas para a segurança na internet..........155

2.10 *E-marketing* 164

2.11 *E-supply chains*.. 171

2.12 Sistemas empresariais e seus inter-relacionamentos 178

2.13 *Customer Relationship Management* (CRM)......................186

2.14 Integrando os sistemas..189

199 — 3. BASES TECNOLÓGICAS: RELACIONAMENTOS E *E-SUPPLY CHAIN* NO *E-COMMERCE*

3.1 *E-supply chain* (e-SCM) 201

3.2 Atividade e infraestrutura de uma e-SCM 205

3.3 *E-procurement* 209

3.4 Integração de multicanais e modelos de negócios no varejo *on-line* 211

3.5 Tecnologias para auxiliar a gestão das cadeias de abastecimento...214

3.6 Colaboração na *supply chain* 224

3.7 Processo de atendimento de pedidos no *e-commerce* na *supply chain*... 230

3.8 *E-commerce*: planejamento e gestão............................... 233

3.9 Segurança para servidores e clientes 246

3.10 Sistemas de pagamento 254

3.11 Gerenciamento das parcerias... 260

3.12 Sistemas de Informações Gerenciais (SIG) 265

3.13 Sistemas de Suporte à Decisão (SSD)............................... 266

276 — PARA CONCLUIR...

279 — REFERÊNCIAS

305 — RESPOSTAS

309 — SOBRE O AUTOR

Apresentação

O comércio eletrônico (ou *e-commerce*), como um fenômeno de negócios, vem se tornando cada vez mais "maduro" na atualidade. Embora algumas das sensações que acompanharam o entusiasmo sobre o potencial da chamada *nova economia* tenham se dissipado, seus principais motores permaneceram intactos. Depois de alguns ajustes – lentos, mas seguros –, começamos a ver outro estágio da evolução tomar forma.

No entanto, é importante analisar as transformações subjacentes. Antes, o *e-commerce* tinha como principal base a internet, mas hoje estamos em uma era em que a digitalização das atividades em casas, empresas, mercados e serviços é tão abrangente que afeta todos os aspectos da economia global.

Podemos perceber que o *e-commerce* vem evoluindo, ao longo dos anos, para se tornar um grande canal por meio do qual as empresas podem trocar bens e serviços, coordenando a produção e o mercado para os clientes. Ao dominar o poder da internet, o *e-commerce* mudou a forma como as organizações realizam seus negócios. A sofisticação cada vez maior de *websites*, *intranets* e *extranets* levou a aplicações *web* tão avançadas que estão sendo usados para atender às necessidades dos clientes.

Em sentido amplo, *e-commerce* é o uso de redes de computadores para melhorar o desempenho organizacional. Como resultado, há aumento na rentabilidade, maior participação no mercado, melhores serviços para os clientes e entrega mais rápida dos produtos – esses são apenas alguns dos benefícios possíveis do *e-commerce*.

Trata-se, portanto, de algo que vai além da encomenda de bens ou serviços em um catálogo *on-line*, pois envolve todos os aspectos e interações eletrônicas de uma organização com seus *stakeholders*. Em outras palavras, envolve o uso de tecnologia da informação para melhorar as comunicações e transações com todas as partes interessadas de uma organização – que incluem clientes, fornecedores, reguladores do governo, instituições financeiras, gestores, colaboradores e o público em geral.

O *e-commerce* amplia modelos de negócios existentes e reduz os custos, ao mesmo tempo que melhora os canais de distribuição já existentes e pode até mesmo introduzir novas possibilidades. Dentro do ambiente virtual do *e-marketplace*, o *e-commerce* permite o desenvolvimento de novos modelos de negócios e lhes atribui uma importância muito maior do que tinham antes.

Podemos considerar *e-commerce* por diferentes pontos de vista:

- Na perspectiva da **comunicação**, significa a entrega de informação, bens ou serviços por meio de pagamentos eletrônicos;
- Na perspectiva de **processos de negócios**, envolve a utilização de tecnologia visando à automação das transações e do fluxo de trabalho;
- Na perspectiva de **serviço**, visa encontrar soluções para reduzir custos e, simultaneamente, oferece uma prestação de serviços mais rápida e com qualidade;
- Na perspectiva *on-line*, significa a compra e a venda de bens e informações.

Contudo, mesmo com tantos benefícios, o *e-commerce* também apresenta riscos. Empresas que investem em *e-business* nem sempre alcançam os benefícios que esperavam, e os motivos para isso podem estar em erros na execução do plano de negócios ou na escolha de abordagens inadequadas para o o mercado-alvo. Problemas desse tipo são de ordem estratégica; assim, podemos falar de um **risco estratégico**, pois **riscos práticos** estão relacionados às falhas no serviço que levam à perda de clientes, como atrasos, ou erros nas entregas dos pedidos, a falta de respostas a solicitações etc.

Dessa forma, a proposta deste livro é apresentar o contexto do *e-commerce* no atual ambiente dos negócios, bem como sua gestão. Assim, levantamos as seguintes questões sobre *e-commerce*:

- Qual abordagem estratégica seguir?
- Quanto é preciso investir?
- Quais atividades e processos devem ser prioritários?
- Quais modelos de negócios e de receita devem ser adotados?
- Quais são as principais mudanças que precisam ser feitas na organização para facilitar a implementação do *e-commerce*?

Portanto, considerando ao amplo escopo do *e-business* e do *e-commerce*, a abordagem usada neste livro integra várias disciplinas, incluindo sistemas de informação, estratégia, *marketing*, *supply chain*, operações entre outras.

No Capítulo 1, apresentamos as bases do *e-commerce*, suas principais aplicações e questões relacionadas a sua implementação.

No Capítulo 2, discutimos a infraestrutura necessária para a criação de um *website* de *e-commerce*, suas bases tecnológicas e as principais características da *supply chain*.

Para finalizar, no Capítulo 3 abordamos a estrutura da *e-supply chain* (e-SCM), bem como os tipos de tecnologias utilizadas, parcerias e colaborações.

Com base no conteúdo aqui desenvolvido, este livro tem como objetivo ser um guia nos principais aspectos do *e-business* e da implantação do *e-commerce* dentro de uma organização.

Para que essa tarefa pudesse ser bem executada, apoiamo-nos em teorias e conceitos sobre a internet e outros meios de comunicação e consideramos um conjunto de tópicos apresentados na literatura específica para *e-business*, *e-commerce*, *e-marketing*, *supply chain* e outros elementos que permeiam o *e-commerce*. Esperamos que, dessa forma, esta obra possa ser utilizada para seu aperfeiçoamento acadêmico e profissional.

Como aproveitar ao máximo este livro

Este livro traz alguns recursos que visam enriquecer o seu aprendizado, facilitar a compreensão dos conteúdos e tornar a leitura mais dinâmica. São ferramentas projetadas de acordo com a natureza dos temas que vamos examinar. Veja a seguir como esses recursos se encontram distribuídos no decorrer desta obra.

CONTEÚDOS DO CAPÍTULO: Logo na abertura do capítulo, você fica conhecendo os conteúdos que nele serão abordados.

APÓS O ESTUDO DESTE CAPÍTULO, VOCÊ SERÁ CAPAZ DE: Você também é informado a respeito das competências que irá desenvolver e dos conhecimentos que irá adquirir com o estudo do capítulo.

Questões para revisão

1. Com relação às diferenças entre *e-commerce* e *e-business*, relacione a primeira coluna com a segunda:

Coluna 1	Coluna 2
(1) *E-commerce*	( ) Processo de transferência de propriedade de bens e serviços ou dos direitos de utilização desses bens ou serviços por meio do uso de um computador mediado por uma rede eletrônica.
(2) *E-business*	( ) Incluem atividades comerciais diretas, como *marketing*, gestão de vendas e de recursos humanos, e indiretas, como processos de negócios, reengenharia e gerenciamento de mudanças.
	( ) Seus principais tipos de transações são B2C, B2B.
	( ) Envolve os processos ou as áreas da gestão e operação de uma organização de natureza eletrônica ou digital.
	( ) Ocorre em mercados eletrônicos, que são locais do ciberespaço em que potenciais vendedores e compradores podem efetivamente transacionar trocas via interações digitais.

2. Existem diferentes tipos ou categorias de *e-commerce* e também muitas maneiras para caracterizá-las. Na maior parte das vezes, podemos distinguir diferentes tipos de *e-commerce* pela natureza da relação entre o mercado e para quem são realizadas as vendas. Dessa forma, relacione a primeira coluna com a segunda:

II) Melhora a qualidade dos produtos e serviços; agiliza a organização dos bancos de dados; aumenta os custos de transporte; ocasiona postergação da logística (*postponement*).

III) Verifica a disponibilidade e o monitoramento do nível de estoque; rastreia remessas; melhora o plano de produção com base na demanda real do cliente.

IV) Comunica rapidamente as alterações no *design* do produto; armazena e movimenta os estoques; não altera estoques; acompanha o *status* dos pedidos.

V) Otimiza o plano de podução com restrições na demanda real; agiliza a organização dos bancos de dados; aumenta os custos de transporte; ocasiona postergação da logística (*postponement*).

Estão corretas:

a) Apenas I e III.
b) Apenas I e II.
c) Apenas III e IV.
d) Apenas II e V.
e) Todas as afirmativas são corretas.

4. Quais são as principais limitações potenciais para o crescimento do *e-commerce* B2C?

5. O que é preciso para criar um negócio *on-line*?

Questões para reflexão

1. Para a construção bem-sucedida de um *website* de *e-commerce*, é preciso compreender claramente os objetivos de negócios a serem alcançados por ele, só assim poderemos escolher a tecnologia adequada. Com isso em mente, escreva brevemente sobre o desenvolvimento de um *website* para o *e-commerce*.

QUESTÕES PARA REVISÃO COM estas atividades, você tem a possibilidade de rever os principais conceitos analisados. Ao final do livro, o autor disponibiliza as respostas às questões, a fim de que você possa verificar como está sua aprendizagem.

QUESTÕES PARA REFLEXÃO Nesta seção, a proposta é levá-lo a refletir criticamente sobre alguns assuntos e trocar ideias e experiências com seus pares.

2. A *e-logistics* é utilizada pelos portais de *e-commerce*, cujo número e popularidade aumentam cada vez mais. Destaque algumas ferramentas utilizadas na *e-logistics*.

Para saber mais

LAUDON, K. C.; TRAVER, C. G. E-commerce: Business, Technology, Society. 10. ed. New York: Pearson, 2014.

Essa obra abrange de forma detalhada as três forças motrizes por trás da expansão do *e-commerce*: a mudança de tecnologia, o desenvolvimento de negócios e as questões sociais. A estrutura conceitual usa exemplos de muitas empresas modernas para demonstrar ainda mais as diferenças e as complexidades do *e-commerce* hoje.

TURBAN, E. et al. Electronic Commerce: a Managerial and Social Networks Perspective. 8. ed. Cham, Suíça: Springer International Publishing, 2015.

Este livro apresenta os temas mais atuais do *e-commerce*, mostrando exemplos de grandes corporações, pequenas empresas de diferentes indústrias e serviços, governos e agências sem fins lucrativos de todo o mundo. Esses exemplos, que foram recolhidos por acadêmicos e profissionais, mostram ao leitor as múltiplas capacidades da *e-commerce* e as formas inovadoras que as empresas estão usando em suas operações.

Nara Stefano • Izabel Cristina Zattar

PARA SABER MAIS Você PODE CONSULTAR AS OBRAS INDICADAS NESTA SEÇÃO PARA APROFUNDAR SUA APRENDIZAGEM.

Competências: bases para o *e-commerce*

CONTEÚDOS DO CAPÍTULO:

- Comunicação digital: a internet e seus componentes, nomenclaturas e tecnologias.
- Sistemas operacionais para servidores *web*.
- Introdução ao *e-commerce*.
- Estratégias no *e-commerce*.
- Logística e *e-commerce*.

APÓS O ESTUDO DESTE CAPÍTULO, VOCÊ SERÁ CAPAZ DE:

1. identificar conceitos, nomenclaturas, componentes e tecnologias da internet e da *web*;
2. reconhecer as vantagens das tecnologias digitais (tais como sistemas operacionais, ferramentas, mídias, computadores, servidores e clientes, programas utilitários);
3. avaliar a arquitetura e a infraestrutura de tecnologia para o desenvolvimento e a implementação do *e-commerce*;
4. examinar os principais fatores e ferramentas para a segurança de redes;
5. aplicar as ferramentas de *e-logistics* no *e-commerce*.

UMA DAS mudanças mais profundas que ocorreram e têm ocorrido no mundo dos negócios é a introdução do *e-commerce*. Seu impacto – em termos de contratos, compras, colaboração comercial e serviços ao cliente, bem como na entrega de vários serviços – afeta quase todas as organizações.

Por conta do *e-commerce*, percebemos mudanças em todas as áreas funcionais dos negócios e nas tarefas por elas desempenhadas, que vão desde o setor de publicidade até o de contas a pagar. Nesse contexto, a natureza da competição também está sendo drasticamente alterada devido ao surgimento de novas empresas *on-line*, novos modelos de negócio, bem como à diversidade de produtos e serviços relacionados com o *e-commerce*.

Dessa forma, podemos dizer que o *e-commerce* prevê oportunidades sem paralelo para as empresas expandirem seus negócios no contexto global a um custo relativamente baixo (quando comparado com o da empresa tradicional) e ainda proporciona o aumento da participação do mercado.

1.1 Comunicação digital: internet e seus componentes

As tecnologias da informação e da comunicação (TIC) têm potencial tanto para transformar as operações de negócios como para transformr os comportamentos e as atividades humanas. Alguns exemplos de comportamentos de consumo incluem: comunidades virtuais; detalhadas buscas de informações por meio da internet; trocas de *e-mail* (comunicação boca a boca sobre produtos e serviços, mensagens enviadas diretamente das organizações para os clientes); compras diretas por meio da *web* (de flores, músicas, *softwares* etc.).

Sim, podemos dizer que a internet cria novas oportunidades para as organizações e as empresas, como no caso de coletar informações diretamente dos consumidores (interativamente), além de fornecer um lugar em que os consumidores podem se reunir e trocar informações uns com os outros.

Além disso, a tecnologia cria valor para os consumidores. Algumas vezes, esses valores vêm sob a forma de produtos e serviços melhorados, outras, por meio de preços mais favoráveis (incentivados, talvez, pelo aumento da concorrência que a internet pode trazer para indústrias) e também de comunicações mais avançadas (e mais rápidas) entre os consumidores e entre eles e as organizações.

Numa outra perspectiva, se analisarmos a internet como **ferramenta**, chegaremos ao conceito de inteligência coletiva e de ciberespaço, criados por Pierre Lévy (1998). Segundo esse autor, todos os indivíduos acumulam a própria inteligência por meio de vivências pessoais, que devem ser respeitadas e podem servir como modo de interação social, levando à inteligência coletiva. Assim, a internet serviria como uma forma de comunicação social, criando um espaço igualitário em tempo real.

Sobre o ciberespaço, ainda de acordo Lévy (1), muito mais que um meio de comunicação ou uma mídia, este seria um ambiente que reúne uma infinidade de mídias que podem ser encontradas na internet, no jornal, na revista, nos rádios, no cinema, na televisão e nas mais diferentes interfaces que permitem interação (simultanea ou não), como *chats*, fóruns de discussão, *blogs*, entre outros (Lévy, 2003, citado por Oliveira, 2014).

Dessa forma, o ciberespaço manifestaria a inteligência coletiva, a qual se forma pela comunicação entre indivíduos que promovem a troca de ideias por meio de comunidades virtuais, sendo que o objetivo maior está em desenvover amplas conexões entre seus participantes.

Desde 1982, quando surgiu, a tecnologia da digitalização não parou mais de crescer e conquistou seu lugar no mundo global. Gradativamene, produtos como televisões, telefones, relógios, câmeras e música mudaram para formatos digitais. Desde então, a digitalização se espalhou com a conectividade (internet) por meio de dispositivos e pessoas. Por exemplo: fotografias podem ser mostradas em telas de computadores e *smartphones* e compartilhadas em redes sociais ou armazenadas remotamente em nuvens computacionais.

E-commerce: conceitos, implementação e gestão

Como disse Khurana (2011), a internet revolucionou o mundo da informática e das comunicações, pois, ao mesmo tempo que dissemina a informação, proporciona colaboração e interação entre indivíduos por meio de computadores, ultrapassando as fronteiras da localização geográfica.

UM POUCO DA HISTÓRIA DA INTERNET

A história da internet pode ser dividida em três fases. Na primeira fase, a da inovação (1961 a 1974), os parâmetros fundamentais da internet foram conceitualizados e, então, tem-se a realidade do *software* e *hardware*. Os parâmetros básicos de construção são: *hardware* de comutação de pacotes, computação servidor/servidor, protocolo de comunicação chamado *TCP/IP* (*Transmission Control Protocol/Internet Protocol*). O propósito original da internet, quando foi concebida no final de 1960, era ligar os grandes servidores em diferentes *campus* universitários.

Na segunda fase, a institucional (1975-1995), grandes instituições, tais como o *Department of Defense and the National Science Foundation*, forneceu financiamento e legitimação para a invenção da internet. Uma vez que o conceito da internet havia sido comprovado em diversos projetos de demonstração apoiados pelo governo, o Departamento de Defesa contribuiu com US$ 1 milhão para desenvolvê-los em um sistema de comunicação militar, robusto o bastante para que pudesse suportar o esforço da guerra. Esse esforço criou o que era então chamado *Arpanet* (*Advanced Research Projects Agency Network*). Em 1986, a *National Science Foundation* assumiu a responsabilidade pelo desenvolvimento de uma internet civil (chamado então *NSFNet*) e iniciou-se um programa de 10 anos de duração e mais de $ 200.000.000 milhões de investimento.

Na terceira fase, a da comercialização (a partir de 1995 até o presente), as agências de governo incentivaram as empresas privadas a assumirem e expandirem os serviços de internet para os cidadãos locais, famílias em toda a América e o mundo. Em 2000, o uso da internet havia se expandido muito além de instalações militares e universidades. O período *e-commerce* começou, em 1994, com o primeiro esforço para anunciar e vender na *web*.

Fonte: Adaptado de Laudon; Traver, 2014, p. 112-116.

Nara Stefano • Izabel Cristina Zattar

Atualmente, a *web* conecta diversos computadores com diferentes tipos de *softwares* e sistemas operacionais e, por ser uma plataforma neutra, possibilita que esses computadores se comuniquem com facilidade e eficácia. Essa neutralidade foi um ingrediente fundamental na disseminação rápida e sua ampla aceitação (Schneider, 2011).

A Figura 1.1 mostra um exemplo de como a plataforma oferece múltiplas interconexões entre uma ampla variedade de computadores clientes e servidores.

Figura 1.1 Exemplo de plataforma da *web*

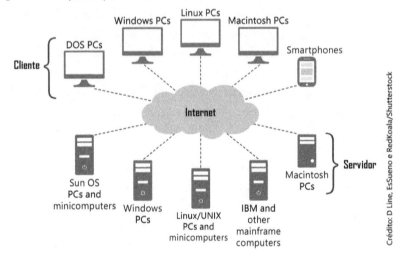

Fonte: Adaptado de Schneider, 2011, p. 355, tradução nossa..

1.1.1 MERCHANDISING

Como sabemos, a internet é uma das aplicações mais promissoras da TIC, sendo utilizada para troca, disseminação, transmissão e compilação de informações. Sendo assim, é uma ferramenta importante para os compradores e vendedores que se reúnem de forma virtual e que revolucionou a forma como os negócios são conduzidos – como em *merchandising*[1] de varejo. Além disso, muitos vendedores têm desenvolvido habilidades que lhes permitem identificar as necessidades dos clientes e assim encontrar produtos ou serviços que atendam a essas demandas.

---
1   A combinação de *design* da loja, *layout* e exposição do produto é chamada de *merchandising*.

As habilidades de *merchandising* e venda podem ser difíceis de praticar remotamente. No entanto, as empresas devem ser capazes de transferir suas habilidades de *merchandising* para a *web* com o objetivo de terem *websites* bem-sucedidos. Nesse contexto, devemos considerar que alguns produtos são mais fáceis de serem vendidos na internet do que outros, porque determinadas habilidades de *merchandising* relacionadas a alguns produtos são mais fáceis de serem transferidas para a *web* (Schneider, 2011).

1.2 INTERNET: PRINCIPAIS CONCEITOS, NOMEN-CLATURAS E TECNOLOGIAS

Em 1995, o Federal Networking Council (FNC) tomou a iniciativa de aprovar uma resolução formal para definir o termo *internet* (Quadro 1.1).

RESOLUÇÃO DO FEDERAL NETWORKING COUNCIL E O CONCEITO DE INTERNET

Para o FNC, o termo *internet* refere-se ao sistema de informação global que:

1. É, logicamente, ligado entre si por um espaço de endereço exclusivo baseado no *Internet Protocol* (IP) ou em suas extensões posteriores (*follow-ons*);

2. É capaz de suportar comunicações usando a suíte TCP/IP e suas extensões subsequentes ou outros protocolos IP compatíveis;

3. Fornece e torna acessíveis serviços tanto para o setor público quanto para o privado, por meio de muito níveis e infraestruturas conexas.

Fonte: Adaptado de Laudon; Traver, 2014, p. 113.

Com base nessa definição, podemos dizer que a internet é uma rede que usa o esquema de endereçamento IP, suporta o *Transmission Control Protocol* (TCP) e torna, dessa forma, os serviços disponíveis para os usuários, bem como um sistema de telefone disponibiliza serviços de voz e dados para o público.

Observe a Figura 1.2, a seguir.

Figura 1.2 Computadores com IP conectados à rede mundial

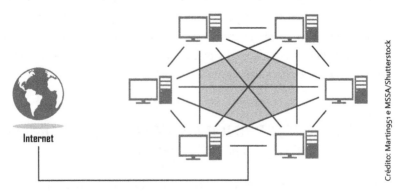

Por trás dessa definição formal do FNC (Laudon; Traver, 2014), podemos citar três conceitos extremamente importantes que são a base para a compreensão do que é internet:

1. comutação de pacotes;
2. protocolo de comunicações TCP/IP;
3. computação cliente/servidor.

Embora a internet tenha evoluido e mudado drasticamente nos últimos 30 anos, esses três conceitos continuam sendo centrais no que se refere ao funcionamento dela.

1.2.1 Comutação de pacotes (PACKET SWITCHING)

Conforme explicam Laudon e Traver (2014), pacotes (unidades de transferência de informação) são individualmente encaminhados entre nós da rede por meio de ligações de dados tipicamente partilhadas por outros nós.

Antes do desenvolvimento da comutação de pacotes, as redes de computadores eram alugadas e usavam circuitos telefônicos para se comunicar com terminais e outros computadores, mas essa técnica era cara e instável.

Na comutação de pacotes (observe a Figura 1.3), as mensagens digitais são divididas em pacotes de tamanho fixo em *bits* (geralmente cerca de 1.500 *bytes*); informações de cabeçalho indicam a origem e o endereço de destino final do pacote, o tamanho das mensagens e o número de pacotes que o nó receptor deve esperar. Como o recebimento de cada pacote é reconhecido pelo computador receptor para uma quantidade considerável de tempo, a rede não passa informações, mas confirmações, produzindo assim um atraso, chamado de *latência*.

Figura 1.3 Comutação de pacotes (*packet switching*)

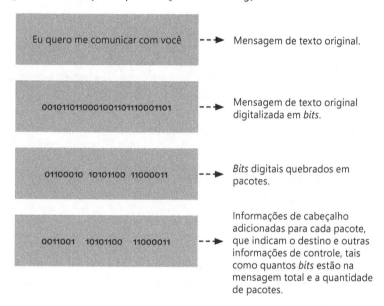

Fonte: Laudon; Traver, 2014, p. 117, tradução nossa.

Em redes de comutação de pacotes, as mensagens são, primeiramente, quebradas em pacotes. A cada pacote são anexados códigos digitais que indicam um endereço de origem e um de destino, bem como a informação de sequenciação e controle de erros para o pacote. Em vez de serem enviados diretamente para o endereço de destino, em uma rede os pacotes viajam de computador para computador até chegarem ao seu destino.

Esses computadores são chamados de ***roteadores*** (*routers*) e têm o propósito especial de interligar milhares de redes de computadores que compõem os pacotes de internet e percorrem a rota até seu destino final. É assim que esses pacotes "viajam". Para garantir que os pacotes tomem o melhor caminho disponível em direção a seu destino, os roteadores usam programas chamados ***algoritmos de roteamento***.

Na Figura 1.4 apresentamos uma representação básica de um sistema operando em comutação de pacotes. Como podemos verificar, um pacote que se encontra no PC0 pode seguir por vários caminhos para chegar ao seu destino final, o PC1 (Teleco, 2016a).

Figura 1.4 Comutação de pacotes

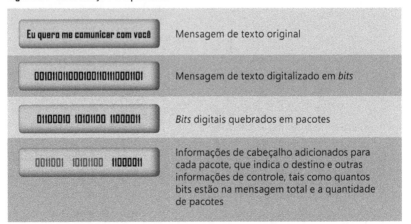

Fonte: Teleco, 2016a.

Como podemos ver, a comutação de pacotes não exige um circuito único, mas pode fazer uso de qualquer capacidade que esteja disponível em uma das várias centenas de circuitos – assim, faz uso quase que por completo de todas as linhas de comunicação disponíveis. Dessa forma, se algumas linhas estiverem deficientes ou ocupadas, os pacotes podem ser enviados em qualquer linha disponível que eventualmente os leve ao ponto de destino.

1.2.2 Protocolo de comunicações TCP/IP

A comutação de pacotes foi um avanço na capacidade de comunicação, pois antes não havia um método universal para dividir as mensagens digitais em pacotes e encaminhá-las ao endereço correto, restaurando-as em uma mensagem coerente. Para isso, desenvolveram-se protocolos (conjuntos de regras e normas para a transferência de dados) que pudesse conduzir, formatar, ordenar, comprimir e verificar erros de mensagens, bem como especificar a velocidade de transmissão e os meios pelos quais enviar e receber mensagens. São eles: o

Transmission Control Protocol (TCP), que estabelece as conexões entre o envio e o recebimento de informações na *web* e se certifica de que os pacotes enviados serão recebidos na mesma sequência e que nenhum pacote ficará faltando; e o *Internet Protocol* (IP), que fornece o esquema de endereçamento na internet e é responsável pela entrega real dos pacotes.

De acordo com Parziale et al. (2006), Fall e Stevens (2011), Wang e Kissel (2015), o TCP/IP é dividido em cinco camadas e cada uma delas é lida sob um aspecto diferente com relação à comunicação. Observe:

1. A primeira camada é a **física**, na qual estão os componentes físicos, como *modems*, cabos e conectores de rede.

2. A segunda camada é a da **interface** (acesso) com a rede, responsável por enviar o datagrama recebido pela camada de internet em forma de um quadro por meio da rede.

3. A terceira camada é a da **internet**, responsável pelo roteamento de pacotes, ou seja, adiciona ao datagrama informações sobre o caminho que o pacote deverá percorrer.

4. A quarta camada é a do **transporte**, responsável por captar os dados enviados pela camada de aplicação e transformá-los em pacotes a serem repassados para a camada da internet.

5. A quinta camada é a da **aplicação**, responsável pela comunicação entre os aplicativos e o protocolo de transporte.

Na Figura 1.5, você pode visualizar a arquitetura dessas cinco camadas do TCP/IP.

Figura 1.5 Modelo de camadas desenvolvido para o TCP/IP

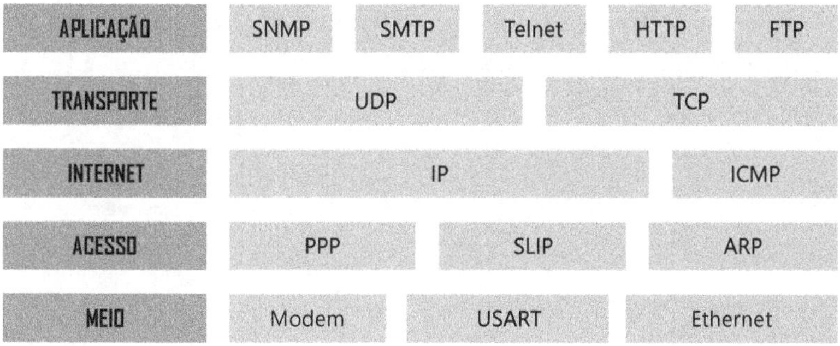

APLICAÇÃO	SNMP	SMTP	Telnet	HTTP	FTP
TRANSPORTE		UDP		TCP	
INTERNET		IP		ICMP	
ACESSO		PPP	SLIP	ARP	
MEIO		Modem	USART	Ethernet	

1.2.2.1 ENDEREÇOS IP

Como pode milhões de computadores conectados à internet se comunicarem uns com os outros? A resposta é que cada computador, para ser conectado à internet, deve ter um endereço atribuído, caso contrário, não poderá enviar ou receber pacotes TCP.

Por exemplo, quando conectamos um computador à internet usando uma conexão *dial-up*, DSL (*Digital Subscriber Line*) ou *modem* a cabo, é atribuído a ele um endereço temporário pelo seu provedor de serviços de internet (*Internet Service Provider* – ISP). Por exemplo, a maioria dos computadores corporativos e universitários ligados a uma rede local tem um endereço de IP permanente.

Laudon e Traver (2014) explicam que, atualmente, há duas versões de IP em uso: IPv4 e IPv6. O endereço de internet IPv4 é um número de 32 *bits* que aparece com uma série de quatro números separados por pontos – por exemplo, 64.49.254.91. Cada um desses quatro números pode variar de 0 a 255. Esse esquema de endereçamento suporta até cerca de 4 bilhões de endereços (2^{32}). Já o endereço de internet IPv6 é de 128 *bits* e suporta até 2^{132} ($3,4 \cdot 10^{38}$) – isto é, muito mais do que o IPv4.

1.2.2.2 NOMES DE DOMÍNIO (*DOMAIN NAMES*): DNS E URL

Um endereço IP é representado por uma convenção de linguagem natural chamada de **nome de domínio** (em inglês, *domain name*). O *Domain Name System* (DNS) permite que expressões como *xxx.com* representem um endereço IP numérico, e o *Uniform Resource Locator* (URL) é o endereço usado por um navegador da *web* para identificar a localização de determinado conteúdo. A URL típica contém o protocolo para ser utilizada ao acessar o endereço, seguido por sua localização, por exemplo: *http://www.abelandcole.co.uk/*.

E-commerce: conceitos, implementação e gestão

Figura 1.6 Exemplo de DNS para internet

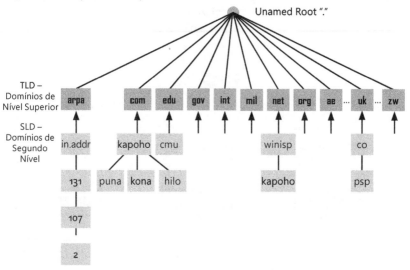

Fonte: Adaptado de Lee; Davis, 2000, tradução nossa.

Ainda com relação ao DNS, outro termo que você precisa conhecer é *root servers*, que são diretórios centrais que listam todos os nomes de domínio atualmente em uso para domínios específicos.

1.2.3 Computação cliente/servidor

É um modelo de computação no qual computadores e outros dispositivos da internet, chamados *clientes* (*clients*), são conectados em uma rede com um ou mais computadores de servidores. Esses clientes são suficientemente poderosos para realizar tarefas complexas, como exibir gráficos com detalhes ricos, armazenar arquivos grandes, processar gráficos, arquivos de som, tudo em um dispositivo portátil ou *desktop* local.

Servidores (*servers*) são computadores ligados em rede, dedicados a funções comuns que os computadores *clients* precisam executar, ou seja, servem para o armazenamento de arquivos, usar aplicativos de *softwares*, instalar programas utilitários que fornecem conexões com a *web* e utilizar impressoras.

Figura 1.7 Exemplos de servidores e clientes

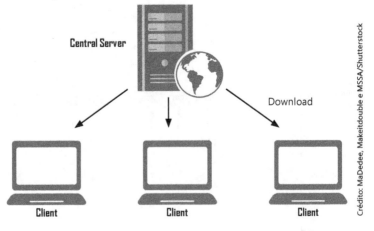

Fonte: Microsoft, 2014.

1.3 Vantagens da internet

A internet é um exemplo gigante de cliente/servidor de computação no qual milhões de servidores *web*, localizados em todo o mundo, podem ser facilmente acessados por milhões de computadores clientes. Nesse contexto, podemos destacar algumas vantagens que ela nos trouxe:

E-mail – É hoje uma ferramenta essencial de comunicação no mundo dos negócios e também para manter contato com a família e os amigos. Uma de suas maiores vantagens, quando comparado com o telefone, o *fax* e os serviços postais, é que não acarreta custo por uso (ainda que existam contas pagas).

Informação – A internet proporciona uma quantidade imensa de informações para todo os assuntos que se desejam, nas mais diversas áreas.

Serviços – Muitos são disponibilizados na internet, como atendimentos bancários, candidaturas a empregos, reservas em hotéis e restaurantes etc. Muitas vezes, esses serviços não estão disponíveis *off-line* ou custam mais caro.

Compra e venda de produtos – A internet é uma maneira muito eficiente de comprar e vender produtos em todo o mundo.

E-commerce: conceitos, implementação e gestão

COMUNIDADES – Uma maneira de se encontrar com pessoas que têm interesses similares e discutir problemas comuns.

IMAGEM DA ORGANIZAÇÃO – Ao apresentar uma empresa ou organização como sendo de ponta, temos uma imagem de que ela é financeiramente forte e tecnologicamente mais experiente. Somado a isso, é passada a mensagem de que os gestores se importam o suficiente com seus clientes (e *stakeholders*) e tiram partido das novas tecnologias para seu benefício. Isso também pode transmitir a ideia de que a organização tem os recursos para apoiar seus clientes da forma mais benéfica possível. O que vemos hoje é que, além de anunciar seus produtos e serviços na televisão, no rádio, em revistas e jornais, os negociantes estão incluindo cada vez mais endereços na *web* e realizando também anúncios em mídias sociais, que, entre diversos aspectos, têm o poder de encontrar "defensores" que falarão em nome da marca.

ATENDIMENTO – As empresas estão disponíveis para seus clientes 24 horas por dia, 7 dias por semana. A internet nunca dorme. Sempre que o cliente precisar de informações sobre qualquer empresa, produtos ou serviços, ele pode acessar a *web* e pesquisar o que está procurando.

EXPANSÃO DOS MERCADOS – A internet é um sistema global e a cada dia cresce, exponencialmente, o número de seus usuários. O simples fato de criar uma página na *web* faz com que esta esteja disponível a mercados internacionais.

BAIXO CUSTO DE *MARKETING* – Na internet não é preciso pagar os custos de provas e impressão, desperdiçar papel, esperar longo tempo entre as revisões e muito mais. Nela é possível criar um catálogo de forma interativa, incorporando textos, gráficos, áudios e vídeos, e atualizá-lo imediatamente sem incorrer em custos habituais de atualizações de produto ou material. Por meio de um investimento inicial (que pode ser baixo), podemos apresentar uma empresa ou organização a milhões de usuários da internet em todo o mundo por meio de um catálogo virtual, que pode ser visto globalmente sem somar, necessariamente, custos altos.

BAIXO CUSTO DE VENDA – Sem o custo de venda direta, potenciais clientes podem obter informações detalhadas sobre produtos ou serviços a qualquer momento, bem como facilmente encomendar produtos e serviços por meio da internet ou solicitar informações adicionais na página da empresa.

Custos baixos de comunicação – A maioria das empresas e organizações gastam muito tempo respondendo às mesmas perguntas e dúvidas repetidas vezes. Com uma página da *web*, podemos disponibilizar respostas a perguntas frequentes para que todos visualizem. Também é possível atualizarmos a página com novas informações de forma rápida e fácil.

Valor adicionado de *marketing* – Toda informação será valiosa para a base de clientes da empresa e podemos incluí-la facilmente na página, incentivando assim as visitas ao *website*. Podemos ainda fornecer *links* fáceis para outros *websites* com informações relevantes para seus clientes.

Em toda discussão que se presencia a respeito do uso benéfico da internet há uma tendência de vê-la somente como **ferramenta de *marketing***, que ajuda principalmente na promoção da empresa, mas as possibilidades da internet são muito mais amplas (Sebrae, 2012).

É claro que ela é uma poderosa ferramenta para o relacionamento – e todas as áreas dependem das relações entre as pessoas. Tomando como exemplo o setor de Recursos Humanos (RH) de uma empresa, vemos que disponibilizar conteúdos empresarias por meio da *intranet* é uma atividade corriqueira. Assim, esses espaços, que são compartilhados com os colaboradores, se tornam o canal ideal para campanhas de incentivo e de integração.

Ainda sobre essa característica da internet, o relacionamento com fornecedores é outro exemplo que podemos citar aqui. Por meio dessa ferramenta, as empresas podem fazer compras *on-line* com praticidade e controle. Além de diminuírem os custos da compra, podem confiar em compartilhar informações restritas por meio de senha de acesso. Também é possível utilizar serviços específicos que disponibilizam *softwares* gratuitos para a gestão (Sebrae, 2012).

Analisando o cenário atual, podemos imaginar que, em poucos anos, a principal forma de acesso à internet no mundo será por meios portáteis, como *smartphones* e *tablets*, e não mais pelos tradicionais *desktops* e *laptops* (Stair; Reynolds, 2012). Isso significa que a plataforma principal para produtos e serviços do *e-commerce* também mudará para uma plataforma móvel, pois isso influencia a forma como, onde e quando os consumidores compram.

E-commerce: conceitos, implementação e gestão

1.4 Computação em nuvem

A computação em nuvem (*cloud computing*) refere-se a um modelo em que as empresas e os indivíduos utilizam aplicações e *softwares* por meio da internet, em vez de comprá-los ou instalá-lo em seus computadores. Atualmente, a computação em nuvem é a que mais cresce, com uma dimensão de mercado estimada, em 2013, em mais de 130 bilhões (Gartner, 2013).

Empresas de *hardware*, como IBM, Hewlett-Packard (HP) e Dell, construíram centros de computação em nuvem gigantescos, que oferecem armazenamento de dados e conexões de internet de alta velocidade para empresas que dependem dela para aplicativos específicos. A Amazon.com, maior varejista da internet, é também um dos maiores provedores de infraestrutura de nuvem e serviços de *software* (Laudon; Traver, 2014). Observe, na Figura 1.8, um modelo de computação em nuvem.

Figura 1.8 Modelo de computação em nuvem

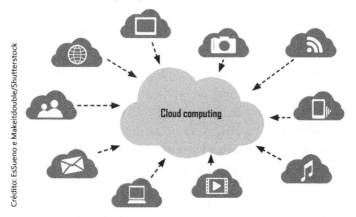

Crédito: EsSueno e Makeitdouble/Shutterstock

De acordo com Laudon e Traver (2014), existem no mundo mais de 40 milhões de usuários ativos e mais de 4 milhões de empresas que usam o Apps de Google for Work, uma suíte de aplicativos de *softwares* de escritório, tais como processamento de texto, planilhas e calendários, que os usuários acessam por meio da internet.

A computação em nuvem proporciona muitas implicações significativas para o *e-commerce*, reduzindo radicalmente os custos de construção e operação de *websites*, pois a infraestrutura de *hardware* e *software* necessária pode ser licenciada – como um serviço de provedores de internet – a uma fração do custo de aquisição de tais serviços como produtos. Isso significa que as empresas podem adotar as estratégias *pay-as-you-go* (pagamento por utilização) e *pay-as-you-grow* (pague conforme cresce) quando construirem seus *websites*.

1.5 PROTOCOLOS DE INTERNET

Existem muitos protocolos de internet e programas que prestam serviços aos usuários na forma de aplicações que funcionam em *client/server*. Esses serviços têm base em protocolos universalmente aceitos e em padrões que estão disponíveis para todos, ou seja, os serviços não são de propriedade de qualquer organização, mas foram desenvolvidos ao longo de muitos anos e disponibilizados a todos os usuários da internet.

HYPERTEXT TRANSFER PROTOCOL (HTTP) – O HTTP é o protocolo de internet usado para transferir páginas da *web* e ocorre na camada de aplicação do TCP/IP. Uma sessão HTTP começa quando o navegador do cliente solicita um recurso, por exemplo, uma página da *web*, por meio de um servidor remoto de internet (Laudon; Traver, 2014). Quando o servidor responde enviando a página solicitada, a sessão HTTP para esse objeto termina. Nesse processo, cada objeto (gráfico, arquivo de som ou vídeo etc.) deve ser solicitado por uma mensagem separada de HTTP.

E-MAIL – O *e-mail* (que ocorre na camada de aplicação do TCP/IP) é um dos serviços mais antigos, mais importantes e mais usados da internet. Os vários protocolos usados para lidar com o *e-mail* ocorrem na camada de aplicação do TCP/IP. O *Simple Mail Transfer Protocol* (SMTP), um protocolo relativamente simples, com base em texto, foi desenvolvido no início de 1980 e ainda é usado para enviar *e-mails* ao servidor. Sua função é manipular o envio de *e-mails* e recuperá-los por meio de um servidor. Para acessá-lo, o computador cliente usa o *Post Office Protocol* 3 (POP3) ou o *Internet Message Access Protocol* (Imap).

E-commerce: conceitos, implementação e gestão

Post Office Protocol 3 (POP3) – O POP3 pode ser configurado para recuperar mensagens de correio eletrônico pelo servidor (e, em seguida, apagar ou reter as mensagens). Já o Imap é um protocolo de *e-mail* suportado por todos os navegadores e pela maioria dos servidores e provedores de acesso. Ele permite que os usuários pesquisem, organizem e filtrem seus *e-mails* antes de baixá-los do servidor.

File Transfer Protocol (FTP) – O FTP é um dos serviços originais da internet e é executado na camada de aplicação do TCP/IP, permitindo aos usuários transferir arquivos de um servidor para seu computador cliente e vice-versa. Esses arquivos podem ser documentos, programas ou arquivos de banco de dados grande. Utilizar o FTP é a maneira mais rápida e conveniente para transferir arquivos maiores que 1 *megabyte*, pois alguns servidores de *e-mail* não aceitam esse tamanho de arquivo.

Telnet – Trata-se de um protocolo de rede que também ocorre na camada de aplicação do TCP/IP, sendo usado para permitir o *login* remoto em outro computador. Dessa forma, por meio de um computador que suporte o Telnet, é possível baixar programas e arquivos, permitindo também que os usuários trabalhem em um computador de um local remoto.

Secure Sockets Layer (SSL) e **Transport Layer Security** (TLS) – Os protocolos SSL e TLS operam entre a camada de transporte e a aplicação do TCP/IP e nas comunicações seguras entre o *client/server*. Eles ajudam na comunicação segura do *e-commerce*, bem como nos pagamentos, por meio de uma variedade de técnicas, tais como encriptação de mensagens e assinaturas digitais.

1.6 Mídias de comunicação e vídeo

O *chat*, ou bate-papo, permite que os usuários se comuniquem por meio de um computador ou dispositivo móvel, em tempo real. Diferentemente da mensagem instantânea, que só funciona entre duas pessoas, um *chat* pode ocorrer entre vários usuários.

Para muitos *websites*, o desenvolvimento de uma comunidade de usuários com a mesma opinião tem sido fundamental para seu crescimento e sucesso. Um exemplo disso é o eBay®, que provavelmente não teria tanto sucesso sem seus fãs do leilão, ou About.com, que existe para servir as comunidades de consumidores com interesses semelhantes. Além disso, destacamos a frequente utilização do *chat* no ensino a distância para discussões *on-line* e fóruns.

Atualmente, videoclipes, animações em Adobe Flash Player® e imagens fotográficas são frequentemente exibidos como parte dos *websites* ou enviados como arquivos anexados. Relatórios de áudio também se tornaram comuns em materiais de *marketing* ou relatórios de clientes. Fotografias, naturalmente, são elementos importantes na maioria dos *websites*, fazendo com que se tornem mais atrativos e ajudando a vender os produtos, assim como os catálogos o fazem.

Já o *streaming media* permite que músicas, vídeos e outros arquivos grandes sejam enviados, em "partes", para os usuários. Arquivos de *streaming* são visto ao vivo, ou seja, não são armazenados em discos rígidos. O Microsoft Media Player®, o QuickTime e o RealPlayer são as ferramentas de *streaming* mais utilizadas.

1.7 SISTEMAS OPERACIONAIS PARA SERVIDORES *WEB*

A maioria dos *softwares* de servidores *web* é executada em produtos da Microsoft Windows Server®, da Linux® ou em sistemas operacionais com base Unix, como o FreeBSD ou o Sun's Solaris. Muitas empresas acreditam que produtos da Microsoft® são mais simples para os profissionais dos sistemas de informação aprenderem a usar do que os sistemas com base em Unix (Stair; Reynolds, 2012). No entanto, servidores da *web* com base em Unix são mais populares e muitos usuários acreditam que o Unix é um sistema operacional mais seguro para executar um servidor *web* (Schneider, 2011).

Já o sistema operacional Linux®, de código aberto, mostra-se rápido, eficiente e fácil de instalar. Com isso, um número crescente de empresas que vendem computadores destinados a serem utilizados como servidores *web* tem incluído esse sistema operacional em suas configurações padrão (Schneider, 2011).

E-commerce: conceitos, implementação e gestão

1.7.1 Apache HTTP Server

O sistema original do Apache® consistia em um núcleo com vários *patches* ("fragmentos", em português) e assim se tornou conhecido como um servidor "desigual", ou simplesmente Apache (Apache Software Foundation, 2010) – que tem dominado a *web* desde 1996, porque é gratuito (código aberto) e executado de forma muito eficiente nos computadores em muitos sistemas operacionais (incluindo FreeBSD-Unix, HP-UX, Linux®, Windows®, SCO-Unix e Solaris) e o *hardware* oferece suporte a eles.

1.7.2 Microsoft Internet Information Server (IIS)

O IIS vem com as versões atuais dos sistemas operacionais Microsoft Windows Server® e é usado em muitas *intranets* corporativas, pois muitas organizações têm adotado os produtos da Microsoft ® como seus produtos-padrão (Laudon; Traver, 2014). Assim como alguns dos maiores representantes do *e-commerce*, pequenos *websites* também costumam usar o IIS.

O IIS, como um produto da Microsoft®, é projetado para funcionar somente em sistemas operacionais do servidor Windows® e oferece também suporte ao uso e a consultas de banco de dados Structured Query Language (SQL), Active Server Pages (ASP) e ActiveX Data Objects. A inclusão do ASP no IIS fornece um ambiente de aplicativo no qual páginas HTML, componentes ActiveX e *scripts* podem ser combinados para produzir páginas mais dinâmicas.

1.7.3 Sun Java System Web Server (Sun JSWS)

Descendente do programa original de servidor *web* do **National Center for Supercomputing Applications (NCSA)**, o Sun Java System Web Server (Sun JSWS) anteriormente foi vendido com os nomes Sun ONE, Netscape Enterprise Server e iPlanet Enterprise Server. Em 2009, o Sun JSWS lançou elementos-chave do *software* como *open source*.

O Sun JSWS roda em muitos sistemas operacionais, incluindo HP-UX, Solaris e Windows®. Como a maioria dos outros programas de servidores, o Sun JSWS suporta o desenvolvimento de aplicativos dinâmicos e fornece conectividade a banco de dados.

1.8 Programas utilitários para *WEBSITES*

Além do *software* de servidor *web*, simultaneamente são desenvolvidos vários programas utilitários ou ferramentas para serem utilizados nesses servidores. O protocolo TCP/IP suporta uma grande variedade desses programas de utilitário, sendo que alguns são executados no próprio servidor *web*, e outros nos computadores clientes. A seguir, veremos alguns programas utilitários.

1.8.1 Utilitários Finger e Ping

Finger é um programa executado em sistemas operacionais Unix que produz uma lista dos usuários que estão conectados a uma rede ou relata a última vez que eles estiveram conectados. Muitas organização têm desabilitado o comando *finger* de seus sistemas por razões de segurança e privacidade (Manzoor, 2010).

O Packet Internet Groper (Ping) é um *freeware* e *shareware* que testa a conectividade (avaliando o desempenho e os problemas de conexão) entre dois computadores conectados à internet. Para isso, envia dois pacotes para o endereço especificado e aguarda por uma resposta.

1.8.2 Tracert e outros programas de rastreamento

Traceroute (Tracert) é uma ferramenta que permite descobrir o caminho feito pelos pacotes desde a origem até seu destino. Ele é usado para testes, medidas e gerenciamento da rede. Também pode ser utilizado para detectar falhas, como *gateways* intermediários que descartam pacotes ou rotas que extrapolam a capacidade de um datagrama IP.

Com essa ferramenta, você pode reportar o atraso da viagem do pacote entre sua origem e os *gateways* intermediários, possibilitando determinar a contribuição de cada *gateway* para o atraso total da viagem do pacote desde a origem até o destino.

1.8.3 Indexação e pesquisa de programas utilitários

Os motores de busca e indexação de programas são elementos importantes de muitos servidores da *web*. Um programa de indexação gera um índice para todos os documentos armazenados no servidor. Quando um navegador solicita uma busca em um *website*, o motor de pesquisa compara os termos e os índices de busca do solicitante para ver quais documentos contêm correspondências ao que foi solicitado.

Ao realizar uma consulta, um conjunto de *softwares*, conhecidos como *web crawlers*, realizam buscas em toda a *web*, em listas de ocorrências de assuntos previamente criadas. Os motores de busca empregam identificadores atuais para trabalhar de forma hábil. Muitos produtos para servidor *web* também contêm um *software* de indexação, que pode muitas vezes indexar documentos armazenados em vários formatos e diferentes arquivos.

1.8.4 *Softwares* de análise de dados

Os servidores *web* podem capturar informações sobre quem está visitando um *website* (URL do visitante), quanto tempo este ficou na *página*, o navegador usado, o local, a data e a hora de cada visita e quais páginas foram visualizadas. Esses dados são colocados em um arquivo de *log* da *web* (Schneider, 2011).

Como podemos imaginar, o arquivo cresce muito rapidamente, especialmente em *websites* populares com milhares de visitantes todos os dias. A análise cuidadosa do arquivo de *log* pode ser interessante e revelar muitos dados sobre os visitantes do *website* e suas preferências. Programas de análise de arquivos de *log* populares da *web* incluem produtos como Adobe Omniture®; Urchin, do Google, e Webtrends®.

1.8.5 Utilitários para verificação de *links*

Uma função importante nos *websites* é a capacidade de verificar os *links* em seus locais. Com o tempo, a URLS dos *websites* de determinada página pode mudar ou mesmo desaparecer. Um *link* morto, quando clicado, exibe uma mensagem de erro, em vez de uma página da *web*. Manter um *website* livre de *links* mortos é vital, pois os visitantes que se deparam com essa situação podem não voltar.

O programa utilitário LinkChecker examina cada página do *website* e reporta quaisquer URLs que estejam quebradas ou incorretas. Ele também pode identificar arquivos que não estão vinculados a qualquer página (arquivo órfão). Outra característica importante é a verificação e a validação de *script* HTML. Algumas ferramentas de desenvolvimento de *website* e de manutenção, como o Dreamweaver®, da Adobe®, incluem recursos de verificação de *links*. A maioria desses programas, no entanto, são utilitários separados – um exemplo é o Elsop LinkScan™ (e o LinxCop), disponível na versão demo para *download* gratuito. Os resultados do verificador podem aparecer em um navegador da *web* ou ser enviados por *e-mail* para um destinatário. Esses utilitários também verificam a ortografia e outros componentes estruturais de páginas da *web*.

1.8.6 ADMINISTRAÇÃO DE SERVIDOR REMOTO

Com o *software* de administração de servidor remoto é possível controlar um *website* por meio de qualquer computador conectado à internet. Por exemplo, você pode instalar o Website Garage em qualquer computador conectado à internet e mudar alguma coisa no seu *website*. O NetMechanic dispõe de uma variedade de verificação de *links* HTML, resolução de problemas, monitoramento local e outros programas que podem ser úteis na gestão e na operação de um *website*.

1.8.7 *SOFTWARES* PARA SERVIDORES *WEB*

Alguns *softwares* de servidor *web* podem ser executados em um único sistema operacional e alguns podem ser executados em vários sistemas operacionais.

1.8.8 *HARDWARE* DE SERVIDOR *WEB*

As empresas utilizam grande variedade de marcas, tipos e tamanhos de computadores para as operações do *e-commerce*. Algumas pequenas empresas podem executar *websites* em computadores *desktop*. O *hardware* descreve os componentes físicos de um sistema de computador, que consistem em: dispositivos de entrada, memória, unidade central de processamento, dispositivos de saída e dispositivos de armazenamento.

E-commerce: conceitos, implementação e gestão

1.9 COMPUTADORES SERVIDORES

Computadores servidores geralmente têm mais memória, são mais caros, maiores e mais rápidos do que *desktops* ou *notebooks* típicos, além de usarem múltiplos processadores. As empresas que vendem *hardwares* para servidores – como Dell, Gateway, HP e Sun – apresentam ferramentas de configuração em seus *websites* que permitem que os visitantes projetem seus próprios servidores *web*.

O principal trabalho de um computador servidor da *web* é responder às solicitações de computadores clientes. Os três principais elementos de um servidor *web* são:

- *hardware* (computadores e componentes relacionados);
- *software* de sistema operacional;
- *softwares* de servidor *web*.

Esses três elementos devem trabalhar juntos para fornecer capacidade suficiente em determinada situação. Depois de decidir as metas que deseja alcançar com o *website*, os programadores começam a desenvolvê-lo, estimando o número de visitantes que esperam ter; quantas páginas, em média, os visitantes verão; o número máximo provável de visitantes simultâneo etc.

Destacamos ainda que a função de um servidor *web* é **processar** as solicitações de clientes que são enviadas por HTTP e **respondê-las**. Ao receber uma solicitação, o servidor localiza e recupera a página, criando um cabeçalho HTTP e anexando o documento HTML para o cliente.

Quando estamos conectados à internet, nossos computadores tornam-se computadores clientes da *web*, isto é, formam em uma rede cliente/servidor (*client/server*) em todo o mundo. Arquiteturas cliente/servidor são usadas em *Local Area Networks* (LANs), *Wide Area Networks* (WANs) e na *web*. Nesse tipo de arquitetura, o cliente (computador) normalmente solicita serviços, como impressão, recuperação de informação e acesso a banco de dados, por meio do servidor, que processa os pedidos dos clientes.

Para páginas dinâmicas, o servidor usa uma arquitetura com três ou mais camadas (nas quais usa outros programas), recebe os resultados, formata a resposta e envia as páginas e outros objetos para o programa do cliente solicitante (Schneider, 2011).

O compartilhamento de IP em um servidor virtual é um recurso que permite a diferentes grupos compartilhar o endereço IP de um único servidor *web*. Esse recurso mantém mais de um servidor em apenas uma máquina, significando que diferentes grupos podem ter nomes de domínio separados, mas todos os nomes de domínios se referem ao mesmo servidor *web* físico.

1.10 Avaliação do desempenho de servidor *web*

Podemos usar a análise comparativa para comparar o desempenho do *hardware* e do *software* e ajudar na tomada de decisões a respeito de um sistema. O **número de usuários** que o servidor pode suportar é um aspecto importante a se considerar, mas isso pode ser difícil de medir porque os resultados são afetados pela velocidade da conexão à internet entre o servidor e o cliente e pelos tamanhos das páginas da *web* entregues.

Schneider (2011) salienta que dois fatores são levados em consideração para avaliar a capacidade de suprimento de um servidor página da *web*: a **taxa de transferência** e o **tempo de resposta**.

A taxa de transferência é o número de solicitações do HTTP que uma combinação específica de *hardware* e *software* pode processar em uma unidade de tempo. O tempo de resposta é a quantidade de tempo que um servidor necessita para processar uma solicitação. No entanto, existem alguns *websites* que proporcionam ao usuário o teste de desempenho do seu *hardware* e *software*.

De acordo com Manzoor (2012), podemos destacar alguns motivos para as eventuais falhas no desempenho de um servidor: tempo de resposta prolongado do usuário; tempo de resposta prolongado do servidor; uso excessivo da *Central Processing Unit* (CPU); dados inválidos que retornam; HTTP *errors* (4xx, 5xx); blocos de conexões abertas; longas filas de pedidos; despejos de memória; extensas varreduras do banco de dados; travamento do banco de dados; páginas indisponíveis etc.

Portanto, a arquitetura de servidor e os vários componentes que utilizamos podem interferir no desempenho dos componentes. Por isso, para um bom desempenho, é necessário termos conhecimento dos componentes e de cada camada para diagnosticar as falhas de forma eficaz.

E-commerce: conceitos, implementação e gestão

1.11 Arquiteturas de HARDWARE para servidor WEB

Durante o planejamento de *websites* do *e-commerce* é preciso muito cuidado e atenção na hora de configurar os computadores servidores, ou seja, sua arquitetura. No início do *e-commerce*, os *websites* eram somente coleções de páginas individuais sobre a oferta de produtos ou serviços. Hoje, esses *websites* produzem páginas em resposta às necessidades específicas dos clientes, podendo usar duas, três ou *n* camadas na sua arquitetura para dividir o trabalho de servir as páginas da web, administrar bancos de dados e processar transações. Alguns *websites* do *e-commerce* são tão grandes (possuem milhões de páginas web e processam milhares de transações de clientes e fornecedores a cada dia) que é necessário mais de um computador para cada camada.

Manzoor (2010) explica que existem duas abordagens para a arquitetura dos servidores: a **centralizada**, em que são usados alguns computadores muito grandes e rápidos; e a **descentralizada**, em que é utilizado grande número de computadores, menos potentes, que dividem a carga de trabalho entre eles. Para entender melhor esse assunto, observe as Figuras 1.9 e 1.10.

Figura 1.9 Arquitetura centralizada

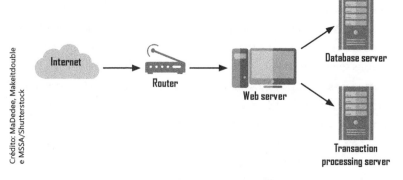

Fonte: Adaptado de Schneider, 2011, p. 381.

Figura 1.10 Arquitetura descentralizada

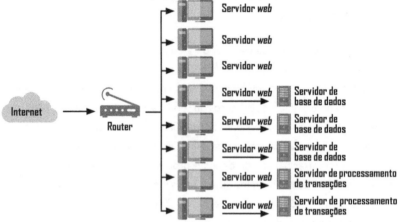

Fonte: Adaptado de Schneider, 2011, p. 381.

Cada abordagem tem vantagens e desvantagens. A abordagem centralizada requer computadores caros e é mais sensível aos efeitos dos problemas técnicos. Se um dos poucos servidores se tornar inoperável, grande parte da capacidade do *website* será perdida. Assim, quando usa esse tipo de arquitetura, é recomendado que o *website* tenha formas de *backup*, pois qualquer problema no servidor, não importa quão pequeno, pode ameaçar o funcionamento de todo o *website* (Schneider, 2011).

Já na arquitetura descentralizada, se um servidor torna-se inoperável, o *website* pode continuar a operar sem muita degradação da sua capacidade. Além disso, os servidores menores, nesse tipo de arquitetura, são menos caros do que os grandes servidores usados na abordagem centralizada. Isto é, o custo total de 100 servidores pequenos é geralmente menor que o custo de um servidor grande com a mesma capacidade que os 100 pequenos servidores.

No entanto, a arquitetura descentralizada requer adicionais *hubs* ou comutadores para conectar os servidores uns aos outros e à internet. Além disso, a maioria dos grandes *websites* descentralizados usam sistemas de balanceamento de carga, que apresentam um custo adicional, para atribuir a carga de trabalho de forma eficiente.

1.12 Sistemas de balanceamento de carga (Load-Balancing Systems)

Um interruptor de balanceamento de carga de rede é uma peça do *hardware* que monitora as cargas de trabalho dos servidores conectados a ela, atribuindo o tráfego de entrada da *web* para o servidor que tiver a melhor capacidade disponível naquele instante.

Em um sistema simples de balanceamento de carga (conforme você pode observar na Figura 1.12), o tráfego que entra no *website*, pela internet, por meio de um roteador, encontra o interruptor de balanceamento de carga, que direciona o tráfego para o servidor *web* mais eficiente para lidar com o tráfego.

Figura 1.11 Exemplo de sistema de balanceamento de carga

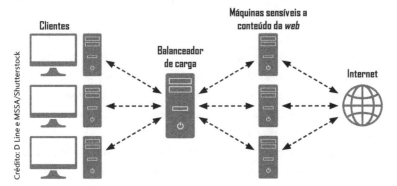

Fonte: Websense, 2016.

Nos sistemas de balanceamento de carga complexos (como você pode observar na Figura 1.12), o tráfego de entrada da *web* se dá por meio de dois ou mais roteadores (isso para um *website* maior) e é dirigido a grupos de servidores *web* dedicados a tarefas específicas.

Dessa forma, os servidores são reunidos em grupos, que lidam com a entrega de páginas estáticas de HTML, coordenam as consultas de um banco de dados de informações, geram páginas dinâmicas e lidam com transações (Schneider, 2011). Os *switches* e *softwares* que os ajudam a fazer seu trabalho têm um custo adicional.

Figura 1.12 Exemplo de sistemas de balanceamento de carga complexos

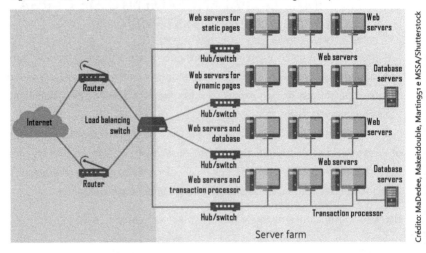

Fonte: Schneider, 2011, p. 384.

Nesse contexto, a *web* usa uma arquitetura cliente/servidor na qual o computador cliente solicita uma página ao computador servidor, que hospeda a página solicitada, localizando-a e enviando-a de volta para o cliente.

Para solicitações HTTP simples, basta uma arquitetura de duas camadas, em que a primeira é o computador cliente e a segunda é o servidor. As interações *web* mais complicadas, como o *e-commerce*, exigem a integração de bancos de dados e *softwares* de processamento de pagamentos em uma arquitetura de três ou *n* camadas.

Portanto, a infraestrutura da internet permite a rápida implantação de novos serviços e a expansão das oportunidades do *e-commerce*. Podemos assim dizer que as novas tecnologias, com o aumento da velocidade banda larga e tantas outras facilidades eletrônicas, criou novas oportunidades de comercialização dos produtos e serviços.

1.13 Conhecendo o *e-commerce*

Ainda hoje, passado um tempo considerável após a chamada revolução da internet, o *e-commerce*, que promoveu uma revolução nas práticas de negócios, continua a ser relativamente novo, emergente e em constante mudança nas áreas de gestão dos negócios e tecnologia da informação.

Para nos encaixarmos no atual mundo dos negócios aproveitando as vantagens proporcionadas pelo uso das tecnologias da internet, devemos ter uma perspectiva estratégica sobre o tema, ou seja, é preciso prestarmos atenção às relações estabelecidas entre a estratégia corporativa e o *e-commerce*.

Por meio do *e-commerce* há o compartilhamento de informações de negócios e o estabelecimento de relações de transações comerciais (Testa; Luciano, Freitas, 2006). Em sua forma mais pura, ele já existe há anos, proveniente da transmissão eletrônica de mensagens áreas em Berlim, no ano de 1948. Depois disso, a troca eletrônica de dados foi o próximo estágio de desenvolvimento do que hoje veio a se consolidar como *e-commerce* (Zwass, 1996).

Na década de 1960, nos Estados Unidos, um esforço cooperativo entre grupos da indústria produziu a primeira tentativa de criar formatos comuns para dados eletrônicos. Esses formatos, no entanto, foram apenas para a compra, o transporte e o financiamento de dados, tendo sido usados principalmente em transações intraindustriais.

Foi apenas na década de 1970, também nos Estados Unidos, que o trabalho começou a fixar padrões nacionais, com o *Electronic Data Interchange* (EDI) – "troca eletrônica de dados", em português –, e passou a se desenvolver amplamente no início de 1990, com o advento da *web*.

Com o uso intensivo da internet, o termo *e-commerce* começou a referir-se também:

- ao comércio eletrônico de bens físicos e de intangíveis, tais como informações;
- a todas as etapas envolvidas no comércio, como *marketing on-line*, pagamentos e entrega;
- à prestação eletrônica de serviços, como suporte pós-venda ou assessoria jurídica *on-line*;
- ao suporte eletrônico para a colaboração *on-line* entre empresas no que diz respeito a aspectos relacionados a *design*, engenharia ou consultoria, além de visitas virtuais formadas por equipes especializadas.

Com tudo isso, o campo do *e-commerce* tornou-se verdadeiramente amplo. Há muitas possibilidades para ele atualmente, como *home banking*, compras eletrônicas em *shoppings*, compras eletrônicas de ações, cadastro de currículos na busca por empregos, realização de leilões, colaboração eletrônica em negócios ao redor do globo (parcerias) etc.

Dessa forma, encontramos muitas definições de *e-commerce*:

> "*E-commerce* (EC) é um modelo de negócio no qual as transações comerciais ocorrem via redes de telecomunicações, especialmente a internet" (Turban et al., 2012, tradução nossa).
>
> "O *e-commerce* é a compra e venda de bens e serviços ou a transmissão de fundos ou de dados por meio de uma rede eletrônica, principalmente a internet" (Whatis.com, 2016, tradução nossa).
>
> "O *e-commerce* é sobre como fazer negócios eletronicamente" (Timmers, 2000, tradução nossa).

Schneider (2013) indica que o *e-commerce* apresentou duas fases. A primeira foi, predominantemente, um fenômeno norte-americano. As *homepages* dos *websites* eram principalmente em inglês. A segunda foi caracterizada por uma abrangência internacional, com vendedores realizando negócios em muitos países e em muitos idiomas – sendo que a tradução de idiomas e a conversão de moeda foram, nessa etapa, duas grandes dificuldades na realização eficiente de negócios globais.

Na primeira fase, o fácil acesso ao capital inicial levou a uma ênfase exagerada na criação de novas empresas de grande porte para explorar as oportunidades do *e-commerce*. Na segunda, as empresas usaram seus próprios fundos para financiar a expansão gradual das oportunidades. Esses investimentos foram medidos e cuidadosamente considerados e ajudaram o *e-commerce* a crescer, embora mais lentamente.

No Quadro 1.1 mostramos um resumo de algumas características-chave da primeira e da segunda fase do *e-commerce*. No entanto, vale ressaltar que essa lista nunca estará completa, pois a cada dia são descobertas novas tecnologias e combinações. Mesmo assim, ela serve para destacar a terceira fase do *e-commerce*, a do *comércio móvel* (*mobile commerce/m-commerce*), por meio de *smartfones*, *notebooks* e *tablets*.

E-commerce: conceitos, implementação e gestão

Quadro 1.1 Características-chave nas fases do *e-commerce*

Característica do e-commerce	Primeira fase	Segunda fase
Internacionalidade	Dominante nas organizações norte americanas.	As empresas globais em muitos países.
Idioma	Inglês.	Vários.
Financiamento	Externo.	Seu próprio capital.
Tecnologias de conexão	Conexões lentas de *internet*.	Banda larga.
Tecnologias B2B	Baseou-se em uma "colcha de retalhos" de comunicação e tecnologias de gerenciamento de registros.	Cada vez mais está integrado com identificação por radiofrequência e dispositivos biométricos para gerenciar o fluxo de informações e produtos de forma eficaz.
E-mail para contato com os clientes	Não estruturada.	Estratégias personalizadas.
Publicidade e integração	Forma simples de publicidade *on-line*.	Múltiplas abordagens de publicidade e uma melhor integração do *e-commerce* com os processos de negócios e estratégias existentes.
Distribuição digital dos produtos	Pirataria generalizada devido à distribuição ineficaz dos produtos digitais.	Novas abordagens para a venda e distribuição de produtos digitais.
Vantagem inédita	Conta para garantir o sucesso em todos os tipos de mercados e indústrias.	Leva ao sucesso apenas algumas empresas em determinados mercados e indústrias específicas.

Fonte: Schneider, 2013, p. 14.

1.14 Diferença entre *E-COMMERCE* e *E-BUSINESS*

Ao falarmos de conceitos e características do *e-commerce*, precisamos fazer uma importante distinção entre o *e-commerce* e o *e-business*. Segundo Tassabehji (2005),

O termo *comércio* pode ser definido como a troca de mercadoria em grande escala entre diferentes regiões, países, continentes ou no contexto global. Assim, associando a tecnologia digital a esse conceito, teríamos o *e-commerce*. Já o *e-business* vai além disso, pois utiliza sistema de informação (SI) de negócios, telecomunicações e internet para executar muitas outras tarefas, como a contratação eletrônica (*e-procurement*), por meio da qual as empresas, fazendo uso de sistemas de informação e da internet, podem adquirir peças e suprimentos (Hassan et al., 2014).

Assim, é importante destacar que o *e-business* (Figura 1.13) realiza processos que incluem também o trabalho com clientes, fornecedores, parceiros estratégicos e outras partes interessadas – comparado à estratégia de negócio tradicional, a estratégia de *e-business* é mais flexível e adaptável (Čiarnienė; Stankevičiūtė, 2015; James, 2015).

Figura 1.13 *E-business*

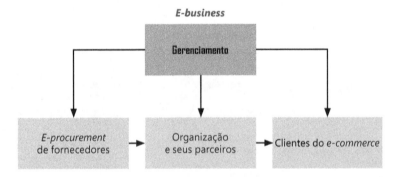

Fonte: Stair; Reynolds, 2012, p. 18, tradução nossa.

Assim, de forma mais ampla, podemos definir o *e-commerce* como a troca de mercadorias (tangíveis ou intangíveis), em grande escala, entre diferentes países por meio de suporte eletrônico – nomeadamente a internet. Isso implica que o *e-commerce* incorpora toda uma estrutura socioeconômica, tecnologia de telecomunicações e infraestrutura comercial em nível macroambiental.

Logo, podemos considerar que o *e-commerce* é um processo de transferência de propriedade de bens ou direitos de utilização desses bens ou serviços por meio do uso de um computador mediado por uma rede eletrônica (Stair; Reynolds, 2012).

O *e-commerce* pode acompanhar o *e-business*, mas se distingue dos seus processos, nos quais as empresas utilizam redes eletrônicas para coordenar a tomada de decisões e a implementação de funções de negócios, como a produção, o *marketing* e as funções de gerenciamento. Os principais tipos de *e-commerce* são transações B2C e B2B (como veremos mais detalhamente na sequência), que ocorrem em mercados eletrônicos, os quais são locais do ciberespaço em que potenciais vendedores e compradores podem efetivamente realizar trocas via interações digitais.

O termo *business* ("negócios", em português), por outro lado, como nos explica Tassabehji (2005), é usado para tratar dos processos ou áreas envolvidos na gestão e na operação de uma organização de natureza eletrônica ou digital, incluindo atividades comerciais diretas (tais como *marketing*, gestão de vendas e de recursos humanos) e também indiretas (como processos de negócios, reengenharia e gerenciamento de mudanças), que têm impacto sobre a melhoria da eficiência e da integração de processos de negócios e suas atividades.

A Figura 1.14 ilustra algumas diferenças entre o *e-commerce* e o *e-business*.

Figura 1.14 Principais diferenças entre o *e-commerce* e o *e-business*

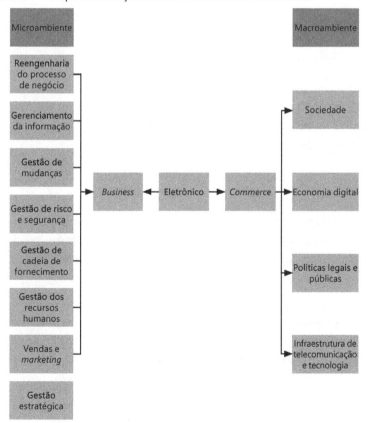

Fonte: Adaptado de Tassabehji, 2005, p. 7, tradução nossa.

Embora diferentes, tanto o *e-commerce* quanto o *e-business* são altamente integrados e dependem um do outro. Kalakota e Whinston (1997) conceituam *e-commerce* conforme as seguintes dimensões:

- **Comunicação** – É a entrega de informações, produtos e serviços ou pagamentos por meio de telefones, computadores ou qualquer meio eletrônico.

- **Processo de negócio** – É a aplicação de tecnologia para a automação de transações dos negócios e fluxos de dados.

- **Serviço** – É uma ferramenta que proporciona benefícios (por exemplo, cortar custos), melhora a qualidade dos processos, aumenta a velocidade da entrega e satisfaz partes interessadas, como a gerência e o consumidor.

- **On-line** – Provê a capacidade de comprar e vender produtos, serviços e informações via *web*.

Como podemos ver, a literatura apresenta muitos conceitos de *e-commerce*, mas o elemento comum entre todos é a presença da internet. Com isso, de forma sucinta, podemos definir o ***e-commerce* como a compra, a venda e a troca de produtos, serviços e informações via *web*.**

1.14.1 FERRAMENTAS PARA *E-BUSINESS*

Um negócio com base na *web* usa explicitamente o *www* para realizar um ou mais dos processos de negócios. Há muitos tipos de processos de negócios e, ao examinarmos como as empresas estão usando a *web*, podemos dizer que os processos assumem ao menos quatro funções principais:

1. a difusão da informação;
2. a captura de dados;
3. as promoções e o *marketing*;
4. as negociação com as partes interessadas (clientes, fornecedores, parceiros) .

A Figura 1.15 ilustra como esses objetivos de negócios podem ser alcançados pela interação das ferramentas *sistemas de negócios* e *aplicações via web*.

Figura 1.15 Ilustração de alguns processos do *e-business* com base na *web*

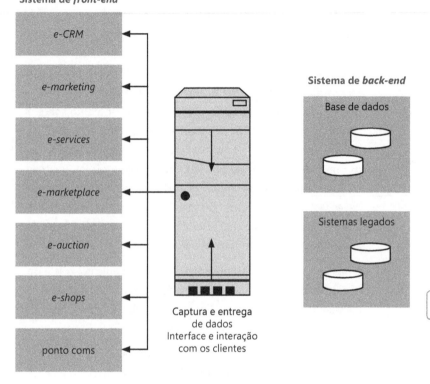

Fonte: Adaptada de Tassabehji, 2005, p. 68, tradução nossa.

1.14.2 Aplicações com base na WEB

As aplicações com base na *web* são importantes, pois ajudam as empresas a agilizar as diversas atividades que compõem o seu negócio (como propiciar a realização de melhores compras, melhorar o relacionamento com clientes e fornecedores, divulgar a marca). Assim, o objetivo de utilizar a *web*, que pode ser considerada um novo canal de acesso direto, rápido e interativo entre as partes interessadas, vai além de realizar melhorias na *performance* dos processos já existentes na empresa, oferecendo também a oportunidade de criar outros novos.

Dessa forma, as aplicações *front-end* são acessíveis por meio da *web* e fornecem uma interface direta para o usuário com os sistemas de negócios.

Aplicações ou programas *back-end* apoiam os serviços de *front-end* e são a interface indireta com os usuários, tendo a capacidade de se comunicar com recursos necessários, como bancos de dados ou sistemas legados.

Conheça algumas aplicações com base na *web* que são comumente conhecidas.

- ***Electronic Customer Relationship Management (E-CRM)*** – Consegue fazer com que se tenha melhor conhecimento sobre o cliente por meio da fusão de informações de diferentes canais de comunicação em um único banco de dados. A integração de todos os canais de comunicação significa que a maioria das informações sobre o cliente pode ser recolhida acessando *websites*; formulários de *feedback*; registro de navegação no *website*; transações, entradas e saídas de *e-mails* com endereços da *web* incorporados; centrais de atendimento telefônico, entre outros.

- ***E-marketing (marketing* eletrônico)** – Monitoramento, coleta de dados, identificação e orientação sobre potenciais clientes. Cada vez mais um grande número de diferentes tecnologias e técnicas com base na *web* estão sendo utilizadas para isso.

- ***E-service* (serviço eletrônico)** – São serviços eletrônicos fornecidos pelo cliente, por meio da internet, em que se esclarecem dúvidas sobre a aquisição do produto/serviço, as necessidades do cliente, o suporte pós-venda no final do ciclo de vida do produto/serviço etc.

- ***E-marketplaces, dot coms, e-auctions and e-shops*** – Tipos de organizações que permitem a troca comercial de produtos e serviços com os clientes por meio da internet.

- ***E-Supply Chain Management* (e-SCM)** – Envolve a coordenação de todas as atividades de uma organização, por meio de seus fornecedores e parceiros, para desenvolver um produto utilizando a tecnologia *web*, ou seja, a *supply chain* (em português, cadeia de abastecimento).

Fonte: Elaborado com base em Tassabehji, 2005, tradução nossa.

E-commerce: conceitos, implementação e gestão

1.14.3 Processos de Gestão do Conhecimento (GC)

Esses aplicativos do *e-business* com base na *web* estão vinculados pela capacidade da tecnologia, e os dados sobre os processos são controlados e manipulados por sistemas *back-end* das organizações. Algumas das aplicações de *back-end* são fundamentais em Processos de Gestão do Conhecimento (GC), incluindo:

- **Data warehousing** – Local onde os dados recolhidos por meio de vários sistemas de negócio da organização são armazenados. Permite que o processamento da informação seja descarregado por sistemas operacionais de negócios de custo elevado para servidores de menor custo e pode ser acessível para os usuários por meio de uma intranet.

- **Data mining** – É uma aplicação que pode fazer uso do *data warehouse* ou, alternativamente, da informação armazenada em algum outro grande banco de dados, tais como servidores de intranet; inclui a análise de relações que não tenham sido previamente descobertas.

- **Enterprise resource planning (ERP)** – Tenta integrar todos os departamentos e funções de uma empresa em um único sistema de computador que possa atender às necessidades específicas de todos os diferentes departamentos (Coronado, 2015). O ERP organiza, codifica e padroniza os processos de negócios e dados de uma organização para certificar-se de que os dados de transação sejam transformados em informações úteis que possam ser utilizadas para subsidiar decisões nos negócios.

Dessa forma, as funções comuns no *front-end* e do *back-end* são

- a captura e a entrega de dados;
- a disseminação de informações, a comunicação, a promoção e a interação;
- a interface com terceiros.

A tecnologia com base na *web* permite e facilita essas funções, que podem ser percebidas em: páginas da *web*, *e-mails*, *cookies*, motores de busca, carrinhos de compras, videoconferências, *chats* interativos, quadros de avisos etc. (Tassabehji, 2005; Maricar, 2014; Tseng, 2015).

1.14.4 Facilitadores do *e-commerce*

Embora essas tecnologias sejam geralmente incorporadas aos *websites* para proporcionar funcionalidade, elas também podem ser independentes. Nesse contexto, nenhuma discussão sobre os modelos de negócios para o *e-business* e *e-commerce* seria completa sem que citássemos um grupo de empresas cujo modelo de negócios está focado em fornecer a infraestrutura necessária para empresas existirem, crescerem e prosperarem.

Estamos falando de facilitadores do *e-commerce*, ou seja, empresas de infraestrutura de internet. Elas fornecem *hardwares, softwares* de sistemas operacionais, redes e tecnologias de comunicações, aplicativos, *web design*, serviços de consultoria e outras ferramentas que fazem o *e-commerce* (observe o Quadro 1.2).

No geral, a internet é um sistema de padrões abertos disponível para todos os negociadores. Esse fato faz com que seja mais fácil para novos concorrentes entrarem no mercado oferecendo produtos de substituição ou melhores canais de entrega. Assim, a internet tende a intensificar a concorrência, porque a informação se torna disponível para todos, passando o poder para os compradores, que podem rapidamente descobrir o menor custo de um provedor.

Quadro 1.2 Facilitadores do *e-commerce*

Infraestrutura	Empresas
Hardware: servidores de *web*	IBM, HP, Dell, Oracle.
Software de servidor	Microsoft, Red Hat Linux, Apple.
Provedores de nuvem	Amazon Web Services, Rackspace, Google, IBM.
Serviços de hospedagem	Rackspace, Webintellects, 1&1 Internet, HostGator, Hostway.
Registro de domínios	Go Daddy, Network Solutions, Dotster.
Redes de distribuição de conteúdo	Akamai, Limelight.
Design de *sites*	GSI Commerce, Fry, Oracle.
Fornecedores de plataforma do *e-commerce*	GSI Commerce, Magento, IBM, ATG, Demandware.
Plataforma de *hardware* do *m-commerce*	Apple, Samsung, Google.
Plataforma de *software* do *m-commerce*	Apple, Google, Adobe, Usablenet, Unbound Commerce,Branding Brand.
Streaming, rich media, vídeo *on-line*	Adobe, Apple, Easy 2 Technologies, Channel Advisor.

(continua)

E-commerce: conceitos, implementação e gestão

(Quadro 1.2 – continua)

Infraestrutura	Empresas
Segurança e criptografia	VeriSign, Checkpoint, GeoTrust, Entrust, EMC, Thawte, McAfee.
Sistema de pagamento	PayPal, Authorize.net, Chase Paymentech, Cybersource.
Gerenciamento da performance da *web*	Compuware Gomez, Smartbear, Keynote Systems.
Motor de pesquisa de *feeds*/ gerenciamento do *marketplace*	Channel Advisor, Mercent, CPC Strategy.
ERP (*Enterprise Resource Planning*)	Compiere, ERP Cloud, ERP5, SAP AG, WebERP.
CRM (*Customer Relationship Management*)	Oracle, SAP, GSI Commerce, Salesforce. com, NetSuite.
Gerenciamento de ordens	JDA Software, GSI Commerce, Stone Edge.
Cumprimentos das atividades	JDA Software, GSI Commerce, CommerceHub.
Marketing social	Buffer, HootSuite, SocialFlow.
Motor de busca de *marketing*	iProspect, Channel Advisor, Rimm-Kaufman Group.
E-mail de *marketing*	Constant Contact, Experian CheetahMail, Bronto Software, MailChimp.
Afiliações de *marketing*	Commission Junction, Google Affiliate Network, LinkShare.
Comentários de clientes e Fóruns	Bazaarvoice, PowerReviews, BizRate.
Chat ao vivo/*Click-to-Call*	LivePerson, BoldChat, Oracle.
Web analytics	Google Analytics, Adobe Omniture, IBM Coremetrics.

Fonte: Laudon; Traver, 2014, p. 86, tradução nossa.

1.15 CARACTERÍSTICAS DAS TECNOLOGIAS DO *E-COMMERCE*

A internet apresenta muitas oportunidades para a criação de valores das marcas de produtos e serviços, a cobrança de preços *premium* e a ampliação de um negócio físico *off-line* que já era poderoso. Laudon e Traver (2014) explicitam que oito características primordiais das tecnologias do *e-commerce* são responsáveis por proporcionar estas facilidades:

1. ubiquidade;
2. alcance global;
3. padrão universal;
4. tecnologia social;
5. personalização/customização;
6. densidade da informação;
7. interatividade; e
8. riqueza de informação.

A Figura 1.16 ilustra essas características.

Figura 1.16 Oito principais características das tecnologias do *e-commerce*

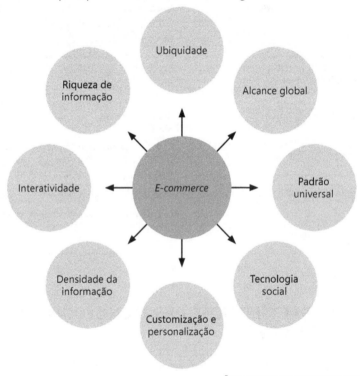

Fonte: Adaptado de Laudon; Traver, 2014, p. 13.

Vejamos agora, detalhadamente, cada uma dessas características apontadas por Laudon e Traver (2014).

E-commerce: conceitos, implementação e gestão

Ubiquidade – No comércio tradicional, *mercado* é um lugar físico que você visita em determinado horário a fim de realizar transações. Em contraste com essa ideia, o *e-commerce* é caracterizado pela sua ubiquidade, ou seja, está disponível em todos os lugares e a qualquer momento. Dessa forma, é possível visitar lojas e mercados por meio de seu *desktop* ou *smartphone*, em casa, no trabalho ou até mesmo no seu carro, usando o *e-commerce* móvel. Assim, temos o *marketspace*, um mercado que, além de perder as fronteiras tradicionais, tem sua localização geográfica e temporal removida. Em outras palavras, é a área de valor comercial real ou potencial em que uma empresa pretende operar.

Do ponto de vista do consumidor, a ubiquidade reduz os custos de transação, pois já não é necessário gastar tempo e dinheiro para ir a um mercado. Em nível mais amplo, a ubiquidade do *e-commerce* diminui a energia cognitiva[2] exigida para transacionar em um *marketspace* (Laudon; Traver, 2014; Coronado, 2015).

Alcance global – O *e-commerce* permite que as transações comerciais ultrapassem as fronteiras culturais, regionais e nacionais; além de ser muito mais conveniente, o custo-eficácia é menor do que no comércio tradicional. Como resultado, o tamanho do mercado para os comerciantes do *e-commerce* é mais ou menos igual ao tamanho da população *on-line* do mundo (Emarketer, 2013).

Padrão universal – Uma característica incomum das tecnologias e normas para a realização do *e-commerce* é que as normas técnicas da internet têm padrões universais, sendo compartilhadas por todas as nações ao redor do mundo. Contudo, a maioria das tecnologias do comércio tradicional diferem de um país para o outro. Para as empresas, a vantagem é que as normas técnicas universais da internet e do *e-commerce* apresentam custos mais baixos de entrada no mercado. Ao mesmo tempo, para os consumidores, essas normas reduzem os custos de busca e os esforços necessários para encontrar os produtos desejados.

Assim, com a criação do *marketspace*, em que os preços e descrições dos produtos podem ser exibidos para todos verem, a descoberta dos

---

2 Nesse contexto, *energia cognitiva* se refere ao esforço mental necessário para concluir uma tarefa.

melhores preços se torna mais simples, mais rápida e precisa (Kambil, 1997; Banerjee; Chakravarty, 2005). Com as tecnologias do *e-commerce*, é possível encontrar, facilmente, muitos dos fornecedores, preços e termos de entrega de um produto específico em qualquer lugar do mundo e **é fácil** visualizar essas informações em um ambiente coerente e comparativo.

TECNOLOGIA SOCIAL – De maneira bem diferente de todas as tecnologias anteriores, as do *e-commerce* evoluíram para o parâmetro social, permitindo que os usuários criem e compartilhem conteúdo com uma comunidade mundial. Assim, novos modelos de negócio realizados pela internet permitem o desenvolvimento e a distribuição de conteúdos criados por usuários. Portanto, as tecnologias de internet e de *e-commerce* proporcionam aos usuários o poder de criar e distribuir conteúdo em larga escala, permitindo que programem o próprio consumo desse conteúdo.

CUSTOMIZAÇÃO E PERSONALIZAÇÃO – Com a personalização, os gestores podem ajustar suas mensagens de *marketing* para focos específicos, considerando interesses e compras anteriores de seus clientes. A tecnologia também possibilita a customização, ou seja, a modificação de um produto e serviço já entregue, tendo por base o comportamento do nicho de consumidores. Com a tecnologia, a disposição das organizações e o uso de banco de dados, muitas informações sobre o perfil de compra do consumidor podem ser armazenadas. Dessa forma, as campanhas e mensagens de *marketing* podem ser direcionadas a um nicho específico.

DENSIDADE DA INFORMAÇÃO – As tecnologias do *e-commerce* expandem a densidade e a qualidade das informações disponíveis no mercado, ao mesmo tempo que restringem a coleta de informações, o armazenamento, o processamento e os custos de comunicação (Laudon; Traver, 2014). Além disso, essas tecnologias aumentam muito o valor, a exatidão e a tempestividade das informações, tornando-as mais úteis e mais importantes do que nunca. Como resultado, a informação torna-se abundante, de menor custo e de melhor qualidade.

INTERATIVIDADE – Permite a comunicação bidirecional entre o consumidor e o comerciante e entre os próprios consumidores. Todas essas atividades são possíveis em *websites* de *e-commerce* e redes sociais. A interatividade

E-commerce: conceitos, implementação e gestão

permite que os comerciantes se comportem com os consumidores como se estivessem frente a frente.

RIQUEZA DA INFORMAÇÃO – Refere-se à complexidade e ao contexto de uma mensagem ou comunicado (Evans; Wurster, 1999; Laudon; Traver, 2014). Nesse sentido, os mercados tradicionais e as pequenas lojas de varejo têm grande riqueza, ou seja, são capazes de fornecer um serviço personalizado. A internet tem o potencial de oferecer consideravelmente mais riqueza das informações do que os meios tradicionais (como rádio e a televisão), porque é interativa e pode ajustar a mensagem para usuários individualmente. A riqueza habilitada pela internet permite que os comerciantes de varejo comercializem e vendam produtos e serviços que até então exigiam uma apresentação "real".

1.15.1 DESENVOLVENDO A PRESENÇA DO *E-COMMERCE* NA *WEB*

O *e-commerce* deixou de ser uma atividade realizada unicamente por meio de um tradicional *desktop* para ser também praticada por meio de dispositivos móveis (*m-commerce*). Atualmente, *smartphones* e *tablets* são usados pela maioria dos usuários da internet, como apontam Laudon e Traver (2014). Segundo esses autores, nos Estados Unidos (EUA), por exemplo, 80% dos usuários utilizam esses meios para fazer compras de bens e serviços, explorar opções de compra, pesquisar preços e acessar *websites* sociais.

Hoje em dia, muitos itens, tais como roupas, cosméticos, eletrônicos e tantos outros, podem ser comprados *on-line*. Alguns são vendidos diretamente por meio do *website* dos fabricantes, mas a maioria é vendida por comerciantes de varejo bem conhecidos e que têm lojas *on-line* (Laudon; Traver, 2014).

Ainda que seja algo bastante popular na atualidade, construir um *website* de *e-commerce* é um empreendimento complexo que requer uma compreensão aguçada de negócios, tecnologias e questões sociais, bem como uma abordagem sistemática. Laudon e Traver (2014) apontam os dois desafios mais importantes na construção de um *website* de *e-commerce*:

1. Compreender claramente os objetivos dos negócios – o que requer a criação de um plano para desenvolver o *website* da empresa.

2. Saber como escolher a tecnologia certa – o que requer o entendimento de alguns dos elementos básicos da infraestrutura de *e-commerce*.

A Figura 1.17 fornece um roteiro sobre as plataformas, indicando atividades relacionadas ao desenvolvimento do *e-commerce*. Assim, são ilustrados quatro diferentes tipos de dimensões do *e-commerce*: *websites*, *e-mail*, mídias sociais e mídias *off-line*. Para cada uma dessas variantes, existem diferentes tipos de plataformas.

Figura 1.17 Dimensões presentes no *e-commerce*

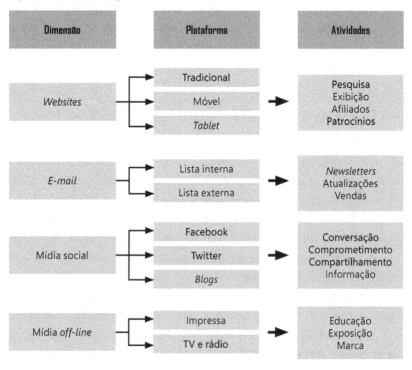

Fonte: Adaptado de Laudon; Traver, 2014, p. 190, tradução nossa.

É importante ressaltar que, mesmo que você decida terceirizar a construção do *website*, por exemplo, é necessário que tenha um plano de desenvolvimento e alguma compreensão de questões como custo, capacidade, infraestrutura básica e restrições, pois sem isso será impossível tomar boas decisões de gestão em relação ao *e-commerce*.

1.16 *WEBSITE* DE *E-COMMERCE*

Como você pode criar um *website* de *e-commerce*? Quanto tempo é necessário para isso? Como destacam Laudon e Traver (2014), geralmente são necessárias seis fases para construir um *website* para o *e-commerce*.

Para que você entenda melhor o que estamos falando, o Quadro 1.3 ilustra uma linha de tempo de um ano para o desenvolvimento, por exemplo, de um *website* de *startup*.

Quadro 1.3 Exemplo de cronograma para presença do *e-commerce*

Fase	Atividade	Marco
Planejamento	Vislumbrar presença na *Web*; determinar pessoal.	Declaração de missão na *Web*.
Desenvolvimento do *Website*	Adquirir conteúdo; desenvolver *design* do *site*; providenciar hospedagem do *site*.	Plano do *Website*.
Aplicações das *Web*	Desenvolver palavras-chave e meta-*tags*; pesquisar motores de busca otimizados; identificar potenciais patrocinadores.	*Site* funcional.
Plano de mídia social	Identificar plataformas sociais adequadas e conteúdo para seus produtos e serviços.	Plano para mídia social.
Implementação de mídia social	Desenvolver a presença do *Facebook, Twitter, Pinterest*.	Funcionamento da presença de mídias sociais.
Plano para dispositivos móveis	Desenvolver um plano móvel; considerar opções para dispositivos móveis no *website*.	Plano de mídia móvel.

Fonte: Laudon; Traver, 2014, p. 193.

Entre tantos aspectos importantes de um *website*, a **funcionalidade** merece maior destaque, pois representa a capacidade que os sistemas de informação precisam ter. Os requisitos de informação são elementos-chave do sistema e, para que os desenvolvedores de sistemas e programadores possam criá-los, é necessário que o gestor lhes instrua com relação aos objetivos do negócio.

Para que você consiga visualizar o que estamos explicando, o Quadro 1.4 demonstra a relação de alguns objetivos básicos do negócio, funcionalidades do sistema e requisitos de informação para um típico *website* do *e-commerce*.

Quadro 1.4 Análise de sistemas: objetivos de negócios, funcionalidades do sistema e requisitos da informação para um típico *website* de *e-commerce*

Objetivo do negócio	Funcionalidade do sistema	Requisitos de informação
Exibição dos produtos	Catálogo digital	Catálogo com textos e gráficos dinâmicos.
Fornece informações sobre o produto (conteúdo)	Banco de dados dos produtos	Descrição do produto, nível e números de estocagem.
Personalizar/customizar os produtos	Rastreamento *on-line* do produto	*Log* do *site* para cada visita do cliente; mineração de dados, capacidade para identificar caminhos comuns do cliente e as respostas adequadas.
Envolver os clientes em conversas	*Blog* no local	*Software* com funcionalidades de *blogs* e resposta da comunidade.
Executar uma transação	Carrinho de compras e sistema de pagamento	Pagamento seguro com cartão de credito/várias formas de pagamento.
Acumular informações sobre os clientes	Banco de dados de clientes	Nome, endereço, telefone e *e-mail* para todos os clientes; registro *on-line* de clientes.
Fornecer suporte pós-venda ao cliente	Banco de dados das vendas	ID do cliente, produto, data de pagamento, data de expedição.
Coordenar *marketing*/publicidade	Servidor de anúncios, servidor de *e-mail*, *e-mail*, gerente de campanha, gerenciador de *banner* de anúncio.	*Log* do comportamento dos clientes ligados ao *e-mail* e *banners* de campanhas publicitárias.
Compreender a eficácia do *marketing*	*Site* de rastreamento e sistema de informação	Número de visitantes, páginas visitadas, produtos comprados, identificado pela campanha de *marketing*.
Fornecer *links* de produção e fornecedor	Sistema de gestão de estoque	Níveis de produtos e estoque, identificação e contato dos fornecedores, dados de quantidade e ordem dos produtos.

Fonte: Adaptado de Laudon; Traver, 2014, p. 195, tradução nossa.

E-commerce: conceitos, implementação e gestão

Vimos, no Quadro 1.4, dez objetivos básicos de negócios que um *website* de *e-commerce* deve conter e que devem ser traduzidos em uma descrição das funcionalidades do sistema e, finalmente, em um conjunto de requisitos de informação – os quais, normalmente, são definidos num detalhe muito maior do que o mostrado no Quadro 1.4.

Se comparados com os objetivos de negócio de uma loja de varejo, os objetivos de um *website* de *e-commerce* não são tão diferentes. A diferença está nas funcionalidades do sistema e nos requisitos de informação. Em um *website* de *e-commerce*, os objetivos do negócio devem ser fornecidos inteiramente em formato digital, não podem ter barreiras e devem estar disponíveis 24 horas por dia, 7 dias por semana.

A finalidade de um *website* é fornecer conteúdo para os clientes e finalizar as transações. Quanto mais rápido e confiável for em cumprir com esses dois objetivos, mais eficaz será de uma perspectiva do *e-commerce* (Asllani; Lari, 2007; Kardaras; Karakostas; Mamakou, 2013; Laudon; Laudon, 2014). A otimização do desempenho do *website* é mais complicada do que parece e envolve pelo menos três fatores: o **conteúdo**, a **geração** e a **entrega**.

Usando estilos eficientes e técnicas de *design* e conteúdo da página, podemos reduzir o tempo de resposta de dois a cinco segundos. Passos simples incluem a redução de comentários HTML desnecessários e de espaços em branco, usando gráficos mais eficientes e evitando ligações desnecessárias para outras páginas do *website*.

A velocidade de geração da página pode ser reforçada se segregarmos servidores de computador para executar funções específicas (como a geração de páginas estáticas, a lógica de aplicação, os servidores de mídias e de banco de dados) e usarmos vários dispositivos de fornecedores para acelerar esses servidores. Ao usarmos um único servidor para executar várias tarefas, podemos reduzir a taxa de transferência em mais de 50%.

1.16.1 Tipos de hospedagem

As operações dos *websites* de *e-commerce* requerem *softwares* que possam exibir os itens de forma atraente, processar as transações de venda de forma eficiente e rastrear informações sobre os clientes e o que eles estão comprando. Quando as empresas precisam incorporar componentes do *e-commerce*, elas podem optar por executar servidores internos, isto é, por ter uma **hospedagem interna**. Essa opção é frequentemente utilizada por grandes empresas. As de porte médio ou pequeno costumam decidir por um prestador de serviços, ou seja, pela hospedagem *web*, que, além de ofecerer custos mais baixos, pode, em alguns casos, proporcionar mais segurança para as informações da empresa (Laudon; Traver, 2014).

Alguns prestadores de serviços oferecem aos clientes a **hospedagem compartilhada** (*shared hosting*), significando que o *website* do cliente fica em um servidor que hospeda também outros *websites* simultaneamente e é operado pelo provedor de serviço (Keathley, 2014). Na hospedagem compartilhada, é disponibilizado um servidor *web* para o cliente, porém esse servidor não é compartilhado com os outros clientes do prestador de serviços.

Na hospedagem compartilhada, o provedor de serviços tem um *hardware* de servidor, que é alugado para o cliente. Assim, o provedor de serviço é responsável por fornecer o *hardware* do servidor *web* e o *software*, fornecendo conexão à internet por meio de seus roteadores e de outros equipamentos de rede. Em um serviço de **compartilhamento de locais**, o provedor de serviço aluga um espaço físico para o cliente instalar o seu próprio *hardware* de servidor (Laudon; Traver, 2014).

Os *websites* de *e-commerce* precisam ser constantemente verificados, testados e reparados. A manutenção dos sistemas é vital e, em geral, o custo anual de sua manutenção será mais ou menos paralelo ao custo do desenvolvimento (Thorleuchter; Van Den Poel, 2012; Tanjung; Dhewanto, 2014; Currim; Mintz; Siddarth, 2015),

Na realidade, o sucesso a longo prazo de um *website* de *e-commerce* vai depender de uma equipe dedicada, cujo principal trabalho é monitorar e adaptar o local às mudanças do mercado. A *web* é um ambiente competitivo, em que um *website* disfuncional pode causar frustração e perda rápida de clientes.

1.17 COMPETITIVIDADE E *DRIVERS* NO *E-COMMERCE*

Não basta apenas usar a tecnologia e todas as estruturas de telecomunicações, é importante também verificar o estágio de competitividade do négocio, ou seja, o estágio em que se encontra o *e-commerce*. Para Tassabehji (2005), os fatores que podem determinar o nível de avanço do *e-commerce* são os seguintes:

- **Tecnologia** – O grau do avanço da infraestrutura de telecomunicações fornece acesso a novas tecnologias para empresas e consumidores.

- **Política** – Inclui o papel do governo na criação de legislações, iniciativas e financiamentos para apoiar o uso e o desenvolvimento do *e-commerce*, bem como a tecnologia da informação.

- **Social** – Incorpora o nível e o avanço na mesma formação que permitirá que os compradores e a força de trabalho compreendam e possam utilizar as novas tecnologias.

- **Economia** – Inclui a riqueza geral e comercial, a saúde da nação e os elementos que contribuem para isso.

Dessa forma, é importante também identificar os principais *drivers* do *e-commerce*, pois eles podem ser medidos por um número de critérios que destacam o estágio de avanço dessa atividade em diferentes países. Os critérios que podem determinar o nível de avanço do *e-commerce* estão resumidos no Quadro 1.5.

Quadro 1.5 Exemplo de *drivers* para o *e-commerce*

Drivers	Critério para avaliar
Fatores tecnológicos	• Infraestrutura de telecomunicação, ou seja: infraestrutura e arquitetura central, competição na indústria, preços, provedores e serviços de internet, gama de servidores disponíveis (por exemplo ADSL – Asymmetric Digital Subscriber Line, ISDN – Integrated Services for Digital Network), propriedade (setor público ou privado). • Acesso a novos desenvolvimentos da tecnologia. • Velocidade da banda larga. • Velocidade do desenvolvimento e implementação das novas tecnologias pela indústria setor.
Fatores políticos	• Quantidade, tipo de programas e incentivos do governo para apoiar a utilização de fatores sociais e o desenvolvimento de novas tecnologias. • Legislação – número e tipo de leis restritivas e políticas que governam os dados eletrônicos e as transações financeiras. Por exemplo, as leis que reconhecem e impõem a validade da documentação eletrônica, contratos e transações em um Tribunal de Justiça; a validação de assinaturas digitais; o uso legal das medidas de segurança eletrônica, tais como criptografia. • Políticas públicas – se o governo apoia o crescimento das transações e dos processos eletrônicos. Por exemplo, apresentação de declarações fiscais para a Receita Federal por via eletrônica.
Fatores sociais	• Competências dos trabalhadores. • Número de usuários *on-line*. • Taxa de penetração de PCs. • Nível de instrução em informática e habilidades de TI. • Cultura de tecnofilia – ou seja, vontade e capacidade de adotar novas tecnologias, bem como a velocidade com que a tecnologia atinge a massa crítica.
Fatores econômicos	• O crescimento econômico do PIB (Produto Interno Bruto). • Renda média. • Custo da tecnologia (*hardware* e *software*). • Custo do acesso à infraestrutura de telecomunicações. • Infraestrutura comercial – por exemplo, avanço do setor bancário, sistemas de pagamento. • Modelos de negócios inovadores.

Fonte: Adaptado de Tassabehji, 2005, p. 9, tradução nossa.

E-commerce: conceitos, implementação e gestão

1.17.1 Drivers no e-business

Quanto aos *drivers* para o *e-business*, Tassabehji (2005) destaca os seguintes:

- **Cultura organizacional** – Inciativas em pesquisa e desenvolvimento (P&D), vontade de inovar e usar a tecnologia para alcançar tais objetivos.

- **Benefícios comerciais** – Redução de custos e maior eficiência dos processos, os quais têm impacto sobre a *performance* financeira da empresa.

- **Força de trabalho qualificada e comprometida** – Colaboradores que entendam, estejam dispostos e sejam capazes de aprender, implementar e utilizar novas tecnologias e processos.

- **Requisitos de clientes e de fornecedores** – Com relação à procura e à oferta de produtos e serviços.

- **Competição** – Assegura que a organização se manterá à frente dos concorrentes e líderes da indústria.

Assim, podemos entender que o *e-commerce* proporciona infraestrutura e ambiente para permitir e facilitar o *e-business*. Com isso, observe que a implementação do *e-business* depende principalmente da existência de uma demanda por parte da organização e da possibilidade de poder ser fornecido dentro dela (Tassabehji, 2005).

1.17.2 Demanda pelo *e-commerce* e suas vantagens

A demanda de implantação do *e-commerce* surge, em grande parte, pela necessidade de cortar custos, melhorar a eficiência dos processos, manter a vantagem competitiva e atender aos requisitos das partes interessadas. Assim, os objetivos do negócio podem ser satisfeitos por meio da oferta de uma infraestrutura tecnológica para melhorar os processos organizacionais, com a capacidade e o compromisso de integrar novas tecnologias e melhorar as práticas de trabalho dentro da organização – o fundamental para tudo isso é a alocação de recursos.

No entanto, a implementação das várias aplicações do *e-commerce* depende de quatro principais categorias de apoio, como você pode ver na Figura 1.18.

Figura 1.18 *Framework* para *e-commerce*

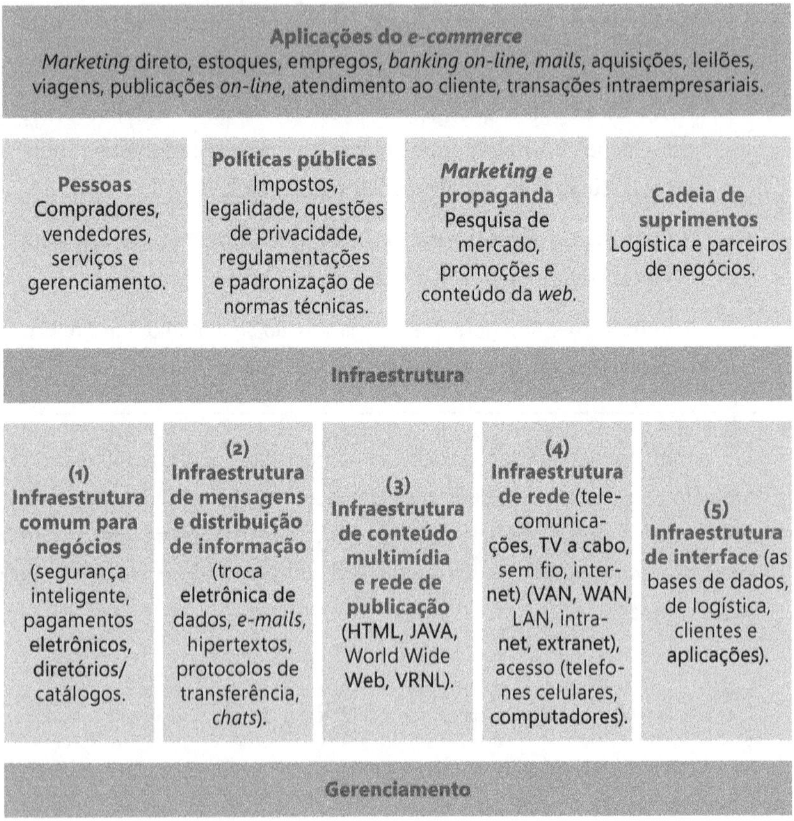

Aplicações do *e-commerce*
Marketing direto, estoques, empregos, *banking on-line, mails*, aquisições, leilões, viagens, publicações *on-line*, atendimento ao cliente, transações intraempresariais.

Pessoas	Políticas públicas	Marketing e	Cadeia de
Compradores, vendedores, serviços e gerenciamento.	Impostos, legalidade, questões de privacidade, regulamentações e padronização de normas técnicas.	propaganda Pesquisa de mercado, promoções e conteúdo da *web*.	suprimentos Logística e parceiros de negócios.

Infraestrutura

(1) Infraestrutura comum para negócios (segurança inteligente, pagamentos eletrônicos, diretórios/ catálogos.	(2) Infraestrutura de mensagens e distribuição de informação (troca eletrônica de dados, *e-mails*, hipertextos, protocolos de transferência, *chats*).	(3) Infraestrutura de conteúdo multimídia e rede de publicação (HTML, JAVA, World Wide Web, VRNL).	(4) Infraestrutura de rede (tele-comunica-ções, TV a cabo, sem fio, inter-net) (VAN, WAN, LAN, intra-net, extranet), acesso (telefo-nes celulares, computadores).	(5) Infraestrutura de interface (as bases de dados, de logística, clientes e aplicações).

Gerenciamento

Fonte: Adaptado de Kalakota; Whinston, 1997, p. 12, tradução nossa.

Dessa forma, o *e-commerce* inclui atividades como o estabelecimento de uma página na *web* para apoiar as relações com investidores ou se comunicar eletronicamente com outras organizações. Digitalmente habilitadas, todas as transações incluem os processos mediados pela tecnologia.

E-commerce: conceitos, implementação e gestão

A razão para o interesse específico no *e-commerce* é sua tecnologia, pois é diferente e mais poderosa do que qualquer outra vista no século passado. As tecnologias do *e-commerce* trouxeram algumas mudanças fundamentais, sem precedentes para o comércio. Enquanto essas outras tecnologias transformaram a vida econômica no século XX, a evolução da internet e de outras TI moldavam o século XXI. Antes do desenvolvimento do *e-commerce*, a comercialização e a venda das mercadorias era um processo orientado pela venda em massa e a força do *marketing* (Laudon; Traver, 2014). Antes da década de 1990, os comerciantes visualizavam os consumidores como alvos passivos de campanhas publicitárias e marcas, considerando que, a longo prazo, recebiam influências no seu comportamento de compra (Scheneider, 2011).

Em décadas passadas, as empresas vendiam seus produtos por meio de canais bem isolados. Assim, os consumidores eram "presos" por limites geográficos e sociais, ficando incapazes de procurar amplamente melhor preço e qualidade. Nesse contexto, informações sobre preços, custos e honorários podiam ficar escondidas do consumidor, criando dessa forma uma rentável "assimetria de informação" (Laudon; Traver, 2014) para as vendas da empresa.

1.17.3 Infraestrutura de Tecnologia para *E-COMMERCE*

A implementação bem-sucedida do *e-commerce* requer mudanças significativas nos processos de negócios existentes e investimentos substanciais em tecnologia, que deve ser cuidadosamente escolhida e integrada para suportar grande volume de transações com clientes, fornecedores e diversos parceiros de negócios em todo o mundo.

Problemas como demora no tempo de resposta, demora no suporte ao cliente, atendimento inadequado e encomendas perdidas, entre tantos outros, levam o consumidor a abandonar certos *websites* de *e-commerce* em favor daqueles com melhor desempenho e mais confiáveis.

A Figura 1.19 mostra uma visão geral dos principais componentes de infraestrutura de tecnologia para *e-commerce*.

Figura 1.19 Os principais componentes de infraestrutura de tecnologia para o e-commerce

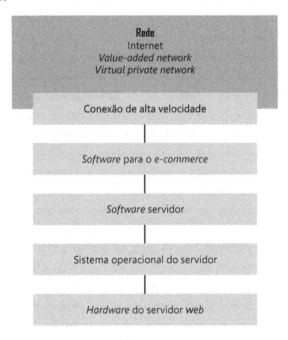

Fonte: Adaptado de Stair; Reynolds, 2012, p. 230, tradução nossa.

Utilizar uma plataforma de *hardware* com um servidor *web* completo e com o *software* apropriado é o ponto-chave dos elementos da infraestrutura do *e-commerce*. A capacidade de armazenamento do servidor *web* depende principalmente de dois fatores: o *software* que será executado no servidor e o volume de transações do *e-commerce* que deve ser processado (Stair; Reynolds, 2012).

Embora a equipe responsável pelas tecnologias do *e-commerce* possa, por vezes, definir o *software* para ser usado para um *website*, só é possível estimar a quantidade de tráfego que o *website* irá gerar. Como resultado, as soluções mais bem-sucedidas do *e-commerce* são projetadas para que possam ser atualizadas e atender ao crescimento inesperado do tráfego de usuários.

Além do sistema operacional do servidor *web*, cada *website* do *e-commerce* tem um *software* do servidor *web* para executar serviços fundamentais, incluindo a segurança, a identificação, a recuperação, o envio de páginas, o rastreamento e o desenvolvimento do *website* e das páginas.

E-commerce: conceitos, implementação e gestão

Os pacotes de *softwares* de servidor *web* mais usados são o Apache HTTP Server e o Microsoft Internet Information Services®.

1.17.4 TAREFAS FUNDAMENTAIS NO *E-COMMERCE*

De acordo com Stair e Reynolds (2012), depois de ter localizado ou construído um servidor *host* (incluindo o *hardware*), o sistema operacional e o *software* de servidor *web*, o próximo passo é instalar o *software* do *e-commerce* para apoiar as cinco tarefas fundamentais para seu perfeito funcionamento:

1. gerenciar o catálogo de produtos;
2. configurar componentes e opções para ajudar os clientes a selecionar os produtos;
3. adicionar e configurar carrinho de compras e instalações dos itens para controlar e rastrear os produtos selecionados;
4. processar as transações do *e-commerce*;
5. analisar os dados do tráfego da *web* para fornecer detalhes e ajustar as operações do *website*.

Garantir a **segurança** das operações é também uma tarefa que precisa de muita atenção, particularmente em duas áreas: a segurança da transmissão em si e da confiança da transação que está sendo feita. Nesse sentido, a criptografia pode fornecer uma transmissão segura. Certificados digitais e segurancas nas redes também podem proporcionar que as transações sejam feitas de maneira confiável entre as partes interessadas.

1.18 MERCADO DIGITAL E MERCADO TRADICIONAL

O mercado digital tem ampliado as vendas de bens digitais (aqueles que podem ser entregues por meio de uma rede digital). Músicas, vídeos, filmes, *softwares*, jornais, revistas e livros podem ser expressos, armazenados, entregues e vendidos como produtos puramente digitais.

No geral, para produtos digitais, o custo marginal de produção para uma unidade é cerca de zero (não custa nada fazer uma cópia de um arquivo de música). No entanto, o custo de produção da primeira unidade original é relativamente alta – de fato, é quase o custo total do produto, porque existem poucos outros custos de estoque e distribuição (Laudon; Laudon, 2012).

Contudo, ainda que os custos de envio de bens digitais por meio da internet sejam consideravelmente baixos, os custos de *marketing* permanecem praticamente os mesmos, uma vez que os preços podem estar sucetíveis a altas variações.

Observe, no Quadro 1.6, o resumo de algumas diferenças entre os mercados digitais e os tradicionais.

Quadro 1.6 Comparação entre o mercado digital e o tradicional

Fatores	Mercado digital	Mercado tradicional
Assimetria da informação	Reduzida	Alta
Pesquisa dos custos	Baixo	Alto
Custos de transação	Baixo (às vezes quase nada)	Alto (tempo, viagem)
Gratificação adiada	Alta (ou inferior, no caso de mercadoria digital)	Baixa
Custos do menu	Baixo	Alto
Dinâmica da precificação	Baixo custo, instante	Alto custo, adiado
Segmentação do mercado	Precisão de baixo custo, moderada	Alto custo, menos precisão
Custos de mudança	Maior/menor (dependendo das características do produto)	Alto
Efeitos da rede	Forte	Fraco
Desintermediação	Mais possível/provável	Menos possível/improvável

Fonte: Laudon; Laudon, 2012, p. 380, tradução nossa.

1.18.1 CATEGORIAS DE *E-COMMERCE*

Categorizar o *e-commerce* pelos tipos de entidades que participam de suas operações ou processos de negócios é uma maneira útil e comumente aceita para definir os negócios *on-line*. De acordo com Schneider (2013) e Laudon e Traver (2014), as cinco categorias do *e-commerce*, em geral, são:

E-commerce: conceitos, implementação e gestão

1. *business-to-consumer* (B2C);
2. *business-to-business* (B2B);
3. operações e processos de negócios;
4. *consumer-to-consumer*;
5. *business-to-government*.

Dentre essas, Schneider (2013) destaca as três categorias mais comumente utilizadas:

1. B2C – compra dos consumidores na *web*;
2. B2B – operações realizadas entre as empresas na *web*;
3. operações e processos de negócio em que empresas, governos e outras organizações usam tecnologias de internet para apoiar as atividades de compra e venda.

Uma única empresa pode participar de atividades que se enquadram em múltiplas categorias do *e-commerce*. Considere, por exemplo, uma empresa que fabrica alto-falantes. Ao vender seu produto final ao consumidor na *web*, temos o que seria o comércio eletrônico B2C. Num outro caso, a empresa poderia comprar na *web* os materiais que são usados para fazer os alto-falantes de outras empresas, o que seria o comércio eletrônico B2B.

As empresas muitas vezes têm departamentos inteiros dedicados à negociação de operações de compra com os fornecedores. Esses serviços são geralmente denominados **gestão de fornecimento** ou de **aquisição**. Assim, o comércio eletrônico B2B pode ser chamado de *e-procurement*, que em português significaria "gestão" ou "otimização das compras".

Imagine ainda que, além de comprar e vender materiais para a fabricação de alto-falantes, a empresa realiza muitas outras atividades para converter os materiais adquiridos em alto-falantes. Essas atividades podem incluir a contratação e a gestão de pessoas que fazem os alto-falantes; o aluguel ou a compra de instalações para produção, armanezamento e transporte dos produtos; a manutenção de registros contabilísticos; a obtenção de *feedbacks* dos clientes; o desenvolvimento de campanhas publicitárias; o planejamento de novas versões etc. Perceba que, atualmente, cada vez mais essas operações e esses processos de negócios podem ser feitos por meio da *web*.

Processos de fabricação podem ser controlados usando tecnologias de internet dentro da própria empresa. Assim, toda comunicação, todo controle e todas as atividades relacionadas às operações se tornaram uma parte importante do *e-commerce* e podem ser incluídas na categoria B2B, mas também referem a eles como subjacente ou apoiar processos de negócios (Wiersema, 2013; Rosaci; Sarnè, 2014; Abosag, 2015)

Alguns pesquisadores – como Turban et al. (2008) e Alves et al. (2009) – definem mais categorias do *e-commerce*:

- **Comércio colaborativo (*c-commerce*)** – Parceiros de negócios colaboram eletronicamente; tal colaboração ocorre com frequência entre os parceiros de negócios ao longo da *supply chain* (*electronic supply chain* ou *e-supply chain*).

- **Consumers-to-businesses (C2B)** – Os consumidores necessitam particularmente de um produto ou serviço e as organizações competem para lhes fornecer esses produtos ou serviços.

- **Consumer-to-consumer (C2C)** – Um indivíduo vende produtos e serviços para outros indivíduos.

- **Intrabusiness (intraorganizacional) *commerce*** – Uma organização usa o *e-commerce* internamente para melhorar suas operações; um caso especial disso é conhecido como B2E (*business to its employees*).

- **Government-to-citizens (G2C)** – O governo fornece serviços a seus cidadãos por meio de tecnologias do *e-commerce*, podendo também fazer negócios com outros governos (G2G) ou com empresas (G2B).

- **Mobile commerce (m-commerce)** – Quando o *e-commerce* é feito em um ambiente *wireless*, com o uso de telefones celulares para acessar a internet.

- **Social e-commerce** – Habilitado por redes sociais (como Facebook, Twitter, Pinterest, Tumblr) e relacionamentos sociais *on-line*.

- **Local e-commerce** – Focado em engajar o consumidor com base em sua localização geográfica atual.

1.19 Benefícios do *E-COMMERCE*

Na perspectiva de Tassabehji (2005), três principais interessados podem se beneficiar diretamente do *e-commerce*: as organizações, os consumidores e a sociedade.

1.19.1 Benefícios para as organizações

De acordo com Tassabehji (2005), as organizações podem se beneficiar com o *e-commerce* por meio de seis fatores, a saber:

MERCADO INTERNACIONAL – O que costumava ser um único mercado físico, localizado em uma área geográfica, tornou-se um mercado sem fronteiras, incluindo os nacionais e internacionais. Assim, todas as empresas do *e-commerce* se tornaram corporações multinacionais virtuais.

ECONOMIA DE CUSTO OPERACIONAL – O custo de criação, processamento, distribuição, armazenamento e recuperação de informações diminuem.

CUSTOMIZAÇÃO EM MASSA – O *e-commerce* revolucionou a forma como os consumidores compram bens e serviços. O processamento do tipo *pull* (em português, "puxado") permite que produtos e serviços sejam personalizados conforme as necessidades do cliente. Por exemplo, hoje em dia, os clientes podem, por meio do *website* da empresa, customizar um carro de acordo com suas preferências em poucos minutos.

REDUÇÃO DE ESTOQUES E DESPESAS GERAIS – Com o *e-commerce*, houve uma facilitação da oferta do tipo *pull* na gestão da cadeia, isto é, aquela que acontece com base na coleta do pedido do cliente e tem entrega subsequente por meio do *just-in-time* (JIT) de fabricação. Isso é particularmente benéfico para as empresas do setor de alta tecnologia, em que a obsolescência dos produtos se dá em poucos meses.

REDUÇÃO DE CUSTOS COM TELECOMUNICAÇÕES – A internet apresenta preços mais baixos quando comparada com as Value Added Network (VANs), as quais foram baseadas em linhas telefônicas para uso exclusivo das organizações e seus parceiros autorizados. É mais acessível enviar uma informação via *e-mail* do que via discagem direta.

Digitalização de produtos e processos – É o caso de produtos como *softwares*, músicas e vídeos, que podem ser baixados por meio da internet em formato digital ou eletrônico. Outra vantagem é que não há restrições de tempo. As empresas podem ser contatadas ou entrar em contato com clientes e fornecedores a qualquer momento.

1.19.2 Benefícios para os consumidores

Também os consumidores podem obter benefícios com o uso do *e-commerce*. Saiba quais são eles:

24 horas de acesso – O *e-commerce* permite que os clientes comprem ou realizem operações a qualquer hora do dia, durante todo o ano, de quase todo lugar.

Mais escolhas – Os clientes não só têm toda uma gama de produtos que podem escolher e personalizar, mas também uma vasta seleção de fornecedores (nacionais ou internacionais).

Comparações de preços – Os clientes podem comprar ao redor do mundo e fazer suas próprias comparações visitando diferentes *websites* em que os preços são agregados com base em certa quantidade de fornecedores.

Processos de entrega melhorados – Desde a entrega imediata de produtos digitalizados, como *softwares* ou arquivos de audiovisual para *download*, até a entrega física de um produto, sendo possível até mesmo rastreá-lo de forma *on-line*, que será entregue por transportadoras ou correio direto na residência do comprador.

Ambiente competitivo – Em que descontos substanciais são ofertados por diversos varejistas; permitindo também que muitos clientes, de forma individual, juntem seus pedidos em apenas um, para dessa forma obter um preço mais competitivo com o vendedor.

1.19.3 Benefícios para a sociedade

Finalmente, a sociedade pode ser beneficiada pelas seguintes características do *e-commerce*:

PRÁTICAS MAIS FLEXÍVEIS DE TRABALHO – Aumento da qualidade de vida para os indivíduos na sociedade, permitindo-lhes, por exemplo, trabalhar em casa, o que pode ser considerado mais conveniente e menos estressante; além disso, há uma redução da poluição ambiental pelo fato de menos pessoas terem de se deslocar para ir ao trabalho.

CONECTAR PESSOAS – Permite que mais pessoas em diversos lugares do globo, muitas vezes em países em desenvolvimento ou mesmo em áreas ruais, possam se comunicar e ter acesso a variados tipos de produtos e serviços.

FORNECIMENTO DE SERVIÇOS PÚBLICOS – Facilitando, por exemplo, serviços de saúde como agendamentos e consultas *on-line*, pagamento de impostos etc.

1.20 LIMITAÇÕES DO *E-COMMERCE*

Embora apresente muitas vantagens, o *e-commerce* também tem suas limitações, que, segundo Tassabehji (2005), se dão principalmente nos três grandes grupos de *stakeholders*: organizações, consumidores e sociedade.

1.20.1 LIMITAÇÕES PARA AS ORGANIZAÇÕES

Tassabehji (2005) indica algumas limitações do *e-commerce* para as organizações:

FALTA DE PROTOCOLOS DE SEGURANÇA, CONFIABILIDADE E PADRÕES NOS SISTEMAS – Há inúmeros relatos, diariamente, de *websites* e bancos que foram *hackeados* devido a falhas na segurança dos *softwares* utilizados. Grandes corporações, como instituições financeiras, sofrem, diariamente, ataques e violações de segurança, que muitas vezes têm como consequência a quebra de informações confidenciais de clientes e, logo, o mau uso dessas informações.

RÁPIDA EVOLUÇÃO E MUDANÇA NA TECNOLOGIA – Com isso, há sempre um sentimento de se estar tentando "pegar" para não ficar para trás; a pressão de inovar e desenvolver modelos de negócios para explorar as novas oportunidades às vezes leva a estratégias prejudiciais à organização; a facilidade com que os modelos de negócios podem ser copiados e emulados na internet aumenta essa pressão e reduz a vantagem competitiva de longo prazo.

CONCORRÊNCIA – Seja nacional ou internacional, muitas vezes leva a guerras de preços e subsequentes perdas insustentáveis para a organização.

PROBLEMAS COM COMPATIBILIDADE DE TECNOLOGIA MAIS ANTIGA E A MAIS RECENTE – Há situações em que sistemas de negócios mais antigos não conseguem se comunicar com infraestruturas da internet, fazendo com que algumas organizações executem, praticamente, dois sistemas independentes de dados; isso faz com que as organizações tenham de investir em novos sistemas ou na infraestrutura de diferentes sistemas, o que é mais caro e dispendioso para a organização.

1.20.2 LIMITAÇÕES PARA OS CONSUMIDORES

Ainda de acordo com Tassabehji (2005), temos algumas limitações do *e-commerce* para os consumidores:

EQUIPAMENTOS DE COMPUTAÇÃO – São necessários para que os indivíduos participem da economia digital, o que significa um custo de capital inicial.

CONHECIMENTO TÉCNICO BÁSICO – É necessário para o uso de equipamentos de informática e para a navegação na *web*.

CUSTO DE ACESSO À INTERNET, *DIAL-UP* OU BANDA LARGA, E DOS EQUIPAMENTOS DE COMPUTAÇÃO – Além do custo inicial da compra de equipamentos, é preciso certificar-se de que a tecnologia utilizada é regularmente atualizada e compatível com as exigências das mudanças (e atualizações) da internet, dos *websites* e das aplicações, o que pode gerar custo extra.

FALTA DE SEGURANÇA E PRIVACIDADE DOS DADOS PESSOAIS – Não há um controle real dos dados coletados na *web*; assim, *websites* hospedados em diferentes países nem sempre protegem a privacidade dos dados pessoais.

RELAÇÕES E CONTATO FÍSICO SÃO SUBSTITUÍDOS POR PROCESSOS ELETRÔNICOS – Na forma *on-line*, os clientes não podem tocar e sentir os produtos que estão comprando ou avaliar vozes e reações dos seres humanos.

FALTA DE CONFIANÇA – Os indivíduos interagem com computadores, "sem rosto".

1.20.3 LIMITAÇÕES PARA A SOCIEDADE

Considerando o que acabamos de ver, Tassabehji (2005) ainda comenta acerca de algumas limitações do *e-commerce* para a sociedade:

QUEBRA NA INTERAÇÃO HUMANA – Para algumas pessoas, é mais cômodo interagir eletronicamente; contudo, isso pode provocar a deterioração de competências pessoais e sociais, o que, eventualmente, pode ser prejudicial para a sociedade e os negócios.

DIVISÃO SOCIAL – Pode haver aumento da divisão social, separando indivíduos com baixas habilidades técnicas daqueles com altas. Os que não possuem habilidades técnicas mais apuradas tornam-se incapazes de garantir empregos mais bem pagos e podem formar uma subclasse, o que acarreta implicações para a estabilidade social.

DEPENDÊNCIA DAS INFRAESTRUTURAS DE TELECOMUNICAÇÕES, ENERGIA E INFORMÁTICA – Nos países em desenvolvimento, os benefícios do *e-commerce* são anulados quando energia, infraestruturas de telecomunicações e habilidades de TI não estão disponíveis.

DESPERDÍCIO DE RECURSOS – Com a rapidez das mudanças nas tecnologias e nos equipamentos, há um acúmulo de computadores, teclados, alto-falantes, monitores, *hardwares* e tantos outros acessórios por se tornarem obsoletos muito rapidamente.

FACILITAÇÃO DA PRODUÇÃO *JUST-IN-TIME* – Potencialmente, em tempos de crise, isso poderia paralisar a economia, pois os estoques são mantidos no mínimo e os padrões de entrega são fundamentados em níveis preestabelecidos que duram dias, em vez de semanas.

DIFICULDADE EM VIGIAR A INTERNET – O que significa que numerosos crimes podem ser cometidos e muitas vezes passar despercebidos; há também aumento na disponibilidade e no acesso a materiais de pedofilia e maiores possibilidades de criminosos atraírem crianças para salas de bate-papo.

1.21 ESTRATÉGIAS NO *E-COMMERCE*

Para iniciar esta seção, vamos primeiramente definir alguns termos, de acordo com Stair e Reynolds (2012):

ESTRATÉGIA DE NEGÓCIO – Conjunto de planos para alcançar retornos superiores, a longo prazo, no capital investido em uma empresa – é, portanto, um plano para a realização de lucros em um ambiente competitivo a longo prazo.

LUCRO – É a diferença entre o preço que uma empresa é capaz de cobrar por seus produtos e serviços e o custo de produção e distribuição desses bens – ou seja, o lucro representa o valor econômico.

Embora possamos considerar a internet como um mercado único, os mesmos princípios de estratégia que podemos verificar nos negócios tradicionais também se aplicam a ela, pois estratégias do *e-commerce* envolvem o uso da internet e de plataformas móveis para alavancar e fortalecer o negócio já existente, fornecendo produtos e serviços que os concorrentes não podem copiar (Porter, 2004) – isso significa desenvolver produtos e serviços exclusivos, com processos de distinção e personalização (por exemplo, o clique de compras da Amazon.com).

Laudon e Traver (2014), compartilhando do ponto de vista de Porter (2004) sobre o modelo das forças competitivas, apresentam cinco estratégias empresariais: a diferenciação do produto ou serviço; o custo da concorrência; o escopo da estratégia; o foco ou nicho de mercado; e a intimidade do cliente. A seguir, veremos cada uma dessas estratégias mais detalhadamente:

Diferenciação – Refere-se a todas as maneiras que os produtores têm para tornar seus produtos ou serviços únicos e diferentes, a fim de distingui-los dos concorrentes. O oposto da diferenciação é a comoditização, uma situação em que não existem diferenças entre os produtos ou serviços ofertados e em que a única base de escolha do cliente é o preço.

O *e-commerce* oferece algumas maneiras originais de diferenciar os produtos e serviços, tais como a capacidade de o cliente personalizar a experiência de sua compra, tanto de produtos quanto de serviços, de acordo com suas necessidades específicas. As empresas de *e-commerce* também podem diferenciar seus produtos e serviços, por exemplo: ao tornar possível a compra em qualquer lugar ou hora (alcance global ou ubiquidade); ao criar conteúdos originais e interativos; ao oferecer vídeos com a demonstração do serviço ou do produto e as avaliações de usuários (riqueza da informação e interatividade); ao proporcionar o armazenamento e o processamento de informações para os consumidores, como informações sobre a garantia dos produtos comprados (densidade da informação).

Custo da concorrência – Oferecer produtos e serviços a um custo menor do que os concorrentes. Pelo menos a curto prazo, o *e-commerce* proporciona à empresa competir por custos. Assim, as organizações podem alavancar: a **ubiquidade**, diminuindo os custos de entrada dos pedidos (o cliente preenche as etapas do pedido, portanto, não há departamento de entrada de pedidos); o **alcance global** e os **padrões universais**, por ter um único sistema de entrada de pedidos em todo o mundo; e a **riqueza**, a **interatividade** e a **personalização** do produto ou serviço, por meio da criação de perfis de clientes *on-line* e do tratamento diferenciado a cada um dos consumidores, sem precisar para isso de uma força de vendas cara.

Finalmente, as empresas podem aproveitar a intensidade da comunicação e fornecer aos consumidores informações detalhadas sobre os produtos, sem que para isso precisem manter um catálogo caro ou uma força de vendas agressiva. Contudo, o perigo de oferecer recursos poderosos para intensificar a concorrência por meio de custos é que os concorrentes têm acesso à mesma tecnologia. Ainda assim, o autoconhecimento, o conhecimento tácito (que não é publicado ou codificado), a fidelização do público e a força de trabalho qualificada são, a curto prazo, fatores difíceis de obter. Assim, a concorrência de custos continua sendo uma estratégia viável.

ESCOPO DA ESTRATÉGIA – É uma estratégia para competir em todos os mercados ao redor do mundo, e não apenas em mercados locais, regionais ou nacionais. O alcance global da internet, por meio de padrões universais, e a sua onipresença são aspectos que certamente podem ajudar as empresas a se tornarem concorrentes mundiais.

FOCO/NICHO – Aqui estamos falando da competição em um mercado estreito ou em um segmento específico de produtos. Nesse sentido, o *e-commerce* oferece alguns recursos que permitem à empresa desenvolver uma estratégia de foco, podendo alavancar riqueza e interatividade para criar mensagens altamente focadas em diferentes segmentos de mercado. Além disso, a intensidade das informações torna possível focar em campanhas de *marketing* voltadas para pequenos segmentos de mercado e na personalização dos produtos e serviços, a fim de atender às necessidades de segmentos específicos de mercado e consumidores.

INTIMIDADE COM O CLIENTE – Concentrar-se em desenvolver laços fortes com os clientes, a fim de aumentar os custos que teriam com um eventual abandono. Fortes ligações com os clientes aumentam os custos que eles teriam com a troca de um produto ou serviço pelo do concorrente e, assim, aumentam as vantagens competitivas da empresa.

1.21.1 PARA ALÉM DAS VENDAS

De acordo com Schneider (2011), as empresas costumam se comprometer com iniciativas de *e-commerce* por várias razões: aumentar as vendas em mercados existentes; promover abertura de novos mercados; atender seus clientes da melhor forma possível; identificar novos fornecedores; tratar eficientemente com os fornecedores existentes; recrutar os melhores colaboradores.

As empresas podem usar táticas chamadas de *estratégias jusante* para melhorar o valor que fornecem aos seus clientes. Alternativamente, podem também buscar *estratégias a montante*, que se concentram na redução de custos ou

E-commerce: conceitos, implementação e gestão

na geração de valores, trabalhando com fornecedores ou prestadores de serviços de transporte de mercadorias.

É claro que a *web* é um canal de vendas extremamente atraente para muitas empresas, mas elas podem utilizar o *e-commerce* para fazer muito mais do que vender, complementando suas estratégias de negócios e melhorando sua posição competitiva.

As oportunidades do *e-commerce* podem inspirar as empresas a realizar atividades como: construir marcas; reforçar programas de *marketing* já existentes; vender produtos e serviços; vender publicidade; compreender melhor as necessidades dos clientes; melhorar o serviço pós-venda e suporte; adquirir produtos e serviços; gerenciar a *supply chain*; realizar leilões e operações *on-line*; construir e gerir comunidades virtuais e portais da *web*.

1.21.2 Mensuração de benefícios e estabelecimento de objetivos

Ainda que possa ser difícil mensurar o sucesso dessas atividades, alguns benefícios das iniciativas de *e-commerce* são óbvios, tangíveis e fáceis de medir, como o aumento de vendas ou a redução dos custos. Outros benefícios intangíveis, como o aumento da satisfação do cliente, podem ser mais difíceis de identificar e medir.

Ao identificar os benefícios, é recomendável que os gestores tentem estabelecer objetivos mensuráveis, mesmo que sejam intangíveis, como aumentar a satisfação dos clientes, o que pode ser medido pela contagem do número de clientes que retornam ao *website*. Para entender melhor o que estamos explicando, observe o Quadro 1.7.

Quadro 1.7 Medindo os benefícios das iniciativas do *e-commerce*

Iniciativas no *e-commerce*	Medição
Construir marcas.	Pesquisas sobre opinião que medem o conhecimento sobre a marca; mudanças na participação de mercado.
Melhorar os programas de *marketing* existentes e criar outros novos.	Mudança no volume de vendas por unidade; frequência de contato com o cliente; taxa de conversão (para compradores).

(continua)

(Quadro 1.7 – conclusão)

Iniciativas no *e-commerce*	Medição
Melhorar o atendimento.	Pesquisas de satisfação do cliente; quantidade de reclamações dos clientes; fidelização dos clientes.
Reduzir o custo de suporte e pós-venda.	Quantidade e tipo (telefone, *fax*, *e-mail*) de atividades de apoio; mudança no custo líquido de apoio por cliente.
Melhorar as operações da cadeia de abastecimento.	Custo e qualidade na entrega de materiais ou serviços adquiridos; redução global do custo das mercadorias vendidas.
Promover leilões.	Quantidade de leilões, compradores, vendedores, itens vendidos, participantes inscritos; volume monetário dos itens vendidos; taxa de participação.
Fornecer portais, redes sociais e comunidades virtuais.	Número de visitantes; número de retorno; visitas por visitante; duração média das visitas; participação em discussões *on-line*.

Fonte: Schneider, 2011, p. 535, tradução nossa.

Não importa como uma empresa avalie os benefícios proporcionados pelo seu *website*, geralmente se tenta converter as medições das atividades em valor monetário. Embora cada atividade forneça algum valor para a empresa, muitas vezes é difícil medir esse valor de forma monetária. Normalmente, mesmo as melhores tentativas de conversão produzem apenas benefícios de aproximações (Schneider, 2011).

1.21.3 Estimativa e controle de custos

Outra questão estratégica para o *e-commerce* diz respeito ao **controle dos custos**. À primeira vista, identificar e estimar os custos pode parecer muito mais fácil do que estabelecer objetivos e colher benefícios. No entanto, muitos gestores acabam descobrindo que o custo de um projeto de TI pode não ser fácil de estimar e controlar.

A *web* usa tecnologias que mudam mais rapidamente do que as usadas em outros projetos de TI, o que se torna um obstáculo na hora de fazer estimativas, pois *softwares* e *hardwares* precisam de constantes atualizações e aumento de capacidade, e isso, muitas vezes, resulta no aumento líquido dos custos gerais.

Schneider (2011) explica que *softwares* mais sofisticados, muitas vezes, custam mais do que foi inicialmente orçado. Somado a isso, há o problema de

E-commerce: conceitos, implementação e gestão

que as iniciativas do *e-commerce* normalmente precisam ser concluídas num prazo mais curto do que o de muitos outros projetos de TI e, dessa forma, as rápidas mudanças da tecnologia *web* podem acabar destruindo os melhores planos de um gestor.

Rusich e Danielis (2015) explicam que, além dos custos com *hardwares* e *softwares*, o orçamento do projeto deve incluir os custos com contratação, treinamento, pagamento do pessoal que projetará ou personalizará os *softwares*, criação de conteúdo, operação e manutenção do *website*. Dessa forma, muitas organizações tentam controlar os custos por atividade, o que é chamado de *custo total de propriedade (Total Cost of Ownership* – TCO), calculando assim um custo total para todos os custos relacionados com a atividade.

Lombardi, Gorgoglione e Panniello (2013) indicam que o TCO de implementação do *e-commerce* geralmente inclui: os custos de *hardware* (computadores servidores, roteadores, *firewalls* e dispositivos de balanceamento de carga); *softwares* (licenças para sistemas operacionais, servidores *web*, bancos de dados e aplicações); trabalhos terceirizados, salários e benefícios para todos os colaboradores envolvidos no projeto; e custos de manutenção do *website*, uma vez que este é operacional.

Para muitas empresas, um dos maiores e mais significativos custos associados a iniciativas do *e-commerce* é o da **não realização** de tal iniciativa. Assim, para descrever os benefícios perdidos em uma ação não realizada, gestores e contadores usam o custo de oportunidade (Kowalsky, 2015) .

Quanto aos custos para se ter um *website*, Schneider (2011) explica que isso dependerá do tamanho do empreendimento. Nesse aspecto, um elemento importante a ser levado em consideração, especialmente nas pequenas implementações de negócios *on-line*, é a escolha do provedor de serviço de hospedagem *web* – *websites* menores podem consultar um diretório *Internet Service Provider* (ISP).

Os ISPs oferecem um motor de busca que ajuda os visitantes a escolherem o provedor de internet, o serviço de hospedagem ou o *Active Server Pages* (ASP) para atender às necessidades do *website*.

As estimativas de custos para lançar *websites* de *e-commerce* para grandes empresas, especialmente se precisarem ser integrados com outras operações de negócios, são substancialmente mais elevados.

Observe na Figura 1.20 um resumo das estimativas da indústria para o custo de criação e operação de *websites* de *e-commerce*.

Figura 1.20 Custos estimados para *websites* de *e-commerce*

	Pequena	Média	Grande	Grande e integrada a outros negócios
Custo inicial (US$)	1,000-5,000	50,000-1 milhão	1-5 milhões	5-100 milhões
Custo anual (US$)	500-10,000	25,000-210 milhões	500,000-10 milhões	2.5-200 milhões

Fonte: Adaptado de Schneider, 2011, p. 537.

Crédito: Alexzel/Shutterstock

Com isso, muitas empresas começaram a ficar atentas aos gastos relacionados à *web* e passaram a utilizar a ferramenta *Return on Investment* (ROI) para medir e avaliar novos projetos do *e-commerce*.

1.21.4 RETURN ON INVESTMENT (ROI)

Autores como Atieh e Al Shariff (2015) e Vallejo e Wehn (2016) explicam que o ROI é uma ferramenta simples de entender e de fácil aplicação. No entanto, esses mesmos autores alertam os gestores para que tenham cuidado ao usá-la na avaliação de iniciativas de negócios *on-line*, pois nessa ferramenta estariam embutidos alguns preconceitos que podem levar os gestores a tomarem decisões pobres. Nessa mesma perspectiva, Schneider (2011) indica que o ROI:

- exige que todos os custos e benefícios sejam expostos em **unidade monetárias**, pois é geralmente mais fácil quantificar custos do que benefícios e, dessa forma, as medições podem ser tendenciosas, sendo dado um peso indevido para as despesas.
- se concentra em **benefícios** que podem ser **previstos**. Contudo, precisamos levar em conta que muitas iniciativas do *e-commerce* resultam em benefícios que não haviam sido previstos pelos planejadores. Observe o seguinte exemplo: a empresa Cisco Systems criou fóruns *on-line* para seus

E-commerce: conceitos, implementação e gestão

clientes, possibilitando que discutissem uns com outros sobre assuntos relacionados a seus produtos. Como resultado dessa iniciativa, os principais benefícios alcançados foram a redução dos custos de atendimento e o aumento da satisfação dos clientes em relação à disponibilidade de informações sobre os produtos. Assim, os fóruns acabaram sendo uma ótima maneira de os engenheiros da Cisco obterem *feedback* sobre os produtos que estavam desenvolvendo. Com isso, um benefício que não foi previsto pelos planejadores do projeto se tornou um resultado muito importante, mas uma análise ROI teria deixado isso passar despercebido.

- tende a enfatizar os benefícios de curto prazo sobre os benefícios de longo prazo. A matemática de cálculos do ROI faz corretamente a conta para ambos, mas os benefícios de curto prazo são mais fáceis de prever. Como os benefícios a longo prazo são mais difíceis de quantificar, tendem a ser incluídos com menos frequência e precisão no cálculo do ROI – o que pode levar os gestores a tomar decisões incorretas.

1.22 MARKETING NO E-COMMERCE

As mudanças trazidas pela internet e pelo *e-commerce*, inovando indústrias inteiras e permitindo novos modelos de negócios, afetaram amplamente as áreas de *marketing* e de comunição. Autores como Ramanathan, Ramanathan e Hsiao (2012) e Yang, Shi e Wang (2015) explicam que um dos motivos para isso acontecer é que a internet oferece aos profissionais do *marketing* novas formas de identificar e de se comunicar com milhões de potenciais clientes a custos mais baixos do que os proporcionados pelas mídias tradicionais, por meio, por exemplo, de mecanismos de buscas, mineração de dados e *e-mails*.

Antes da internet, para atingir um grande público era preciso lançar mão de recursos muito caros. Por isso, os comerciantes tinham de se concentrar em atrair o maior número possível de consumidores com produtos populares e de sucesso, sejam eles música, sejam filmes, livros, carros, entre tantos outros. Em contraste, a internet permite que os comerciantes encontrem potenciais clientes para produtos ou serviços para os quais a demanda é muito baixa. Por exemplo, a internet torna possível vender música de forma lucrativa para audiências muito pequenas. Há sempre alguma demanda para praticamente qualquer produto.

A internet também oferece novas maneiras, muitas vezes instantâneas e espontâneas, para se coletarem informações dos clientes, ajustando as ofertas dos produtos ou serviços e aumentando o seu valor para o cliente. No Quadro 1.8 você pode ver os formatos líderes de *marketing* e publicidade usados no *e-commerce*.

Quadro 1.8 Formatos de *marketing* e publicidade *on-line*

Formato	Descrição
Mecanismos de buscas	Anúncios de texto direcionados ao o que o cliente está procurando no momento das compras. Vendas orientadas.
Anúncios gráficos	*Banners* (*pop-ups* e *leave-behinds*) com recursos interativos. Desenvolvimento de marca e vendas.
Classificados	Anúncios de emprego, imobiliário, serviços e publicidade, interativa, mídia avançada, e personalizado para as pesquisas dos usuários. Vendas e *branding*.
Mídia avançada	Animações, jogos e quebra-cabeças. Interativo, orientado e divertido. Marca de orientação. Orientação de *branding*.
Blogs	*Blogs* e *websites* de *marketing* orientam clientes para *sites* específicos. Orientação de vendas.
Vídeos	Formato que mais cresce, envolvente e divertido, comportamental, direcionado e interativo. *Branding* e vendas.
Patrocínios	Jogos *on-line*, *puzzles*, concursos e *sites* com cupom patrocinados por empresas para promover produtos. Orientação de vendas.
E-mails	Eficaz, como ferramenta de *marketing*, mídia interativa e potencial de mídia avançada. Vendas orientadas.

Fonte: Adaptado de Laudon; Laudon, 2012, p. 393, tradução nossa.

Muitas empresas de *marketing* que trabalham com *e-commerce* usam técnicas de segmentação comportamentais para aumentar a eficácia de *banners*, mídias avançadas e anúncios em vídeo. A **segmentação comportamental** tem como objetivo acompanhar os fluxos de cliques dos indivíduos em milhares de *websites* com a finalidade de compreender seus interesses e intenções, expondo as propagandas que são exclusivamente adequadas para o seu comportamento (Laudon; Laudon, 2012; Liu et al., 2014)

Infelizmente, a segmentação comportamental também leva à invasão da privacidade, pois muitas vezes não há conhecimento ou consentimento do usuário. Como resultado, quando os consumidores perdem a confiança em sua experiência na *web*, tendem a não comprar mais nada (Laudon; Traver, 2014).

A natureza da *web* permite que as empresas recolham informações sobre o comportamento do cliente, conhecendo suas preferências e coletando informações sobre suas decisões de compra. A análise desses dados é complicada por causa da interatividade da *web* e porque cada visitante pode ou não fornecer informações pessoais, como nome, endereço, *e-mail*, número de telefone e dados demográficos.

Os anunciantes da internet usam os dados para identificar partes específicas de seus mercados e orientá-las com mensagens publicitárias personalizadas. Essa prática, chamada de **segmentação de mercado**, divide o *pool* de clientes potenciais em subgrupos, geralmente definidos por características como idade, sexo, estado civil, nível de renda e localização geográfica.

A maioria das classes de *marketing* organiza suas questões essenciais com base nos quatro P's (Schneider, 2011): **produto, preço, promoção e praça.**

- **Produto** – As características intrínsecas do produto são importantes, contudo a sua percepção (chamada de *marca*) pode ser tão importante quanto suas características reais.
- **Preço** – O montante que o cliente paga pelo produto.
- **Promoção** – Qualquer meio utilizado para divulgar o produto/serviço.
- **Praça** – Diz respeito à distribuição, à necessidade de ter produtos ou serviços disponíveis em diferentes locais; o problema em oferecer os produtos certos nos lugares certos e ainda no melhor momento para vendê-los tem deixado as empresas do *e-commerce* em alerta.

Embora a internet sozinha não consiga resolver todos os problemas de logística e distribuição, certamente pode ajudar. Por exemplo, produtos digitais (como informações, notícias, *softwares*, músicas, vídeos e *e-books*) podem ser entregues quase que instantaneamente. Além disso, a venda de produtos via internet propicia melhor acompanhamento do envio do produto, proporcionando o rastreamentos deste durante todo o processo de entrega até que chegue ao cliente.

1.23 MODELOS DE NEGÓCIOS PARA *E-COMMERCE*

Em sentido mais básico, podemos dizer que um **modelo de negócio** é o método utilizado na realização dos negócios para que a empresa possa se sustentar, ou seja, gerar receitas. Assim, o modelo de negócio expõe a forma como uma empresa ganha dinheiro, especificando em que ponto ela está posicionada na cadeia de valor.

Um modelo de negócio é também um **conjunto de atividades planejadas** (por vezes referidas como *processos de negócios*) e concebidas para resultar lucro em um mercado. Perceba que um modelo de negócio nem sempre é o mesmo que uma estratégia de negócios, embora em alguns casos esses conceitos estejam muito próximos, considerando que o modelo de negócio explicitamente leva em conta o ambiente concorrencial (Magretta, 2002).

Dessa forma, o modelo de negócios é o **centro do plano de negócios**, o qual podemos definir como o documento que o descreve e que deve sempre levar em conta o ambiente concorrencial.

Observe no Quadro 1.9 o conteúdo de um plano de negócios.

Quadro 1.9 Exemplo sucinto de plano de negócios

Declaração da missão e descrição da empresa.
Equipe de gestão: quem são eles, sua experiência etc.
O mercado e os clientes: quem são os clientes potenciais (demografia, localização etc.), o tamanho do mercado e como a empresa e o produto proposto servirão ao mercado. O que é a proposição de valor percebido.
Indústria e a concorrência: com que as empresas e os produtos do negócio proposto competirão. A vantagem competitiva da proposta.
Detalhes dos produtos e serviços a serem oferecidos e como estes serão desenvolvidos.
Marketing e vendas: como o *marketing* e as vendas serão realizados. Publicidade e promoção de planos. Como o serviço ao cliente será fornecido. Existe uma necessidade de pesquisa de mercado? Se assim for, como isso será feito?
Operações: como o negócio será executado. Que operações serão feitas internamente e o que será terceirizado?
Projeções financeiras e planos: modelo de geração de receita, fluxo de caixa, custo de financiamento e assim por diante.
Análise de risco: como e qual é o risco? Quais são as contingências?
Análise da tecnologia: qual é a tecnologia necessária e como esta será obtida?

Fonte: Adaptado de Eglash, 2001, tradução nossa.

E-commerce: conceitos, implementação e gestão

Com isso, podemos perceber também que a internet deu origem a novos modelos de negócios e, em alguns casos, até recriou antigos. Um exemplo disso são os leilões, uma das mais antigas formas de corretagem, que têm sido amplamente utilizados em todo o mundo para fixar preços para itens como *commodities* agrícolas, instrumentos financeiros e até mesmos objetos exclusivos, como obras de arte e antiguidades. Nesse sentido, Laudon e Traver (2014) explicam que a *web* popularizou o modelo tradicional do leilão e ampliou sua aplicabilidade a uma grande variedade de bens e serviços.

Nesse contexto, Laudon e Traver (2014) destacam que, para desenvolver um modelo de negócio bem-sucedido (em qualquer área, não apenas no *e-commerce*), é recomendável certificar-se de que este aborda eficazmente oito elementos essenciais:

1. a proposição de valor;
2. o modelo de receita;
3. a oportunidade de mercado;
4. o ambiente competitivo;
5. a vantagem competitiva;
6. a estratégia de mercado;
7. o desenvolvimento organizacional;
8. a equipe de gestão.

Quadro 1.10 Elementos essenciais para se elaborar um plano de negócio

Elemento	Descrição
Proposição de valor	É como uma empresa atende às necessidades dos clientes com relação aos produtos e serviços.
Modelo de receita	Descreve como a empresa vai gerar receita, produzir lucros e retorno sobre o capital investido. Exemplo de modelos de receita de: assinatura – a empresa oferece seu conteúdo ou serviços aos usuários e cobra uma taxa de inscrição para o acesso de algumas ou todas as suas ofertas; taxa – uma empresa recebe uma taxa para ativar ou executar uma transação; vendas – uma empresa deriva receita com a venda de bens, informações ou serviços; afiliado – dirige uma empresa de negócios para um afiliado e recebe uma taxa de referência ou percentagem das receitas de todas as vendas resultantes.

(continua)

(Quadro 1.10 – conclusão)

Elemento	Descrição
Oportunidade de mercado	Refere-se ao *marketspace* pretendido da empresa e as oportunidades financeiras disponíveis (potenciais e globais).
Ambiente competitivo	Refere-se às outras empresas que operam no mesmo *marketspace* vendendo produtos similares.
Vantagem competitiva	Alcançada por uma empresa quando se pode produzir um produto de qualidade superior ou trazer o produto ao mercado a um preço mais baixo do que a maioria ou a totalidade dos seus concorrentes.
Estratégia de mercado	É o plano que detalha exatamente como se pretende entrar num novo mercado e atrair novos clientes.
Desenvolvimento organizacional	Descreve como a empresa organizará o trabalho que precisa ser feito.
Equipe de gestão	São os colaboradores da empresa responsáveis por fazer o trabalho do modelo de negócio.

Fonte: Adaptado de Laudon; Traver, 2014, p. 59-67, tradução nossa.

1.23.1 Modelos B2B e B2C

São muitos os modelos de negócios de *e-commerce*. Ainda assim, é possível identificar os principais tipos que têm sido desenvolvidos e descrever suas principais características. É importante ressaltar, porém, que não existe apenas uma maneira correta de categorizar esses modelos de negócios, razão pela qual adotaremos aqui a classificação proposta por Laudon e Traver (2014), que considera diferentes setores do *e-commerce*, como o *business-to-business* (B2B) e o *business-to-consumer* (B2C) .

Antes de avançarmos, é preciso ainda explicar que, muitas vezes, a **plataforma de tecnologia de negócios** é confundida com o modelo de negócios. Por exemplo, o *mobile e-commerce* (ou *m-commerce*) **refere-se à utilização de** dispositivos móveis no suporte de uma variedade de modelos de negócios, e não um modelo para criar ou utilizar como estratégia de negócio (que, no caso, é o plano de negócio). Outro exemplo esclarecido por Laudon e Traver (2014) é o do *e-commerce social* e do *e-commerce local*, que, embora muitas vezes sejam referidos como modelos de negócio, são, na verdade, subsetores de B2B e B2C em que diferentes modelos de negócio podem operar.

E-commerce: conceitos, implementação e gestão

Como o B2C é o tipo de *e-commerce* mais conhecido e familiar, vamos, no Quadro 1.11, apresentar os principais modelos de negócio utilizados.

Quadro 1.11 Exemplo de modelos B2C

Modelo	Variações	Exemplos	Descrição	Modelo de receita
E-tailer	Comerciante virtual	Amazon. com, iTunes, Bluefly	Versão *on-line* da loja de varejo, onde os clientes podem fazer compras a qualquer hora do dia ou da noite sem sair de sua casa ou escritório.	Venda de bens.
	Bricks-and-Clicks	Walmart. com, Sears.com	Canal de distribuição *on-line* para uma empresa que também tem lojas físicas.	Venda de bens.
	Catálogo comercial	LLBean.com, LillianVernon. com	Versão *on-line* do catálogo de mala direta.	Venda de bens.
	Fabricante direto	Dell.com, Mattel.com, SonyStyle. com,	Fabricante utiliza o canal *on-line* para vender direto ao cliente.	Venda de bens.
Provedor de comunidade		Facebook, LinkedIn, Twitter, Pinterest	Fornece um ponto de encontro (*sites*) *on-line* para pessoas com interesses semelhantes e que possam se comunicar e encontrar informações úteis.	Publicidade, assinatura, taxas de referência de afiliado.
Provedor de conteúdo		WSJ.com, CBSSports. com, CNN. com, ESPN. com, Rhapsody. com, Netflix	Cria receita fornecendo conteúdo digital, como notícias, música, fotos ou vídeo, por meio da *web*. O cliente pode pagar para acessar o conteúdo ou receitas podem ser geradas com a venda de espaço publicitário.	Publicidade, direitos de subscrição, taxas de referência de afiliado.

(continua)

(Quadro 1.11 – conclusão)

Modelo	Variações	Exemplos	Descrição	Modelo de receita
Portal	Horizontal/ geral	Yahoo, AOL, MSN, Facebook	Oferece um pacote integrado de conteúdo, conteúdo de pesquisa e rede social, serviços de: notícias, *e-mail, chat, downloads* de música, *streaming* de vídeo, calendários etc.	Publicidade, taxas de inscrição, taxas de transação.
	Vertical/ especializado	Sailnet	Oferece serviços e produtos especializados para o *marketplace*.	Publicidade, taxas de inscrição, taxas de transação.
	Procura	Google, Bing, Ask.com	Concentra-se principalmente em oferecer serviços de pesquisa.	Publicidade, encaminhamento afiliado.
Transaction broker		E*Trade, Expedia Monster, Travelocity, Hotels.com, Orbitz	Processadores de transações de vendas *on-line*, tais como corretores e agentes de viagens, que aumentem a produtividade dos clientes, ajudando-os a obter as coisas mais de forma rápida e com menor custo.	Taxas de transação.
Criador de mercado		eBay, Etsy, Amazon.com, Priceline	Empresas que utilizam a tecnologia da internet para criar mercados que reúnam compradores e vendedores.	Taxas de transação.
Provedor de serviços		VisaNow.com, Carbonite, RocketLawyer	Empresas que vendem serviços em vez de produtos.	Venda de serviços

Fonte: Adaptado de Laudon; Traver, 2014, p. 73, tradução nossa.

Agora observe, no Quadro 1.12, os principais modelos de negócio utilizados no B2B.

E-commerce: conceitos, implementação e gestão

Quadro 1.12 Exemplo de modelos B2B

Modelo	Exemplos	Descrição	Modelo de receita
		Net marketplace	
E-distributor	Grainger.com, Partstore.com, Fiat Group Automobiles,	Versão on-line de uma única empresa de varejo e atacado, manutenção, abastecimento, reparo, produtos de operação e insumos indiretos. Ou seja, vendem bens e serviços diretos para as empresas.	Venda de produtos.
E-procurement	Ariba, PerfectCommerce, Google Services	Cria e vende acesso aos mercados digitais.	Taxas de serviços para formação de mercado, gestão da cadeia de abastecimento e serviços de atendimento.
Troca	OceanConnect, Liquidation.com	São mercados eletrônicos onde centenas de fornecedores atendem grandes compradores comerciais.	Taxas e comissões sobre transações.
Consórcio industrial	Exostar, Elemica	Propriedade da indústria digital, mercado vertical aberto para selecionar fornecedores.	Taxas e comissões sobre transações.
		Rede industrial privada (*Private Industrial Network*)	
	Walmart, Procter & Gamble	Rede de empresas que coordena as cadeias de abastecimento com um conjunto limitado de parceiros. A participação é apenas por convite.	Custo absorvido pelo proprietário da rede e recuperados por meio da eficiência de produção e distribuição.

Fonte: Laudon; Traver, 2014, p. 82, tradução nossa.

Ao compreender como a *web* difere dos outros meios de comunicação e como pode, por meio do desenvolvimento de um *website*, capitalizar sobre essas diferenças, a empresa pode criar uma efetiva presença no meio virtual e assim fornecer valor para seus visitantes.

As organizações devem sempre considerar que os visitantes de seus *websites* chegam com uma variedade de expectativas e conhecimentos prévios e que estão conectados à internet por meio de diferentes tecnologias. Saber como esses fatores podem afetar a capacidade deles em navegar em seus *websites* pode ajudar as organizações a projetarem melhores páginas – nesse sentido, também é importante contar com a ajuda dos usuários na construção de versões de teste do *website*.

1.24 SEGURANÇA EM REDES

A internet trouxe um *boom* para o mercado global, proporcionando aos usuários acesso a bens e serviços que, na maioria das vezes, são vendidos por preços menores que nas lojas físicas (Stair; Reynolds, 2012). Contudo, esse fenômeno também tem um lado obscuro, oferecendo espaço para a ação de "criminosos cibernéticos".

A internet tornou possível roubar pessoas de forma remota e quase anônima. As ações de criminosos cibernéticos são onerosas para as empresas e os consumidores, que acabam por ser submetidos a preços mais elevados e medidas de segurança adicionais.

As possibilidades proporcionadas pela internet fazem com que ela seja um espaço altamente atraente para pessoas e organizações com o objetivo de realizar:

- **Atividades criminosas**, para ganhar dinheiro de forma fraudulenta, capturando detalhes da conta dos indivíduos;
- **Espionagens industriais e políticas**, para ter acesso à informações sensíveis e críticas.
- **Vinganças**, por colaboradores ou parceiros de negócios, com o intuito de roubar, destruir ou revelar informações importantes.
- **Sabotagens**, por intrusos, como desafio, curiosidade ou maldade em revelar, ter acesso ou destruir sistemas ou informações não autorizadas.
- **Vandalismo**, para incapacitar sistemas por diversas razões, isto é, industriais, políticas ou apenas por maldade.

Nos primeiros anos do *e-commerce*, houve acentuada percepção de que a internet era insegura, em grande parte por causa da **invisibilidade**, **velocidade**, **complexidade**, **intangibilidade** e **falta de autenticação** do usuário. No entanto, como os usuários se familiarizaram mais com a *web* e passaram a fazer mais compras e a pagar mais contas pela internet, tomaram mais conhecimento sobre as

E-commerce: conceitos, implementação e gestão

questões da falta de segurança e passaram a ter mais receio de que suas informações pessoais possam ser utilizadas por pessoas maldosas e com segundas intenções.

Observe, no Quadro 1.13, alguns dos principais elementos relacionados à segurança *on-line* em 2013-2014 que Laudon e Traver (2014) destacam.

Quadro 1.13 Características do *e-commerce* em 2013-2014

CARACTERÍSTICAS DA SEGURANÇA *ON-LINE* EM 2013-2014

O malware móvel representa uma ameaça tangível a *smartphones* e outros dispositivos móveis, que se tornaram os alvos mais comuns de cibercriminosos.

- Por motivos políticos, ataques direcionados por grupos haçktivistas continuam, em alguns casos, sendo confundidos com os criminosos cibernéticos que têm motivação financeira para atingir os sistemas financeiros com ameaças persistentes avançadas.

- *Hackers* e cibercriminosos continuam a concentrar seus esforços em *sites* de redes sociais para explorar potenciais vítimas.

- As nações continuam a se envolver em guerras cibernéticas e ciberespionagem.

- Violações de dados em larga escala continuam a expor os dados pessoais a *hackers* e a outros cibercriminosos.

- As autoridades de certificação e de criptografia digital fornecem uma base para a confiança na infraestrutura da internet e têm ajustado os padrões em uma tentativa de evitar novos ataques após vários *hacks highprofile*.

- Aumento dos ataques mal-intencionados direcionados a computadores *Mac*.

- A quantidade de *spam* continua a diminuir, como resultado da queda do Rustock, maior *botnet spamsending* no mundo e de melhores técnicas de deteção por parte dos provedores de *e-mail*.

Fonte: Adaptado de Laudon; Traver, 2014, p. 248, tradução nossa.

Segundo Schneider (2011), ao criar uma política de segurança, a maioria das organizações segue um processo que envolve cinco etapas:

1. Determinar quais ativos devem ser protegidos contra as ameaças; por exemplo, uma empresa que armazena números de cartão de crédito dos clientes pode considerar que esses números são um ativo que deve ser protegido.

2. Determinar quem deve ter acesso a várias partes do sistema ou a ativos específicos de informação; em muitos casos, alguns dos usuários que precisam de acesso a algumas partes do sistema (tais como fornecedores, clientes e parceiros estratégicos) estão localizados fora da organização.

3. Identificar recursos disponíveis ou necessários para proteger os ativos de informações, garantindo acesso àqueles que precisam.

4. Desenvolver uma política de segurança por escrito com base nas informações reunidas nos três primeiros passos.

5. Comprometer-se a dispor de recursos para construção ou compra de *softwares*, *hardwarse* e barreiras físicas e a implementar a política de segurança, de acordo com o que consta no documento escrito.

Um plano abrangente para a segurança deve proteger o sistema, sua privacidade, integridade e disponibilidade (necessidade), além de autenticar usuários. Quando essas metas são usadas para criar uma política de segurança para uma operação do *e-commerce*, devem ser selecionadas para satisfazer uma lista de requisitos, conforme é apresentado no Quadro 1.14. Esses requisitos fornecem o nível mínimo de segurança exigido para a maioria das operações de *e-commerce*.

E-commerce: conceitos, implementação e gestão

Quadro 1.14 Requisitos para um *e-commerce* seguro

Requisitos	Significado
Sigilo	Impedir que pessoas não autorizadas leiam mensagens e planos de negócios, obtenham números de cartão de crédito ou decorrentes de outras informações confidenciais.
Integridade	Colocar as informações em um envelope digital, de modo que o computador possa detectar automaticamente as mensagens que foram alteradas em trânsito.
Disponibilidade	Fornecer garantia de entrega para cada mensagem a fim de que estas não sejam perdidas ou excluídas.
Chaves de gerenciamento	Fornecer distribuição segura e gerenciamento de chaves necessárias para ter comunicações seguras.
Não repúdio	Proporcionar a prova da origem e o destinatário de cada mensagem.
Autenticação	Identificar com segurança os clientes e servidores com assinaturas digitais e certificados.

Fonte: Adaptado de Schneider, 2011, p. 443, tradução nossa.

O **cibercrime** é um problema para as organizações e os consumidores. *Bot* em redes, ataques DDoS, *trojans*, *phishing*, roubo de dados, fraude de identidade, fraude de cartão de crédito e *spyware* são apenas algumas das ameaças diárias. Laudon e Traver (2014) afirmam que, apesar da crescente atenção dada ao cibercrime, é difícil estimar com precisão a quantidade real de tais crimes, além disso, muitas empresas hesitam em denunciar esses crimes, pois têm medo de perder a confiança dos seus clientes e é difícil quantificar a quantidade de dinheiro que pode ser perdido se o crime for relatado.

Os consumidores e comerciantes do *e-commerce* também enfrentam muitos dos mesmos riscos que os participantes do comércio tradicional, embora seja em um ambiente digital – por exemplo, a exposição dos dados do cartão de crédito e das informações dos consumidores a desconhecidos.

Reduzir os riscos no *e-commerce* é um processo complexo que requer novas tecnologias, políticas organizacionais e procedimentos, novas leis e padrões da indústria que capacitem as autoridades a investigar e processar os infratores.

A Figura 1.21 ilustra a natureza, em várias camadas, da segurança do e-commerce.

Figura 1.21 Camadas da natureza da segurança do *e-commerce*

Fonte: Adaptado de Laudon; Traver, 2014, p. 252, tradução nossa.

Para atingir o mais elevado grau de segurança possível, novas tecnologias estão disponíveis e devem ser usadas. Contudo, essas tecnologias, por si só, não resolvem o problema, é necessário também estabelecer políticas e procedimentos organizacionais nesse sentido. Além disso, os padrões da indústria e as leis do governo devem proteger mecanismos de pagamento destinados a zelar pela transferência de propriedade nas transações comerciais, bem como investigar e processar os infratores das lei.

1.25 Logística e *e-commerce*

As atuais condições de gestão nos mercados locais e globais de fornecimento e distribuição obrigam as empresas a usarem o apoio de processos logísticos que são, cada vez com mais frequência, desenvolvidos por meio da TI.

A globalização da cooperação econômica combinada com a capacidade de inovação das atividades desenvolvidas e o aumento da pressão da concorrência exercem mudanças nas dimensões do serviço de logística – *lead times*[3] menores,

---

3   *Lead time* é o período de tempo entre o início de uma atividade (seja ela produtiva ou não) e sua realização.

alcance global da operação, maior flexibilidade operacional e confiabilidade. Para acompanhar essas mudanças, é preciso que haja um amplo apoio das Tecnologias de Informação e Comunicação – TICs (Kadłubek, 2015).

Assim, a logística adquiriu uma nova estrutura, em que os processos internos da organização tomam uma forma, padronizada e simplificada, diminuindo os prazos das entregas e ajustando as demandas. Nesse contexto, o *e-commerce* tornou-se um diferencial estratégico de vendas para as organizações, vindo para ajudar as organizações a adquirirem mais clientes e a conhecê-los melhor, proporcionando, dessa forma, mais qualidade nas vendas, satisfazendo melhor as expectaivas e as percepções do cliente e, logo, expandindo o lucro da empresa (Diniz et al., 2011).

Algumas iniciativas do *e-business* relacionadas aos processos internos, como a introdução de um sistema de gestão de recursos humanos, vieram para melhorar a eficiência de uma organização e de seus processos – o que envolvem a mudança incremental. Nesse contexto, a melhoria da eficiência dos processos de negócios (*Business Process management* – BPM) por meio da ajuda de sistemas de informação é uma atividade importante nas organizações.

O BPM é uma metodologia, bem como uma coleção de ferramentas que permite às empresas especificar passo a passo os processos de negócios. Trata-se de uma abordagem, apoiada por *softwares*, destinada a aumentar a eficiência dos processos por meio da melhora dos fluxos de informação entre as pessoas sobre como devem executar as tarefas de negócios.

Atualmente, é difícil de imaginar uma empresa que não tenha o próprio *website*, informando sobre seus produtos ou serviços. Tung, Chang e Chou (2008) explicam que um aspecto muito importante e característico da *e-logistics* é a **utilização de portais do *e-commerce***, cujo número e popularidade está aumentando cada vez mais. Isto é, a *e-logistics* equivale a uma ampla utilização das mais recentes TIs de apoio à gestão de logística da empresa. Para entender melhor a logística no *e-commerce*, observe a Figura 1.22.

Figura I.22 Logística no *e-commerce*

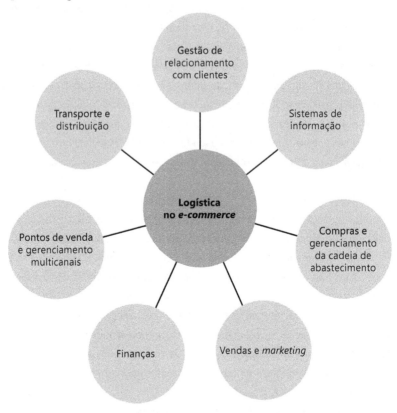

A utilização desse tipo de serviço traz uma oportunidade de redução significativa nos custos de operação da empresa e permite a configuração e a gestão eficaz da *supply chain*. O mais importante serviço inclui a internet, o *e-commerce*, o *e-banking*, o *e-procurement*, os catálogos eletrônicos, os leilões eletrônicos, os *e-marketplaces* e a agregação de pedido eletrônico (*e-retailer*) (Kadłubek, 2015).

Wieczerzycki (2010) destaca as seguintes características da *e-logistics*:

- Concentra-se em serviços e produtos. No caso de produtos digitais, as cadeias de abastecimento costumam ser significativamente reduzidas e são incomparavelmente mais fáceis do que no caso de produtos materiais.

- Desempenha papel significativo dos sistemas *Enterprise Resource Planning* (ERP).

- É eficaz, credível e facilita a comunicação automatizada, por exemplo, o uso de padrões de *Electronic Data Interchange* (EDI).

- Possibilita usar computadores móveis especializados e telecomunicações sem fio.

- Faz uso de dispositivos de identificação automática, como o *Radio Frequency Identification* (RFID).

- Proporciona a rápida distribuição de uma variedade de recursos e outras atividades relacionadas à logística de apoio.

No Quadro 1.15 são indicados os fatores mais importantes que influenciam o campo da *e-logistics*, comparando o seu impacto em diversas variáveis que atuam nos negócios, considerando a realidade vivida antes e depois da década de 1990.

Quadro 1.15 Fatores que influenciam a *e-logistics*: a comparação do impacto no passado e no presente

Fator	Impacto no	
	passado	presente
Globalização econômica	Procura de fontes de abastecimento e vendas unicamente nas imediações	Fontes de abastecimento e vendas que não dependem da localização.
Individualização das preferências	Padronização e menor disponibilidade de produtos; portanto, o cliente comprava o que tinha no estoque.	Pesquisa sobre as preferências dos clientes e suas opiniões; abordagem individual do atendimento ao cliente.

(continua)

(Quadro 1.15 – conclusão)

Fator	Impacto no	
	passado	presente
Desenvolvimento das TICs	Códigos de barras manuais para o momento da venda; longo periódico de tempo para a informação fluir e para encomendar mercadorias.	Sistemas de informação que integram diversas atividades; rápido fluxo de informações; rápida ordenação dos produtos.
Integração os clientes	Trata os clientes como um todo, havendo insuficiente atenção para cada cliente.	Orientação para o cliente.
Desenvolvimento de redes globais	Relacionamento superficial com fornecedores e clientes; a atenção das empresas em redes era de cada uma por si.	Cooperação com os fornecedores; fluxo de informações entre as empresas e fornecedores e entre empresas e clientes; *feedback* dos clientes para fornecedores; gestão a distância das empresas sem necessidade de sair do escritório.
Desenvolvimento do *e-business*	Sem acesso à internet.	As empresas têm o próprio *site*; toda a comunicação com clientes e fornecedores é realizada via internet; encomendas são realizadas *on-line*; clientes também usam a internet para realizar suas compras e receber a entrega em seu domicílio.

Fonte: Elaborado com base em: Fabbe-Costes; Jahre, 2008; Kempny, 2009; Chaffey, 2009; Kadłubek, 2015, tradução nossa.

1.25.1 Ferramentas da *e-logistics*

Na *e-logistics* são aplicadas, praticamente, as mesmas ferramentas da logística tradicional, mas com adaptações e modificações para o *e-commerce*. Lee e Whang (2002) e Bornia, Donadel e Lorandi (2006) apresentam algumas dessas ferramentas:

Postergação da logística (*postponement*) ou avanço do acabamento do produto com customização – Trata-se da prorrogação máxima da produção, com o objetivo de entregar rapidamente os pedidos de compra e reduzir incertezas nas previsões de venda, visto que

E-commerce: conceitos, implementação e gestão

o armazenamento pode compreender atividades extras (como montar, embalar ou mover o produto), pois, além de estocar produtos no armazém, é possível desmontar, remanufaturar, reformular, colocar etiquetas nos produtos etc.

Assim, de acordo com autores como Kisperska-Moron e Swierczek (2011), Choi, Narasimhan e Kim (2012), Wu e Wu (2015) e Pastore (2010), o *postponement* é uma ferramenta de gestão de ressuprimento na qual a diferenciação do produto é realizada o mais próximo possível da demanda, fazendo com que a acurácia do pedido seja próxima a 100%. Uma das estratégias de *postponement* é o **armazém em movimento**, que funciona da seguinte forma: como a ideia não é estipular com antecedência a quantidade de produtos, estes não são antecipadamente designados no caminhão – essa decisão é adiada para a hora do carregamento, fazendo com que seja criado um armazém em movimento para atender a eventuais mudanças nos pedidos, principalmente em longos percursos.

DESMATERIALIZAÇÃO – Sempre que possível, os fluxos de materiais devem ser substituídos por fluxos de informações, como: *softwares*, publicações, documentos, músicas, vídeos, fotos, carimbos, recibos, demonstrações contábeis etc.

INTERCÂMBIO DE RECURSOS – O compartilhamento de recursos já é comum no mundo tradicional *off-line* e pode ser facilitado e executado por operadores logísticos ou fornecedores do *e-commerce*. Os recursos reunidos ou compartilhados podem ser: servidores de internet, sistemas de informação, capacidade de comunicações, armazéns, equipamentos de transporte ou experiências logística.

EMBARQUES ALAVANCADOS – Para a maioria dos *e-retailerb*, o tamanho do pedido de cada cliente é pequeno. Assim, o custo com a entrega só se justifica se houver uma alta concentração de pedidos de clientes que se localizem perto uns dos outros ou se o valor do pedido for suficientemente grande. A densidade do valor de entrega (*Density, Value, Delivery* – DVD) pode ajudar a determinar se é economicamente viável entregar um produto em uma certa região com dada roteirização. Em outras palavras, o DVD é o volume total (em reais) embarcado dividido pela distância percorrida por viagem;

portanto, quanto melhor for a relação do valor faturado transportado por quilômetro percorrido, melhor será o desempenho da entrega. Com isso, podemos concluir que uma forma de alavancar esse processo é otimizar a relação do valor da entrega pela distância percorrida.

CLICKS-AND-MORTAR (CAM) – A ideia básica do CAM é misturar as estruturas virtual e física. Assim, uma das vantagens que o CAM pode oferecer é estabelecer a cooperação do consumidor na reta final da jornada de entrega. Por exemplo, se o *e-retailer* tiver sua própria loja física, pode usá-la para fazer a entrega final ao cliente; dessa forma, uma empresa pode criar seu *website* e direcionar seus pedidos para as revendedoras; ou, então, o *e-retailer* pode fazer parcerias com canais de varejo para a entrega dos produtos (Doong, Wang, Foxall, 2011; Otero, Gallego, Pratt, 2014; Nascimento, Luft, Santos, 2012).

A melhoria das áreas de logística, com base no uso das modernas TICs para apoiar a sua gestão, certamente trouxe resultados positivos para as organizações. Elementos transacionais de serviços de logística são cruciais no *e-commerce*, como a disponibilidade de produtos e serviços, a rapidez na comunicação entre os contratantes de operações comerciais, o prazo de entrega, o escopo da atividade, a flexibilidade e a confiabilidade do fornecimento.

A dinâmica de mudanças do ambiente contemporâneo das entidades empresariais exige a necessidade de introduzir alterações em seus processos, atividades e tarefas, como no campo da otimização de processos da *e-logistics* por meio de soluções inovadoras destinadas a adaptar a organização a essas novas condições.

Portanto, podemos dizer que a direção do desenvolvimento da *e-logistics* é determinada pelos consumidores; a implementação de tecnologias inovadoras e a busca de novas aplicações para estas são operações necessárias para alavancar as vantagens competitivas das organizações.

E-commerce: conceitos, implementação e gestão

Estudo de caso

Woolworths, mercearia *on-line*

Objetivo: explicar como a tecnologia da informação tem facilitado o acesso de lojas que desejam ingressar no *e-commerce*.

O problema: mercadorias perecíveis, tais como frutas, legumes, carne e leite são significativas em qualquer mercado de varejo, incluindo mercearias *on-line*, como a empresa *Peapod.com* (EUA), que têm encontrado novas maneiras de satisfazer os clientes. Como uma grande mercearia, bem estabelecida, pode responder a isso?

Woolworths: Com grandes investimentos em lojas físicas, junto com a de baixo. Woolworths, uma rede de supermercados da Austrália, encontrou-se diante de um mercado dominado por dois outros grandes jogadores (Coles-Meyers e Franklin) – que, junto à Woolworths, controlam cerca de 80% do mercado. Franklin, que é de Hong Kong, tem uma abordagem mínima de serviço de baixo custo. Os outros dois, australianos, fornecem uma gama completa de produtos, incluindo alimentos frescos e refeições preparadas.

A abordagem inicial do Woolworths foi a criação de um *website*-padrão oferecendo uma gama limitada de bens, mas excluindo itens perecíveis. Essa ideia foi testada em áreas próximas a grandes supermercados, em resposta às abordagens emergentes dos empresários. Essas organizações foram autorizadas a assumir um importante segmento do mercado, mas reconquistar quota de mercado poderia ser difícil. Não demorou muito para que a diretoria percebesse que essa não era uma abordagem atraente.

O pessoal do Woolworths tinha de andar pelos corredores, encher as cestas, embalar as mercadorias e entregá-las. Para uma organização que tinha otimizado sua *supply chain* para cortar custos, isso representou uma súbita explosão de custos. Quando as margens brutas são de apenas 10% e as margens líquidas têm em torno de 4%, é muito fácil tornar-se rentável. Além disso, o Woolworths estabeleceu seu lugar na percepção do público como "as pessoas que se alimentam de alimentos frescos" e por promover fortemente frutas e legumes, pães recém-assados, carnes e refeições preparadas.

Se nas compras realizadas pelos consumidores no Woolworths não constassem esses produtos, estariam evitando seus pontos fortes.

A segunda geração desse mercado, o Woolworths' Homeshop, foi projetada considerando que os alimentos são frescos e toda a comida fresca está disponível para entrega. As entregas são organizadas a partir de grandes armazéns regionais, em vez de cada loja local. Novos usuários podem registrar-se e as entregas são possíveis somente com o endereço postal do cliente. Na primeira utilização do sistema, o cliente é orientado a encontrar os produtos que deseja, com sugestões da lista de itens de *best-sellers*. Em alternativa, é possível procurar os itens por categoria ou pesquisar por palavra-chave. Os itens são acumulados no carrinho de compras. Os pedidos que o cliente vai realizando formam uma lista para futuras encomendas. Depois que o cliente escolheu os itens necessários, ele ou ela seleciona *check-out*, em que o valor total é calculado, e aí confirma a entrega. O pagamento é feito apenas no momento da entrega por meio de um terminal móvel (celular), transferência eletrônica de fundos, cartão de crédito ou cartão de débito. Desse modo, as taxas exatas podem ser feitas com base no peso da carne ou dos peixes. O cliente tem de definir o tempo de entrega e assumirá qualquer custo adicional se não houver ninguém em casa para receber a entrega.

Desde sua criação, o *website* continua ativo e obteve aumento na sua participação de mercado, bem como em sua expansão. E quem seriam os clientes-alvo para uma mercearia *on-line*? Podemos considerar que o cliente-alvo seria aquele que não gosta de se deslocar até uma loja física e prefere a comodidade do seu lar, ou mesmo compradores jovens, os quais estão acostumados com a tecnologia.

Fonte: Adaptado de Turban et al., 2012, p. 315, tradução nossa.

E-commerce: conceitos, implementação e gestão

Síntese

Neste capítulo, apresentamos as bases fundamentais do *e-commerce*, suas principais aplicações e questões relacionadas a sua implementação. Nesse contexto:

- verificamos os aspectos-chave no ambiente da comunicação digital, ou seja, a internet, seus conceitos, suas nomenclaturas, suas principais tecnologias e seus componentes;

- abordamos os sistemas operacionais para computadores servidores *web*, isto é, vimos os principais sistemas, *hardwres*, *softwares* e utilitários utilizados;

- verificamos a arquitetura de *hardwarse* para servidores *web*;

- identificamos as principais características, ferramentas e infraestruturas do *e-commerce*;

- citamos as principias diferenças entre o comércio digital e o mercado tradicional e destacamos as diferentes categorias do *e-commerce*;

- destacamos os benefícios, as limitações, as estratégias, a segurança, o *marketing* e a logística presente no *e-commerce*.

Questões para revisão

1. Com relação às diferenças entre *e-commerce* e *e-business*, relacione a primeira coluna com a segunda:

Coluna 1
(1) E-commerce
(2) E-business

Coluna 2
( ) Processo de transferência de propriedade de bens e serviços ou dos direitos de utilização desses bens ou serviços por meio do uso de um computador mediado por uma rede eletrônica.

( ) Incluem atividades comerciais diretas, como *marketing*, gestão de vendas e de recursos humanos, e indiretas, como processos de negócios, reengenharia e gerenciamento de mudanças.

( ) Seus principais tipos de transações são B2C, B2B.

( ) Envolve os processos ou as áreas da gestão e operação de uma organização de natureza eletrônica ou digital.

( ) Ocorre em mercados eletrônicos, que são locais do ciberespaço em que potenciais vendedores e compradores podem efetivamente transacionar trocas via interações digitais.

2. Existem diferentes tipos ou categorias de *e-commerce* e também muitas maneiras para caracterizá-las. Na maior parte das vezes, podemos distinguir diferentes tipos de *e-commerce* pela natureza da relação entre o mercado e para quem são realizadas as vendas. Dessa forma, relacione a primeira coluna com a segunda:

E-commerce: conceitos, implementação e gestão

Coluna 1	Coluna 2
(1) *Consumers-to-businesses* (C2B)	( ) Tem foco na conquista do consumidor com base em sua localização geográfica atual.
(2) *Government-to-citizens* (G2C)	( ) Fornece serviços a seus cidadãos por meio de tecnologias do *e-commerce*.
(3) *Social e-commerce*	
(4) *Mobile commerce (m-commerce)*	( ) É habilitado por redes sociais e relacionamentos sociais *on-line*.
(5) Local *e-commerce*	( ) Os consumidores apresentam uma necessidade particular de um
(6) *Intrabusines commerce*	produto ou serviço e as organizações competem para fornecê-los.

( ) A organização usa o *e-commerce*, internamente, para melhorar suas operações.

( ) É realizado em um ambiente *wireless*, com o uso de telefones celulares para acessar a internet.

3. Sabe-se que, com o uso de redes e da internet, os sistemas e tecnologias estão "virtualizando" as relações das empresas com seus clientes, colaboradores, fornecedores e parceiros de logística. Atualmente, são muitas as empresas habilitadas por redes digitais ou com base nelas, isto é, negócios eletrônicos (*e-business*) e comércio eletrônico (*e-commerce*). Com isso em mente, relacione a primeira coluna com a segunda:

Coluna 1	Coluna 2
(1) Construir marcas.	( ) Quantidade e tipo (telefone, internet, e-mail) de atividades de apoio; mudança no custo líquido de apoio por cliente.
(2) Realizar leilões.	
(3) Fornecer portais, redes sociais e comunidades virtuais.	
	( ) Número de visitantes; número de retorno; duração média das visitas; participação em discussões on-line.
(4) Reduzir o custo de suporte e pós-venda.	
(5) Melhorar as operações da supply chain.	( ) Pesquisas de opinião que medem o conhecimento sobre a marca e especificam mudanças na participação de mercado.
	( ) Custo e qualidade na entrega de materiais ou serviços adquiridos; redução global do custo das mercadorias vendidas.
	( ) Quantidade de compradores, vendedores, itens vendidos, participantes inscritos, volume monetário dos itens vendidos e taxa de participação.

4. Destaque os elementos do mundo digital.

5. Mencione algumas limitações do e-commerce.

QUESTÕES PARA REFLEXÃO

1. A primeira função de um *website* é estabelecer a identidade de uma marca e dar apoio para outras atividades de *marketing* da empresa, aumentando assim a receita de vendas. Dessa forma, como o *e-commerce* tem transformado o *marketing*?

E-commerce: conceitos, implementação e gestão

2. A *e-logistics* é utilizada pelos portais de *e-commerce*, cujo número e popularidade aumentam cada vez mais. Destaque algumas ferramentas utilizadas na *e-logistics*.

PARA SABER MAIS

LAUDON, K. C.; TRAVER, C. G. **E-commerce**: Business, Technology, Society. 10. ed. New York: Pearson, 2014.

Essa obra abrange de forma detalhada as três forças motrizes por trás da expansão do *e-commerce*: a mudança de tecnologia, o desenvolvimento de negócios e as questões sociais. A estrutura conceitual usa exemplos de muitas empresas modernas para demonstrar ainda mais as diferenças e as complexidades do *e-commerce* hoje.

TURBAN, E. et al. **Electronic Commerce**: a Managerial and Social Networks Perspective. 8. ed. Cham, Suíça: Springer International Publishing, 2015.

Este livro apresenta os temas mais atuais do *e-commerce*, mostrando exemplos de grandes corporações, pequenas empresas de diferentes indústrias e serviços, governos e agências sem fins lucrativos de todo o mundo. Esses exemplos, que foram recolhidos por acadêmicos e profissionais, mostram ao leitor as múltiplas capacidades da *e-commerce* e as formas inovadoras que as empresas estão usando em suas operações.

2

HABILIDADES: INFRAESTRUTURA PARA O *E-COMMERCE*

Conteúdos do capítulo:

- Desenvolvimento de *websites* para o *e-commerce*.
- Estrutura do *e-commerce*, seu desenvolvimento, aplicações e funcionalidades.
- Ameaças à segurança do ambiente de *e-commerce* e soluções tecnológicas.
- *E-marketing*.
- *E-supply chain*.
- Sistemas empresariais e seus inter-relacionamentos.
- *Customer relationship management* (CRM).
- Integração de sistemas.

Após o estudo deste capítulo, você será capaz de:

1. avaliar o desenvolvimento de *websites* utilizando métodos tradicionais e alternativos;
2. estruturar um *website* para o *e-commerce*;
3. reconhecer as principais aplicações do *e-commerce*, bem como suas funcionalidades e ameaças;
4. perceber que uma infraestrutura eficaz é essencial para que as diversas unidades e processos de negócio de um *e-business* possam ser coordenadas.

NESTE CAPÍTULO, daremos destaque ao Sistema de Informação (SI) da empresa, que dá suporte às etapas da *supply chain* (cadeia de abastecimento) e coordena esses processos dentro das organizações e entre elas.

Além disso, a infraestrutura necessária ao *e-commerce* também deve incluir: uma rede global de informações para dar suporte a vários serviços eletrônicos, como a contratação de fornecedores e a realização de pagamentos; o processamento de transações; o acesso eletrônico a dados externos; e o estabelecimento de conexões eletrônicas para os clientes realizarem seus pedidos.

2.1 DESENVOLVIMENTO DE *WEBSITES* PARA O *E-COMMERCE*

O desenvolvimento de um *website* para o *e-commerce* exige funcionalidades interativas, como:

- resposta à **entrada** do usuário (nome e endereço);
- recebimento de **pedidos** de clientes para produtos e serviços;
- oferta de **segurança** nas operações com cartão de crédito em tempo real;
- consulta a **bancos de dados** sobre o preço de produtos e serviços;
- ajuste da **publicidade** na tela com base nas características do usuário.

A funcionalidade estendida exige o desenvolvimento de servidores de aplicativos da *web* e uma arquitetura de sistema multicamadas para lidar com as cargas de processamento. Em meados da década de 1990, quando as primeiras empresas estabeleceram a presença na internet, o *website* era um folheto estático, não era atualizado com frequência e raramente eram incluídos quaisquer recursos de processamento de transações de negócios. Hoje em dia, os *websites* apresentam muitos recursos que proporcionam, por exemplo, animações para tornar a experiência de navegar pela internet única.

Assim, a maioria dos *websites*, hoje, incluem o processamento de transações e proporcionam uma variedade de outros negócios automatizados e capacidades de processamento. Dessa forma, esses elementos são partes importantes das infraestruturas de SI (Sistemas de Informações) das empresas.

Observe a Figura 2.1 para visualizar melhor a evolução das funções do *website*.

Figura 2.1 Evolução das funções do *website*

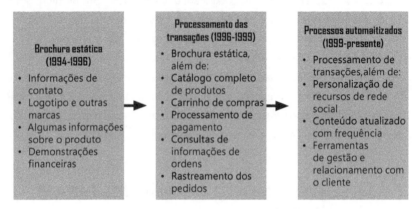

Fonte: Schneider, 2011, p. 541, tradução nossa.

Com o desenvolvimento acelerado das Tecnologias de Informação e Comunicação (TICs), a necessidade de transformação dos *websites* veio muito rápido e poucos negócios foram capazes de mudar a forma de desenvolver e gerir suas *homepages* para atender às demandas desse novo foco. Com isso, muitas empresas não conseguiram se estabelecer como competitivas no mercado.

2.1.1 Alternativas aos métodos tradicionais de desenvolvimento de sistemas

Como a internet mudou profundamente os mercados, os canais de *marketing* e as cadeias de valor, muitas empresas realizaram alterações em sua estrutura de tecnologia e comunicação por meio de alternativas aos métodos tradicionais de desenvolvimento de sistemas, como os apresentados a seguir (Laudon; Traver, 2014):

Desenvolvimento interno *versus* terceirização – Ainda que consultores externos raramente conheçam bem a cultura da organização, poucas empresas são grandes o suficiente ou têm experiência para iniciar um projeto de *e-commerce* sem alguma ajuda externa. Dessa forma, para a implantação de um projeto de *e-commerce*, o fator-chave é encontrar o equilíbrio entre a ajuda externa e o apoio interno, tendo em mente que consultores, provedores de terceirização e parceiros podem ser extremamente importantes no início do projeto, pois muitas vezes desenvolvem habilidades e conhecimentos em novas tecnologias antes da maioria dos profissionais de SI.

EQUIPE INTERNA – Com base na definição dos objetivos para a implementação final e a operação do *website*, a equipe interna assume a responsabilidade pelo *e-commerce* da empresa. Assim, decide quais partes do projeto serão terceirizadas, a quem serão destinadas e quais consultores ou parceiros a empresa precisa contratar.

TERCEIRIZAÇÃO NO INÍCIO – Em muitos projetos do *e-commerce*, a fim de lançar o projeto rapidamente, a empresa terceiriza o *design* inicial do *website* e o seu desenvolvimento. A equipe de terceirização, então, treina os profissionais de SI da empresa na nova tecnologia e lhes entrega a operação do *website*.

TERCEIRIZAÇÃO TARDIA – Uma vez que a empresa tiver ganhado a vantagem competitiva fornecida pelo sistema, sua manutenção pode ser terceirizada para que os profissionais de SI da empresa possam voltar sua atenção para o desenvolvimento de novas tecnologias, que fornecerão outra vantagem competitiva.

TERCEIRIZAÇÃO PARCIAL OU COMPONENTE – A empresa identifica partes específicas do projeto que podem ser totalmente projetadas, desenvolvidas, implementadas e operadas por outra empresa, especializada em uma função específica. Um exemplo disso é quando os *websites* terceirizam suas funções de resposta de *e-mail* para que possam oferecer respostas rápidas e precisas a qualquer dúvida dos clientes.

INCUBADORAS – Oferecem locais físicos (com escritórios, assistência jurídica e contábil, computadores e conexões de internet) a empresas *startup* por uma mensalidade de baixo custo.

FAST VENTURE – Uma empresa já existente que queira lançar uma iniciativa de *e-commerce* pode reunir sócios externos e parceiros operacionais que ofereçam a experiência e as habilidades necessárias para desenvolver e ampliar o projeto muito rapidamente. Nesse contexto, os sócios externos são, geralmente, bancos ou outras organizações que oferecem o dinheiro, e os parceiros operacionais são empresas, como integradores de sistemas e consultores, que têm experiência em projetos e ampliação de protótipos.

Portanto, as empresas prestadoras de serviços de tecnologia oferecem serviços que vão além de prover conexão com a internet e que, muitas vezes, atendem a estratégias de terceirização (inicial, tarde e parcial), incluindo nisso atividades como respostas automáticas de *e-mails*, processamentos de transações de pagamentos, oferta de segurança, suporte ao cliente, atendimento de pedidos e distribuição de produtos.

2.2 ESTRUTURA DO *E-COMMERCE* E SEU DESENVOLVIMENTO

O *e-commerce* exige uma variedade de *hardwares*, *softwares*, plataformas e redes. Os principais componentes para sua execução são as redes, servidores *web*, catálogos eletrônicos, *designs* de páginas da *web*, *softwares* de construção, *softwares* transacionais e de acesso à internet. Além disso, por vezes, são necessários *softwares* específicos para a realização de leilões, *e-procurement* e *m-commerce*.

A diversidade de modelos de *e-business* e aplicações – que, em tamanho, podem variar de uma pequena loja para um intercâmbio global – exige o uso de muitas metodologias de desenvolvimento e abordagens. Nesse contexto, como explicam Rabelo e Melo (2011), *websites* com poucos componentes-chave podem ser desenvolvidos por meio de HTML, Java ou outra linguagem de programação e ser rapidamente implementados com pacotes comerciais por meio do *Application Service Provider* (ASP) – empresas que fornecem o gerenciamento de aplicativos como planilhas, gestão de recursos humanos ou *e-mail* para empresas por meio de uma taxa.

Observe no Quadro 2.1 alguns benefícios e riscos oferecidos pelo ASP.

E-commerce: conceitos, implementação e gestão

Quadro 2.1 Benefícios e riscos do uso do ASP

Tipo	Benefícios	Riscos potenciais
Negócio	Reduz a necessidade de atrair e reter profissionais qualificados. Permite que as empresas se concentrem no uso estratégico de TI. Permite que as empresas de pequeno e médio porte usem aplicativos de nível 1 (por exemplo, ERP, SCM e CRM). A escalabilidade do aplicativo permite o rápido crescimento das empresas	Perda de controle e alto nível de dependência do ASP. Incapacidade do ASP para oferecer qualidade de serviço; falta de habilidades e experiência.
Técnica	Implantação rápida e fácil aplicação. Maior grau de padronização de aplicativos. Acesso a ampla gama de aplicações. Manutenção da aplicação simplificada e realizada pelo ASP. Treinamento e suporte ao usuário de forma simplificada.	O nível de personalização e integração de aplicações legadas oferecido pelo ASP é insuficiente. Baixa confiabilidade e velocidade de entrega devido a limitações da banda larga. Baixa capacidade do ASP para lidar com questões de segurança e confidencialidade
Econômica	Baixo custo total de propriedade. Baixos investimentos iniciais em *hardware* e *software*. Melhor controle de custos como resultado de custos previsíveis de subscrição.	

Fonte: Adaptado de Kern; Kreijger, 2001, tradução nossa.

Já aplicações para *websites* maiores ou especiais do *e-commerce* podem ser desenvolvidas pela própria empresa ou terceirizadas. A construção de médias e grandes aplicações requer extensa integração com SI – como bancos de dados corporativos, intranets, planejamento de recursos empresariais (ERP) etc. Portanto, os processos de construção dos sistemas de *e-commerce* podem variar, o que, em muitos casos, resulta em *websites* bem-sucedidos.

Turban et al. (2012) demonstram o processo de desenvolvimento de uma estrutura típica para o *e-commerce*, apresentando cinco etapas principais, conforme você pode ver na Figura 2.2.

Figura 2.2 O processo de aplicações e desenvolvimento do *e-commerce*

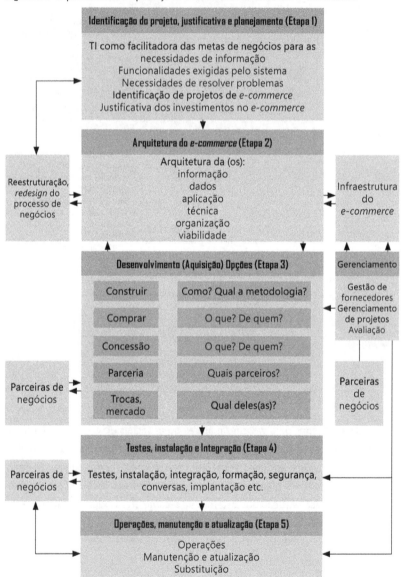

Fonte: Adaptado de Turban et al., 2012, p. 4.

Vamos agora entender em detalhes os passos do processo de desenvolvimento do *e-commerce* que acabamos de ver na Figura 2.2.

2.2.1 Etapa 1: Identificação do projeto, justificativa e planejamento

As aplicações do *e-commerce*, como todos os outros SI, geralmente são viabilizadoras de alguns processos de negócio. Portanto, seu planejamento deve ser alinhado ao plano global de negócios da organização e aos processos específicos envolvidos, que podem precisar ser reestruturados.

Além disso, cada modificação precisa ser cuidadosamente analisada, usando métodos ou metodologias que garantam a funcionalidade necessária para atender aos requisitos dos processos de negócios e dos usuários – e, também, que seus benefícios justifiquem seu custo.

As atividades de identificação, justificativa e planejamento podem ser complexas, mas são necessárias, especialmente para sistemas que requerem alto investimento para ser adquiridos, operados e mantidos. Essa etapa resulta na decisão de atender ao plano de negócio e na construção de aplicações específicas do sistema a ser utilizado, contendo a agenda, o orçamento e as responsabilidades atribuídas. Essa etapa geralmente é feita na própria sede onde o negócio funcionará ou na casa do proprietário (com consultores, se necessário) – pode, ainda, ser terceirizada.

2.2.2 Etapa 2: Criação da arquitetura do *E-COMMERCE*

Uma arquitetura do *e-commerce* é um plano para organizar a infraestrutura e as aplicações de um *website* (Rabelo; Melo, 2011). O plano inclui a informação e os dados necessários para cumprir os objetivos e a visão do negócio; os módulos do aplicativo que gerenciará esses dados e essas informações; as plataformas, o *hardware* e o *software* específicos em que os módulos do aplicativo serão executados, bem como a segurança, a escalabilidade e a confiabilidade exigidas pelas aplicações; os recursos humanos e os procedimentos para a implementação da arquitetura.

A plataforma é o sistema no qual a loja virtual funcionará; portanto, sua escolha tem de ser uma decisão bem pensada. Uma plataforma funcional é passível de ser colocada em **níveis**, por exemplo, tendo várias opções de pagamento *on-line* e ferramentas para o *marketing on-line*, a fim de que, assim, atraia e fidelize seus clientes.

Contudo, é importante destacar que existem diferentes tipos de plataformas. Observe o Quadro 2.2.

Quadro 2.2 Tipo de plataformas para o *e-commerce*

Tipos de plataforma	Por que devo escolher esta?	Por que não devo?
Pronta (*on demand*)	Implementação rápida. Investimento baixo. Recursos básicos já desenvolvidos. Atualizações automáticas. Dispensa equipe interna de programadores.	Personalização limitada. Servidor compartilhado. Preço aumenta de acordo com volume de produtos ou páginas visitadas. Informação fora da empresa. Grande dependência do fornecedor da plataforma.
Proprietária (**customizada**)	Atende a todas as necessidades (principalmente no caso de integrações complexas de sistemas). **Personalização total.** Atualização de acordo com demanda do cliente. Servidor semidedicado ou dedicado. O código fonte do sistema passa a ser do cliente (para algumas empresas, isso atende a requisitos de segurança interna).	Implementação demorada. Investimento inicial alto. Manutenção com custo elevado (muitas vezes requer investimento em equipe interna). Atualizações demoradas.
Open source (**código aberto**)	Sem custo de aquisição. **Boa personalização (dependerá da habilidade do programador).** Vários recursos (*plug-ins*) já desenvolvidos. **Controle sobre a plataforma e seu código.** Robusta. Tem muitas integrações já desenvolvidas.	Implementação demorada. Exigência de programadores especializados. Desenvolvimento demorado de recursos personalizados. Falta de suporte especializado e com atendimento de qualidade.

Fonte: Adaptado de Sarraf, 2015, p. 15-19.

E-commerce: conceitos, implementação e gestão

Dessa forma, as plataformas devem possibilitar:

- a utilização de mecanismos de busca (por palavras, nomes, marcas, modelos);
- a ordenação de categorias, como *mais vendidos, preço, mais recentes* etc.;
- o uso de técnicas de *Search Engine Optimization* – SEO (URLs amigáveis, repetição de palavras-chave, nuvem de *tags*, palavras amigáveis);
- a implementação de *cross-selling* (sugestão de outros produtos de acordo com suas buscas e compras);
- o uso de cupom de desconto;
- a execução do *zoom* dinâmico;
- a visualização de mais de uma foto;
- a apresentação da disponibilidade de produtos e descontos;
- a oferta de programas de fidelização (por exemplo, na compra de um produto, o cliente pode ganhar um cupom de desconto para a próxima compra);
- a oferta de parcelamentos;
- a apresentação de variantes (diferentes tamanhos, programas de afiliados);
- a categorização dos produtos (subcategorização, menus verticais e horizontais);
- a comparação dos produtos; a oferta de diversas embalagens para presentes; comentários com opiniões dos clientes;
- o atendimento *on-line*.

Várias ferramentas de TI e metodologias podem ser usadas para apoiar a criação da arquitetura do *e-commerce*, a qual consiste em um processo interativo (Kendall; Kendall, 2005). Assim, **metodologias colaborativas**, como o desenvolvimento de aplicações conjuntas, são especialmente úteis na identificação e na modificação dos requisitos do sistema.

Os resultados obtidos na segunda etapa são encaminhados para o nível de planejamento estratégico e, assim, o portfólio de aplicativos pode ser alterado. Uma vez que a arquitetura é compilada e o projeto recebe aprovação final, deve ser feita uma decisão específica sobre como desenvolver o aplicativo do *e-commerce*.

2.2.3 Etapa 3: Seleção e desenvolvimento de opções

As aplicações para o *e-commerce* podem ser desenvolvidas por meio de diversas abordagens alternativas, sendo as principais:

- Construir o sistema no local em que será a empresa ou onde o proprietário mora.
- Ter um fornecedor para construir um sistema feito sob medida para a parte interessada.
- Comprar um aplicativo existente e instalá-lo, com ou sem modificações, por conta própria ou por meio de um fornecedor.
- Locar um *software*-padrão (provedor de serviços de aplicação – ASP).
- Fazer parceria com outra empresa que tenha outros aplicativos específicos para o *e-commerce*.
- Agrupar-se a um *e-marketplace* de terceiros, como um *website* de leilão ou uma licitação local (leilão reverso), ou realizar uma troca que forneça recursos necessários para os participantes.

Da perspectiva do gerente de negócios, há certos objetivos do projeto que devem ser comunicado aos criadores do *website* para que estes saibam como seu trabalho será avaliado. No mínimo, seus clientes terão de encontrar o que precisam no *website*, fazer a compra e sair.

Como dizem Martínez-Torres et al. (2012) e Barnes e Vidgen (2014), um *website* que irrita os clientes corre o risco de perdê-los para sempre. Os piores *websites* de *e-commerce* tornam difícil de encontrar informações sobre seus produtos e compra das mercadorias; apresentam falta de páginas e *links* quebrados; estrutura de navegação confusa e gráficos ou sons que não podem ser desativados. Observe o Quadro 2.3.

Quadro 2.3 Os oito fatores mais importantes no projeto bem-sucedido de um *website* de *e-commerce*

Fator	Descrição
Funcionalidade	Páginas que funcionam, carregam rapidamente e apontam o cliente em direção às ofertas de produtos.
Informacional	*Links* que os clientes podem encontrar facilmente para descobrir mais sobre o *site* e os produtos.

(continua)

(Quadro 2.3 – conclusão)

Fator	Descrição
Fácil uso	Navegação simples e rápida.
Navegação redundante	Navegação alternativa para o mesmo conteúdo.
Facilidade de compra	Um ou dois cliques para compra.
Funcionalidade multi-*browser*	Funcionamento do *site* com os navegadores mais populares.
Gráficos simples	Evita distração, gráficos e sons desagradáveis que o usuário não pode controlar.
Textos legíveis	Evita fundos que distorcem o texto ou o tornam ilegível.

Fonte: Adaptado de Laudon; Traver, 2014, p. 222, tradução nossa.

Na perspectiva dos negócios, o *website* é muito valioso. Como sua otimização reflete na quantidade de visitantes que consegue atrair, um aspecto que deve ser considerado para isso são os motores de busca, como Google, Bing, Ask. com, entre outros. A primeira opção *on-line* para a maioria dos clientes à procura de um produto ou serviço é acessar um motor de busca e seguir as listagens na página, geralmente começando com os três a cinco melhores anúncios e, em seguida, visualizando os anúncios patrocinados (Schneider, 2011).

Uma vez que uma opção for escolhida, o sistema é adquirido. No final dessa etapa, um aplicativo está pronto para ser instalado e implantado. Não importa qual opção será escolhida, provavelmente o gestor terá de selecionar e gerenciar alguns fornecedores de *softwares*.

2.2.4 Etapa 4: Instalando, testando, conectando e desenvolvendo aplicativos do *e-commerce*

Assim que uma opção for selecionada, o próximo passo envolve começar a aplicação e a execução no ambiente de *hardware* e de rede escolhido. Por exemplo, se um potencial cliente pede um produto a um *website*, seria útil se este pudesse determinar se o produto está em estoque. Para realizar essa tarefa, o sistema de encomendas precisa ser conectado ao sistema de estoque.

Essa etapa pode ser feita em casa, no local da empresa ou, mesmo, terceirizada. Nesse momento, os módulos que foram instalados precisam ser testados. Uma série de testes é necessária, ou seja, testes: de **unidade** (um módulo de cada vez); de **integração** (combinação de módulos que agem em conjunto); de **usabilidade** (qualidade da experiência do usuário ao interagir com o *website*); e de **aceitação** (determinar se o *website* atende aos objetivos e à visão do negócio). (Sommerville, 2004)

Quando os aplicativos que compõem um *website* de *e-commerce* passam por todos os testes, eles podem ser implantados para os usuários finais. Os procedimentos são semelhantes aos realizados em qualquer aplicação de TI (Whitten; Bentley, 2007).

O Quadro 2.4 ilustra a ampla variedade de aplicativos de servidores disponíveis no mercado e que são do tipo *sell-side*, ou seja, projetados para permitir a venda de produtos na *web*. Os chamados *buy-side* e *link* são servidores que focam nas necessidades das empresas para que elas se conectem com parceiros em sua *supply chain* ou encontrem fornecedores para peças e montagens específicas (Laudon; Traver, 2014).

Quadro 2.4 Aplicação dos servidores e suas funções

Servidor de aplicação	Funcionalidade
Catálogo de exibição	Fornece um banco de dados para descrições de produtos ou serviços e preços.
Processamento das transações (carrinho de compras)	Aceita encomendas e pagamentos.
Servidor de listas	Cria listas de discussão e gerencia campanhas de *marketing* por *e-mail*.
Servidor de *proxy*	Monitora e controla o acesso ao servidor *web* principal; implementa a proteção de *firewall*.
Servidor de *e-mail*	Gerencia internet e *e-mail*.
Servidor de áudio/vídeo	Fornece conteúdo de mídia *streaming* para lojas *on-line*.
Servidor de *chat*	Cria um ambiente de áudio e texto em tempo real para as interações *on-line* com os clientes.
Servidor de notícias	Fornece conectividade e exibe *feeds* de notícias da internet.
Servidor de *fax*	Fornece o envio e recepção de *fax*.
Servidor de *groupware*	Cria ambientes de grupo de trabalho para colaboração *on-line*.
Servidor de base de dados	Armazena informações de preço, produto e cliente.

(continua)

E-commerce: conceitos, implementação e gestão

(Quadro 2.4 – conclusão)

Servidor de aplicação	Funcionalidade
Servidor de anúncios	Mantém banco de dados da *web* habilitado para os *banners* de publicidade que permitem a visualização customizada e personalizada de anúncios com base nas características e no comportamento do consumidor.
Servidor de leilão	Fornece um ambiente de transações para a realização de leilões *on-line*.
Servidor de B2B	Possibilita comprar, vender e vincular *marketplaces* para transações comerciais.

Fonte: Adaptado de Laudon; Traver, 2014, p. 212, tradução nossa.

É importante destacar que, se uma empresa decide comprar ou alugar um aplicativo de *e-commerce*, existem critérios de seleção que precisam ser considerados. Esses critérios são apresentados no Quadro 2.5.

Quadro 2.5 Critérios para seleção de aplicativos para o *e-commerce*

Critérios	Descrição
Flexibilidade	Pacotes comerciais precisam ser modificados ou adaptados às necessidades específicas de uma aplicação. Portanto, é importante avaliar a extensão em que um pacote pode ser adaptado e a vontade do fornecedor para executar ou apoiar tal adaptação.
Requisitos de informação	O pacote selecionado deve satisfazer aos requisitos de informação da aplicação de *e-commerce*. Coleta de informações, armazenamento, recursos de recuperação e estrutura de banco de dados devem ser cuidadosamente examinados.
Facilidade de utilização	É especialmente importante para B2C, G2C e alguns *sites* de B2B. Nesses casos, se um aplicativo é difícil para o visitante ou cliente usar, terá um impacto negativo imediato.
Recursos de *hardware* e *software*	O tipo de computador e sistema operacional exigido pelo pacote deve ser compatível com a plataforma existente. Os requisitos de CPU e armazenamento também são considerações importantes.
Instalação	O esforço de instalação necessário para implementar o pacote também deve ser levado conta. Alguns pacotes são complexos e sua instalação requer extensas consultas, que podem levar um tempo considerável.
Serviço de manutenção	Os requisitos de aplicação de *e-commerce* mudam constantemente; logo, a manutenção contínua é necessária. É importante considerar a frequência com que o pacote precisa ser atualizado e se o fornecedor oferece assistência para sua manutenção.

(continua)

(Quadro 2.5 – continuação)

Critérios	Descrição
Qualidade e reputação do fornecedor	É menos arriscado adquirir um pacote de *e-commerce* de um fornecedor que tenha uma boa reputação e histórico do que de um desconhecido. A qualidade do fornecedor pode ser indicada por sua experiência relacionada com a aplicação, suas vendas e os registros financeiros, bem como sua capacidade de resposta às solicitações dos clientes.
Estimativa de custos	Os custos dos projetos de *e-commerce* são normalmente difíceis de serem avaliados e, muitas vezes, subestimados. Além dos custos associados com o desenvolvimento, também é importante levar em consideração os custos de instalação, integração, customização e manutenção.
Pessoal	Requisitos de pessoal devem ser projetados com antecedência para garantir que a organização terá os recursos humanos adequados para o desenvolvimento, a implementação, a operação e a manutenção do sistema.
Evolução tecnológica	Planejar com antecedência para a evolução tecnológica facilita a atualização de aplicações de *e-commerce* e permite que a organização adote inovações mais rapidamente do que a concorrência. Por isso, é muito importante permitir uma certa flexibilidade no *design* dos aplicativos para que as opções escolhidas não atribuam grandes limitações nas escolhas futuras. Dado o rápido ritmo de evolução da TI, às vezes é preferível desenvolver aplicativos de *e-commerce* de forma incremental para tirar proveito dos mais recentes desenvolvimentos da tecnologia.
Dimensionamento	O tamanho necessário e o desempenho de um aplicativo também são difíceis de prever, pois o crescimento do número de usuários para as aplicações de *e-commerce* é difícil de prever. Sobrecarregar o aplicativo diminui o desempenho. Para aplicações normais, a deterioração no desempenho pode afetar a produtividade e a satisfação dos utilizadores; para aplicações de *e-commerce*, pode resultar em perda importante nos negócios.
Performance	O desempenho do sistema é um fator crítico para o sucesso empresarial, especialmente se o sistema utilizado for para o *e-commerce*. Além de conveniência, o bom desempenho também traz clientes e vantagens competitivas. O desempenho é medido por dois indicadores principais: a taxa de latência e de transferência. A latência mede o tempo necessário para concluir uma operação, como o *download* de uma página da *web*, e é um indicador de experiência dos usuários com o sistema. A taxa de transferência mede o número de operações concluídas em um determinado período de tempo e indica a capacidade ou o número de usuários que um sistema pode suportar. A taxa de transferência e de latência são inter-relacionadas. Assim, o aumento de uma delas implicará no aumento da outra.

E-commerce: conceitos, implementação e gestão

(Quadro 2.5 – conclusão)

Critérios	Descrição
Confiabilidade	É essencial para que um sistema seja bem-sucedido. O tempo de inatividade e as falhas do sistema podem levar o usuário ao constrangimento. Quando um aplicativo de *e-commerce* falha, os negócios são interrompidos e a empresa perde clientes. A confiabilidade do sistema pode ser reforçada por meio de redundância, isto é, *backup*.
Segurança	É um dos fatores mais importantes para a adoção e a difusão do *e-commerce*. Dados e informações fluem no *e-commerce*, bem como os dados armazenados podem incluir informações confidenciais. Assim, um pacote selecionado deve atender a requisitos rigorosos de segurança. Além de soluções tecnológicas, como *firewalls* e criptografia, também devem ser reforçadas as medidas de segurança física e processual.

Fonte: Elaborado com base em Whitten; Bentley, 2007; Turban et al., 2012;, Satzinger; Jackson; Burd, 2012, tradução nossa.

Há várias centenas de empresas de *softwares* que fornecem suítes para o *e-commerce* (como: IBM WebSphere's® Commerce on Cloud; Professional e Enterprise Editions; Oracle ATG Web Commerce; GSI Commerce; Demandware; Magento; entre outras), o que aumenta os custos e afeta a tomada de decisões sobre qual deles adquirir. Muitas empresas simplesmente escolhem fornecedores com a melhor reputação global e, às vezes, esta acaba por ser uma solução cara, ainda que viável (Laudon; Traver, 2014).

Em vez de construir um *website* por meio de um conjunto de aplicações com diferentes *softwares*, é mais fácil e rápido comprar um pacote ou suíte de *e-commerce*, pois estes oferecem um ambiente integrado que fornece a maioria ou todas as aplicações para a construção de um *website* de *e-commerce*.

Nesse caso, os custos reais, que envolvem a formação do pessoal para usar e integrar as ferramentas em seus processos de negócio e na cultura organizacional, são escondidos. A seguir, listamos alguns dos principais fatores a se considerar na construção de um *website*, de acordo com Chaffey (2009):

- funcionalidade;
- suporte para diferentes modelos de negócio;
- ferramentas de modelagem de processos de negócio;
- ferramentas de gerenciamento de visual e relatórios do *website*;
- desempenho e escalabilidade;
- conectividade com sistemas de negócios existentes;

- cumprimento das normas;
- capacidade global e multicultural;
- impostos de vendas local;
- regras de transporte.

2.2.5 ETAPA 5: OPERAÇÕES, MANUTENÇÃO E ATUALIZAÇÃO

Nesta etapa, muitos recursos (como dinheiro e tempo) são demandados para que o *website* seja operado e mantido. Para desfrutar do bom uso de um *website*, ele precisa ser atualizado continuamente.

Por exemplo, em um local de B2C, novos produtos necessitam ser adicionados ao catálogo, preços precisam ser mudados e novas promoções devem ser executadas. Essas mudanças e atualizações precisam ser submetidas aos mesmos procedimentos de análise utilizados durante o processo de instalação. Além disso, o uso de padrões e o desempenho devem ser estudados para determinar quais partes das aplicações subjacentes devem ser modificadas ou eliminadas do *website*.

Com relação ao desempenho do *website*, certamente um fator importante a ser considerado é o **número de usuários simultâneos** que provavelmente visitará o *website*.

Em geral, a carga criada por um cliente individual no servidor tipicamente é bastante limitada e de curta duração. A sessão da *web* iniciada pelo usuário típico não é uma interação permanente; normalmente esta começa com uma solicitação de página e, em seguida, um servidor responde e a sessão é encerrada (Laudon; Traver, 2014).

As sessões podem durar de décimos de segundo a um minuto por usuário (Laudon; Traver, 2014). No entanto, o desempenho do sistema se degrada se houver mais e mais usuários simultaneamente solicitando o serviço. Felizmente, a degradação (medida em transações por segundo, latência ou demora na resposta) é aceitável em uma ampla faixa, até que um pico de carga é atingido e a qualidade do serviço torna-se inaceitável.

Quadro 2.6 Fatores que interferem no dimensionamento de uma plataforma do *e-commerce*

Tipo de *site*	Publicação	Compras	*Self-service*	Comércio	B2B
Exemplos	WSJ.com	Amazon. com	Travelocity		
Conteúdo	Dinâmica; vários autores; alto volume; não específica do usuário.	Catálogo; itens dinâmicos; perfis de usuário com a mineração de dados.	Dados de aplicativos legados; várias fontes de dados.		
Segurança	Baixa	Privacidade; não repúdio; integridade; autenticação; regulamentos.	Privacidade; não repúdio; integridade; autenticação; regulamentos.	Privacidade; não repúdio; integridade; autenticação; regulamentos.	Privacidade; não repúdio; integridade; autenticação; regulamentos.
Percentual de páginas seguras	Baixo	Médio	Médio	Alto	Médio
Informações de sessões cruzadas	Não	Alta	Alta	Alta	Alta
Busca	Dinâmica; baixo volume.	Dinâmica; alto volume.	Não dinâmica; baixo volume.	Não dinâmica; baixo volume.	Não dinâmica; moderado volume.
Itens exclusivos (sKUs)	Alto	Médio para alto.	Médio	Alto	Médio para alto.
Volume de transação	Moderado	Moderado para alto.	Moderado	Alto para extremamente alto.	Moderado
Complexidade e integração	Baixa	Média	Alta	Alta	Alta
Visualização das páginas	Alta para muito alta.	Moderada para alta.	Moderada para baixa.	Moderada para alta.	Moderada

Fonte: Adaptado de Laudon; Traver, 2014, p. 217, tradução nossa.

Outros fatores que devem ser considerados quando vamos estimar a demanda em um *website* são o **perfil do usuário** e a **natureza do conteúdo** (considerando históricos de pedidos, produtos vistos, produtos mais comprados, entre outros dados).

O processo de desenvolvimento de um *website* de *e-commerce* pode ser bastante complexo e deve ser gerido de forma adequada. Para aplicações de médio a grande porte, é geralmente criada uma equipe de projeto para gerenciar o processo. A colaboração com parceiros de negócios também é crítica, pois algumas falhas do *e-business* podem vir da falta de cooperação entre parceiros de negócios (Xia; Lee, 2004).

Uma gestão apropriada também inclui avaliações periódicas do desempenho do sistema e, para isso, técnicas e ferramentas de gerenciamento de projeto-padrão também são úteis.

Com relação ao *e-commerce* móvel, um *website* móvel é uma versão reduzida em conteúdo e navegação de um *website* regular, de modo que os usuários possam encontrar o que querem e se mover rapidamente para uma decisão ou compra.

A diferença entre um *website* regular e um móvel é perceptível quando visitamos, por exemplo, a Amazon.com por meio de um computador *desktop* e, em seguida, de um *smartphone* ou *tablet*. Na segunda opção, o *website* é mais limpo e interativo. A maioria das grandes empresas hoje tem *websites* móveis (Stair; Reynolds, 2012).

Para Laudon e Traver (2014), alguns elementos-chave devem ser levados em consideração quando estamos falando de um *e-commerce* móvel:

- **Design responsivo** – Ferramentas e princípios de *design* que se ajustam automaticamente ao *layout* de um *website* de acordo com a resolução da tela do usuário. Ferramentas de *design* responsivo incluem o HTML5 e o CSS3. Os três princípios fundamentais envolvidos no projeto de *layouts* são: *layouts* flexíveis com base em grade, imagens e consultas de mídias flexíveis.

- **Web app móvel** – Aplicação construída para ser executada em um navegador móvel e usada em *smartphone* ou *tablet*. No caso da Apple, o navegador nativo é o *Safari*, que geralmente é construído para imitar as qualidades de um aplicativo nativo usando HTML5 e *Java*.

- **App nativo** – Aplicativo projetado para operar usando o sistema *hardware* e operacional do dispositivo móvel.

E-commerce: conceitos, implementação e gestão

O caminho mais caro para uma presença móvel é construir um aplicativo nativo, pois eles podem exigir amplos conhecimentos de programação. Além disso, praticamente nenhum dos elementos usados em um *website* já existente pode ser reutilizado e, dessa forma, torna-se necessário redesenhar toda a lógica da interface e pensar cuidadosamente na experiência que o cliente terá.

Muitos dos itens encontrados em uma tela de *desktop* não podem ser usados em aplicativos móveis. Contudo, se é desejada uma experiência intensa com os clientes, em que a interação entre eles e a marca aconteça de forma fácil e eficiente, então os aplicativos nativos são a melhor escolha.

O processo de desenvolvimento de arquitetura de um *website* do *e-commerce* pode ser bastante complexo e deve ser gerido de forma adequada. Para aplicações de médio a grande porte, uma equipe de projeto é geralmente criada para gerenciar o processo. Além disso, a colaboração com parceiros de negócios é primordial, pois algumas falhas do *e-business* resultam da falta de cooperação entre os parceiros de negócios. Por exemplo, pode-se instalar o melhor sistema de *e-procurement*, mas se os fornecedores não o usarem corretamente, o sistema falhará ou entrará em colapso. (Turban et al., 2012).

2.3 PRINCIPAIS APLICAÇÕES DO *E-COMMERCE* E SUAS FUNCIONALIDADES

Atualmente, encontramos inúmeros exemplos de *websites* que servem a múltiplos propósitos, incluindo B2C, B2B, trocas e afins. *Websites* de determinado tipo têm, geralmente, as mesmas aplicações subjacentes e fornecem tipos similares de funcionalidade. Isso simplifica a tarefa de criar a arquitetura de um aplicativo subjacente para determinada variante de *website*.

A discussão que se segue descreve as principais características, funcionalidades e requisitos de um sistema de *e-commerce*, como visto em algumas das mais conhecidas aplicações. Como exemplo dessas aplicações temos (Turban et al., 2012):

LOJAS B2C – Devem suportar as mesmas tarefas que uma loja física e, em particular, oferecer certas capacidades para compradores e comerciantes. A fim de fornecer esses recursos, a loja eletrônica deve ter as seguintes funções: apresentar produtos e serviços; realizar a entrada dos pedidos; realizar pagamentos eletrônicos; atender o cliente; e oferecer suporte ao produto ou serviço (Nickerson, 2002).

WEBSITES DE B2B FORNECEDOR SELL-SIDE – São semelhantes a lojas B2C, permitindo que uma empresa adquira bens e serviços a partir de outros. No entanto, um *website* B2B também tem recursos adicionais: catálogos personalizados e páginas da *web* para todos os grandes compradores; um portal de pagamento B2B; recursos de negociação do contrato eletrônico; programas afiliados; alertas de negócios (por exemplo, para vendas especiais).

E-PROCUREMENT – Intermediário *on-line* que oferece às empresas acesso a centenas de serviços prestados pelos fornecedores. Os sistemas de contratação pública eletrônica vêm sob diversas variações, cada uma com seus próprios recursos especializados.

De acordo com Turban et al. (2012), as funcionalidades do *e-commerce* podem ser as seguintes:

AGREGAÇÃO DE CATÁLOGOS – Em grandes organizações, vários compradores estão envolvidos em fazer compras de grande número de fornecedores. Uma forma de reduzir custos e outras ineficiências no processo de compra é agregar os itens aprovados pelos fornecedores em um único catálogo *on-line*. Alguns dos requisitos especializados para esse tipo de *website* incluem: motor de busca para localizar itens com características particulares; comparador de fornecedores alternativos; mecanismo de ordenação; recurso de orçamento e autorização; uso de comparação (entre os vários departamentos); e mecanismos de pagamento.

LEILÕES REVERSOS E SISTEMAS DE APRESENTAÇÃO DE PROPOSTAS – Os compradores listam os itens que desejam comprar e os vendedores, por meio de licitações, fornecem os itens a um preço mais baixo. *Websites* desse tipo oferecem os seguintes recursos: catálogo de itens a serem ofertados e gerenciamento do conteúdo; motor de busca (se o *website* tiver muitos itens); páginas personalizadas para potenciais licitantes; mecanismos de leilão reverso, às vezes em tempo real; facilidade para ajudar a preparar, emitir, gerenciar e responder a pedidos de um comprador de cotas (RFQs); capacidade dinâmica de oferta; colaboração eletrônica com os parceiros comerciais; padronização da escrita *Request For Quote* (RFQ); mapa do *website*; mecanismo para seleção de fornecedores; fluxo de trabalho e processos de negócios automatizados; e tradução automatizada.

Trocas (ou *exchange*) – *E-marketplace* que envolve muitos compradores para muitos fornecedores. Além de combinar as funcionalidades do *buy-side*, *e-procurement* e *websites* de leilão, também apresenta um número de outros recursos: serviços de colaboração (incluindo os de multicanais); serviços comunitários; fluxo de trabalho automatizado na *web*; soluções de processos de negócio integrados; coordenação central de logística global para os membros, incluindo armazenagem e serviços de transporte; mineração de dados; análise personalizada e emissão de relatórios; transações em tempo real e acompanhamento de tendência e comportamento do cliente.

Portal – É uma interface simples da *web* que fornece acesso personalizado a informações, aplicações, processos de negócios e muito mais. Com o portal, uma organização pode reduzir os custos de desenvolvimento e implantação de um *website* e aumentar significativamente sua produtividade. Usando um portal, podemos agregar e integrar informações em determinado ambiente de trabalho por meio de uma aplicação, um serviço ou uma única interface para direcionar os interesses e as necessidades do usuário individual. Portais ajudam a harmonizar o conteúdo, o comércio e a colaboração com os objetivos do negócio.

Observe alguns dos diferentes tipos de portais:

- **Portais de negócios** – Oferecem fácil acesso a aplicações que servem a uma área específica, tais como contratos ou recursos humanos.

- **Portais de intranet corporativa** – Muitas vezes, agem como *gateways* para outros portais e *websites* operados por uma organização.

- **Portais de extranet** – Agem como interface entre empresas, clientes e fornecedores, revelando subconjuntos de informações para públicos específicos.

- **Portais de autoatendimento e atendimento ao cliente** – São, muitas vezes, vistos como subconjuntos de uma extranet corporativa.

- **Equipe ou portais divisionais** – São usados por grupos ou comunidades que querem compartilhar conteúdo ou funções específicas de negócios.

- **Portal pessoal** – Voltado para ajudar indivíduos a acessarem informações e recursos.

- **Portal corporativo** – É o central para uma organização inteira, sendo composto por todos os outros portais implantados.

Portanto, existem vários sistemas de *e-commerce*, cada um com seu conjunto de recursos necessários. Por exemplo, os *websites* de *e-learning* podem ter uma parte destinada a atender alunos e outra, aos instrutores, cada uma com seu próprio conjunto de requisitos, pois *websites* de colaboração (do *e-commerce*) exigem vários recursos e ferramentas de colaboração.

2.4 Ameaças à segurança no ambiente de *E-COMMERCE*

Na perspectiva de tecnologia, existem três pontos-chave quanto à vulnerabilidade ao se lidar com o *e-commerce*: o **cliente**, o **servidor** e o **canal de comunicação**.

A Figura 2.3 ilustra uma transação típica de *e-commerce* com um consumidor usando um cartão de crédito para comprar um produto.

Figura 2.3 Típica transação do *e-commerce* e os pontos de fragilidades

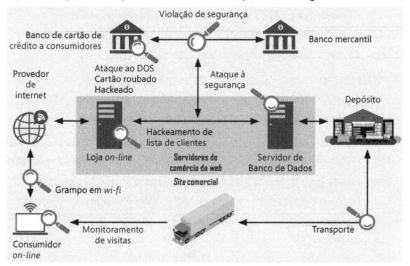

Fonte: Laudon; Traver, 2014, p. 257, tradução nossa.

Laudon e Traver (2014) destacam que existem seis dimensões fundamentais para a segurança do *e-commerce*:

INTEGRIDADE – Refere-se à capacidade de garantir que a informação que está sendo exibida, transmitida ou recebida em um *website*, por meio da internet, não tenha sido alterada de alguma forma por uma parte não autorizada. Por exemplo, se uma pessoa não autorizada intercepta e altera o conteúdo de uma comunicação *on-line*, redirecionando uma transferência bancária para uma conta diferente, a integridade da mensagem foi comprometida, porque a mensagem já não representa aquilo que o remetente original enviou.

NÃO RECUSA – Refere-se à capacidade de garantir que os participantes do *e-commerce* não neguem suas ações *on-line*. Por exemplo, a disponibilidade de contas de *e-mail* gratuitas com nomes aleatórios torna mais fácil para uma pessoa postar comentários ou enviar uma mensagem e talvez mais tarde negar isso. Mesmo quando um cliente usa um nome real e endereço de *e-mail* legítimo, é fácil para ele encomendar mercadorias e depois negar, porque os comerciantes, geralmente, não obtêm uma cópia física de uma assinatura.

AUTENTICIDADE – Refere-se à capacidade para identificar uma pessoa e saber com quem se está lidando na internet. Como o cliente sabe que o operador de um *website* é quem ele diz ser? Como o comerciante pode ter certeza de que o cliente é realmente quem ele diz ser?

CONFIDENCIALIDADE – Capacidade de garantir que as mensagens e os dados sejam disponibilizados apenas para aqueles que estão autorizados a vê-los. A confidencialidade é muitas vezes confundida com *privacidade*.

PRIVACIDADE – Refere-se à capacidade de controlar o uso de informações que um cliente fornece sobre si mesmo para um comerciante do *e-commerce*. Para tanto, são necessárias políticas internas que rejam o uso próprio das informações dos clientes, protegendo, dessa forma, essas informações do uso ilegítimo ou não autorizado. Por exemplo, se *hackers* invadirem um *website* de *e-commerce*, podem obter acesso a cartões de crédito ou outras informações; isso viola não só a confidencialidade dos dados, mas também a privacidade dos indivíduos que forneceram tais informações.

DISPONIBILIDADE – Capacidade de garantir que um *website* do *e-commerce* continue sua função conforme o esperado.

Portanto, a segurança do *e-commerce* é projetada para proteger essas seis dimensões, pois, quando qualquer uma delas é comprometida, a segurança geral sofre.

Observe, no Quadro 2.7, um resumo das dimensões de segurança do *e-commerce* na perspectiva dos comerciantes e dos clientes.

Quadro 2.7 Perspectivas para comerciantes e clientes sobre as diferentes dimensões da segurança do *e-commerce*

Dimensão	Perspectiva do	
	cliente	comerciante
Integridade	As informações transmitidas ou recebidas foram alteradas?	Os dados sobre o local foram alterados sem autorização? E dados que estão sendo recebidos de clientes válidos?
Não recusa	Pode uma das partes levantar uma ação contra mim e mais tarde negá-la?	Um cliente pode negar que fez encomendas dos produtos?

(continua)

(Quadro 2.7 – conclusão)

Dimensão	Perspectiva do	
	cliente	**comerciante**
Autenticidade	Com quem estou lidando? Como posso ter certeza de que a pessoa ou entidade é quem diz ser?	Qual é a verdadeira identidade do cliente?
Confidencialidade	Alguém que não seja o destinatário pretendido pode ler minhas mensagens?	As mensagens ou dados confidenciais estão acessíveis a qualquer pessoa não autorizada?
Privacidade	Posso controlar o uso das minhas informações que são transmitidas para um comerciante do *e-commerce*?	Uma transação pode ser feita utilizando dados pessoais coletados como parte de outras transações de comércio eletrônico?
Disponibilidade	Posso obter acesso ao *site*?	O *site* é operacional?

Fonte: Adaptado de Laudon; Traver, 2014, p. 254, tradução nossa.

A segurança, no entanto, não é apenas uma questão de tecnologia, pois, sem os processos organizacionais adequados, de nada adianta sua implementação. Há uma série de questões sociais e organizacionais críticas com relação à segurança: a primeira que devemos considerar é que o elo mais fraco na segurança é, muitas vezes, o **utilizador** ou os colaboradores, em vez da tecnologia em si; a segunda é o **gerenciamento** da engenharia de *software* ou da tecnologia da segurança que é implementada; a terceira é o desenvolvimento de **processos organizacionais**, que devem ser adequados para a gestão de riscos, a separação de tarefas, o desenvolvimento de políticas de segurança, o controle de acesso e a garantia de segurança.

Portanto, a segurança também é uma preocupação importante para *websites* do *e-commerce* e seus consumidores, que temem a perda de seus dados financeiros, enquanto os *websites* e comerciantes temem as perdas financeiras associadas a qualquer publicidade negativa que possa resultar. Contudo, devemos considerar que, quanto mais medidas de segurança são adicionadas em um *website* de *e-commerce*, mais prejudicada é sua usabilidade.

Embora a segurança absoluta seja impossível, as organizações podem criar barreiras suficientes para deter os invasores. Com um bom planejamento, também podem reduzir o impacto de atos terroristas.

2.5 Segurança para computadores clientes e servidores

Os computadores clientes, geralmente PCs, devem ser protegidos contra as ameaças que se originam em *softwares* e dados que são baixados na internet. Outras ameaças aos computadores clientes podem surgir quando um *website* servidor falso se disfarça como um *website* legítimo.

Computadores servidores têm vulnerabilidades que podem ser exploradas por alguém determinado a causar destruição ou obter informações de forma ilegal. Um ponto de entrada é o servidor *web* e seu *software*. Embora nenhum sistema seja completamente seguro, o trabalho do administrador do servidor *web* é certificar-se de que as políticas de segurança são documentadas e consideradas em cada parte da operação do *e-commerce*.

A internet serve como ligação eletrônica entre compradores (clientes) e vendedores (servidores), contudo, de suas características, a que mais deve ser observada é que ela não foi projetada para ser segura, pois pacotes de mensagens na internet viajam caminhos não planejados, saindo de um nó de origem em direção ao seu destino.

Um pacote passa por meio de um número de computadores intermediários na rede antes de chegar a seu destino final. Como os usuários não podem controlar o caminho e não sabem por onde seus pacotes vão passar, é possível que um intermediário possa ler, alterar ou mesmo eliminar as mensagens. Em outras palavras, qualquer mensagem que viaja na internet está sujeita à quebra de sigilo ou de integridade.

Na sequência, descreveremos algumas dessas ameaças e como elas funcionam, mostrando também alguns mecanismos de proteção que podem prevenir ou reduzi-las.

2.5.1 Cookies

São uma ferramenta usada pelos *websites* para armazenar informações sobre um usuário. Quando um visitante entra em um *website*, este envia um pequeno arquivo de texto (*cookie*) para o computador do usuário para que as informações do *website* possam ser carregadas mais rapidamente em visitas futuras. O *cookie* pode conter qualquer informação desejada pelos *designers* de *website* (Yue; Xie; Wang, 2010).

Uma maneira para os visitantes dos *websites* protegerem suas informações é desativar totalmente os *cookies*. O problema com essa abordagem é que os *cookies* úteis são bloqueados junto aos outros que representam ameaças (Leenes; Kosta, 2015). Em alguns *websites*, os recursos não estão completamente disponíveis para os visitantes, a menos que seus navegadores estejam definidos para permitir *cookies*. Por exemplo, a maioria dos *softwares* de ensino a distância utilizados pelas escolas para oferecer cursos *on-line* não funcionam corretamente em navegadores da *web*, a menos que os *cookies* estejam ativados.

Os usuários da *web* podem acumular um grande número de *cookies* enquanto navegam na internet. A maioria dos navegadores *web* têm configurações que permitem que o usuário recuse os *cookies* de terceiros ou apenas revejam cada um antes de aceitá-lo. Navegadores como Google Chrome™, Microsoft Internet Explorer®, Mozilla Firefox® e *Opera* oferecem funções de gerenciamento de *cookies*.

2.5.2 *Web bugs*

Um *web bug* é um pequeno gráfico que um *website* de terceiros envia para outro *website* (Wang et al., 2013). Quando um visitante carrega a página da *web*, o *web bug* é entregue pelo *website* de terceiros, que pode colocar um *cookie* no computador do visitante. Sua finalidade única é fornecer uma maneira para que um *website* de terceiros (cuja identidade é desconhecida para o visitante) coloque *cookies* no computador do visitante.

2.5.3 *Active content* (CONTEÚDO ATIVO)

Refere-se a programas que são incorporados de forma transparente em páginas da *web*. Por exemplo, o conteúdo ativo pode exibir gráficos em movimento, baixar e reproduzir áudios ou implementar programas de planilha eletrônica. É usado no *e-commerce* para colocar itens em um carrinho de compras e calcular o valor total da fatura, incluindo os impostos sobre vendas, a manipulação e os custos de envio.

Os desenvolvedores usam conteúdo ativo porque este estende a funcionalidade do HTML e move algumas tarefas de processamento de dados da máquina do servidor para o computador do cliente (usuário). Infelizmente, os elementos do conteúdo ativo são programas executados no computador cliente que podem danificá-lo, representando uma ameaça para a segurança.

O conteúdo ativo é fornecido de várias formas, as mais conhecidas são: *cookies*, Applets Java, controles ActiveX, VBScript e JavaScript. Outras maneiras de fornecer conteúdo ativo são: gráficos, *web browser plug-ins* e anexos de *e-mail*.

2.5.4 Applets Java

O servidor *web* envia os *applets* Java junto às páginas solicitadas pelo cliente. Na maioria dos casos, a operação será visível para o visitante do *website*, no entanto, é possível que um *applet* Java execute funções não visíveis (Gille; Birgit; Gille, 2014). O computador cliente executa os programas dentro de seu navegador da *web* ou fora dos limites de um navegador.

O Java é uma plataforma independente, ou seja, ele pode executado em vários computadores diferentes. Essa característica de desenvolver uma vez e implantar em todos os lugares reduz custos, pois é necessário que apenas um programa seja desenvolvido para operar em todos os sistemas. O Java adiciona funcionalidade a aplicativos de negócios e pode manipular transações e uma ampla variedade de ações no computador cliente. Contudo, um detalhe importante a se destacar é que, uma vez que um cavalo de troia seja incorporado ao código Java, este pode danificar seriamente o computador.

Para combater essa ameaça, foi desenvolvido o modelo de segurança Sandbox Java, o qual limita as ações do Java para um conjunto de regras definidas pelo modelo de segurança e que e aplicam a todos os Applets Java não confiáveis.

2.5.5 JavaScript

Apesar de apresentarem nomes similares, o Java Sun e o JavaScript têm apenas base na linguagem de programação do Java Sun. Quando um usuário faz *downloads* de uma página da *web* com código JavaScript incorporado, este é executado no computador do usuário. Assim como outros meios de conteúdo, o *JavaScript* pode ser usado para ataques em computadores dos clientes.

E-commerce: conceitos, implementação e gestão

Ao contrário do Applets Java, o Java Script não opera sob as restrições do modelo de segurança Sandbox. Ele não pode iniciar a execução por conta própria, ou seja, não pode executar um programa JavaScript mal-intencionado.

2.5.6 ActiveX controls

Trata-se de um objeto que contém programas e propriedades que os web designers utilizam em páginas da web para executar tarefas específicas. Componentes ActiveX podem ser construídos usando várias linguagens diferentes de programação, as mais comuns são C ++ e Visual Basic. Ao contrário do código Java ou JavaScript, o ActiveX é executado apenas em computadores com sistemas operacionais Windows®.

O perigo de segurança com os controles ActiveX é que, uma vez baixados, eles são executados como qualquer outro programa em um computador cliente e têm acesso total a todos os recursos do sistema, incluindo o código do sistema operacional.

Um ActiveX mal-intencionado pode reformatar o disco rígido do usuário, renomear ou apagar arquivos, enviar e-mails para todas as pessoas listadas nos endereços do usuário ou simplesmente desligar o computador. A maioria dos navegadores da web pode ser configurado para fornecer um aviso quando um website tenta baixar e instalar um controle ActiveX (ou outro software).

2.5.7 Gráficos e plug-ins

Gráficos, plug-ins e anexos de e-mail podem abrigar conteúdo executável. Alguns formatos de arquivos gráficos foram projetados especificamente para conter instruções sobre como processar esses gráficos. Isso significa que qualquer página da web pode conter um gráfico que pode ser uma ameaça, pois o código incorporado nele poderia causar danos a um computador cliente.

Os plug-ins normalmente são benéficos e executam tarefas de um navegador, como reproduzir clipes de áudio, exibir filmes ou animação gráfica. Plug-ins populares incluem: Adobe Flash Player®, da Macromedia®; o QuickTime Player, da Apple; o Silverlight, da Microsoft®; e o RealPlayer, da RealNetworks.

2.5.8 SPAM

Para os usuários de *e-mails*, o *spam* é um sério problema, mas há vários métodos para limitar seus efeitos. Algumas dessas abordagens exigem o uso de leis e outras requerem alterações técnicas nos sistemas. A seguir, vamos citar algumas abordagens que Schneider (2011) cita para resolver o problema com o *spam*:

TÁTICAS *ANTISPAM* PARA USUÁRIO INDIVIDUAL – Muitas organizações criam endereços de *e-mail* para seus colaboradores combinando elementos do primeiro e último nomes de cada um deles. Ao usar um *e-mail* mais complexo podemos reduzir as chances de esse endereço ser gerado aleatoriamente e, assim, evitarmos *spams*. Uma segunda maneira de reduzi-los é controlar a exposição de um endereço de *e-mail*. Remetentes de *spam* usam *softwares* robôs para pesquisar na internet sequências de caracteres que incluem um personagem (que aparece em cada endereço de *e-mail*). Esses robôs pesquisam em páginas *web*, fóruns de discussão, *chats* e em quaisquer outras fontes *on-line* que podem conter endereços de *e-mail*. Algumas pessoas utilizam vários endereços de *e-mail* para impedir o *spam*. Por exemplo, um endereço para exibição em um *website*, outro para realizar compras e pagar contas. Se um desses endereços começa a receber muito *spam*, o indivíduo pode parar de usá-lo e mudar para outro.

FILTRAGEM DE CONTEÚDO BÁSICO – Todas as soluções de filtragem de conteúdo exigem um *software* que identifica os elementos presentes na entrada de um *e-mail* e indicam se a mensagem é *spam*. Filtros para conteúdos básicos examinam os cabeçalhos dos *e-mails* (as categorias *de, para, assunto*) e procuram por indicações de que a mensagem possa ser *spam*. O *software* que executa a tarefa de filtragem pode ser colocado nos computadores dos usuários individuais (filtragem no nível de cliente) ou em computadores servidores (filtragem no nível de servidor). A maior desvantagem dessa lista negra é que os *spams* alteram os servidores de *e-mail*, o que significa que ela deve ser continuamente atualizada para se manter eficiente. Essa atualização requer que muitas organizações cooperarem e comuniquem informações sobre remetentes de *spam* conhecidos.

E-commerce: conceitos, implementação e gestão

O projeto Spamhaus mantém uma lista de remetentes de *spam* conhecidos, além da lista negra, bem como fornece informações sobre as aplicações da lei. Um filtro de *spam* de lista branca examina endereços e compara-os com uma lista de remetentes conhecidos. A principal desvantagem dessa abordagem é que ela filtra todas as mensagens enviadas por desconhecidos, não apenas *spams*. Portanto, os *e-mails* rejeitados são sempre colocados em uma caixa de "correio em avaliação" em vez de serem excluídos. Para superar as desvantagens, as duas abordagens são utilizadas em conjunto ou com outras para então alcançar um nível aceitável de filtragem sem que a taxa de falsos positivos seja excessiva.

FILTRAGEM DE CONTEÚDO DE "DESAFIO-RESPOSTA" – Compara todas as mensagens recebidas de uma lista branca. A mensagem *desafio* pede ao remetente uma resposta para o *e-mail*, mais conhecida como *captcha* (Figura 2.4).

Figura 2.4 Exemplo de *captcha*

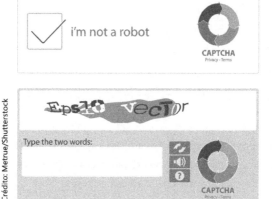

A grande desvantagem para sistemas de desafio-resposta é que eles podem ser corrompidos, possibilitando a um criminoso da *web* enviar milhares de *e-mails* para destinatários que usam esse sistema, duplicando a quantidade de mensagens inúteis no *e-mail*. Se todos fossem utilizar um sistema de desafio-resposta, a capacidade da internet seria desperdiçada por *spams*.

FILTRAGEM AVANÇADA DE CONTEÚDO – Muitos filtros de conteúdo avançados operam procurando por indicadores de *spam* em todas as mensagens de *e-mail*. Um exemplo de filtro avançado de conteúdo baseia-se num ramo da matemática aplicada chamado de *estatística Bayesiana*. O filtro, *naïve Bayesian filter*, não classifica as mensagens; o usuário é que indica quais mensagens são *spam* e as que não são. Dessa forma, o *software* aprende gradualmente (por rever as estimativas de probabilidade de um elemento da mensagem que aparece como *spam*) a identificar mensagens desse tipo. Contudo, para utilizar esses filtros, os usuários precisam ter um conhecimento avançado (e treinamento) de informática.

SOLUÇÕES LEGAIS (LEIS) – Nos Estados Unidos, um processo bem-sucedido poderia custar ao *spammer* (criminoso) uma condenação à prisão e o pagamento de uma grande quantidade de dinheiro para a vítima.

SOLUÇÕES TÉCNICAS – Um exemplo seria a criação de novos protocolos de internet, porém isso é algo que está em avaliação pela comunidade de estudiosos e técnicos ligados às tecnologias *web*.

2.5.9 *E-MAILS* INCONVENIENTES (*E-MAIL DRAWBACKS*)

Apesar de seus muitos benefícios, o *e-mail* tem algumas desvantagens. Uma delas é a quantidade de tempo que os empresários gastam respondendo *e-mails* inconvenientes. Uma segunda desvantagem é o vírus, programa que se liga a outro programa e pode causar danos ao computador.

Quando o programa de *host* é ativado, as mensagens de *e-mail* podem carregar anexos. Embora arquivos anexados geralmente transportem informações úteis, eles podem conter vírus. Contudo, com o uso de um *software* antivírus (com licença paga ou aberta), lidar com as ameaças passa a ser mais fácil.

E-commerce: conceitos, implementação e gestão

2.6 VÍRUS, *WORMS, SOFTWARES* ANTIVÍRUS, *RANSOMWARE (SCAREWARE)*, CAVALOS DE TROIA, *BACKDOOR, BOT, BOTNETS* E CÓDIGOS MALICIOSOS

A maioria dos programas, incluindo programas de *e-mail* do navegador da *web*, exibem anexos que podem ser executados automaticamente em um programa associado. Um arquivo em anexo no formato *Excel*, por exemplo, é lido pelo computador. Embora essa atividade em si não cause danos, as macros do Microsoft® Word e Microsoft® Excel podem conter vírus que, ao serem carregados, podem danificar um computador cliente e revelar informações confidenciais quando esses arquivos são abertos.

Vejamos alguns tipos de ameaças:

Vírus – *Software* que se liga a outro programa e pode causar danos quando o programa hospedeiro é ativado (Schneider, 2011).

Vírus de macro – É codificado como um pequeno programa e incorporado a um arquivo (Schneider, 2011).

Worm – Tipo de vírus que se replica nos computadores e pode se espalhar rapidamente por meio da internet (Schneider, 2011).

Ransomware (*scareware*) – Tipo de *malware* que bloqueia o computador ou os arquivos e impede o usuário de acessá-los (Chen et al. 2012). Muitas vezes, exibe um aviso que diz que autoridades da lei detectaram atividade ilegais no computador do indivíduo e exige que ele pague uma multa, a fim de desbloqueá-lo e evitar processos.

Cavalo de troia (*trojan horse*) – Uma ameaça que parece ser inofensiva, mas, que em seguida, faz algo bem diferente do esperado. O cavalo de troia não é por si só um vírus porque não replica, mas é muitas vezes uma forma de infectar o computador com vírus ou outros códigos maliciosos, tais como *bots* e *rootkits* – um programa cujo objetivo é subverter o controle do sistema operacional do computador (Laudon; Traver, 2014).

Backdoor – É uma característica de vírus, *worms* e cavalos de troia que permite que um atacante acesse remotamente um computador. *Downadup* é um exemplo de um *backdoor*; o *Virut*, um vírus que infecta vários tipos de arquivo, também inclui um *backdoor*, que pode ser usado para baixar e instalar outras ameaças (Stair; Reynolds, 2012).

AGENTES INTELIGENTES OU *SOFTWARES* ROBÔS (*BOTS*) – Programas que coletam ou filtram informações sobre um tópico específico e, em seguida, fornecem uma lista de resultados para o usuário, classificando em uma lista, por exemplo, o menor preço, a disponibilidade e os termos de entrega (Stair; Reynolds, 2012).

BOTNETS – Conjuntos de computadores capturados e utilizados para atividades maliciosas, como o envio de *spam*, a participação em um ataque *Distributed Denial of Service* (DDoS) (Chen et al. 2012), o roubo e o armazenamento de informações e o monitoramento do tráfego da rede para análise posterior. O número de redes de *bots* que operam em todo o mundo não é conhecido, mas estima-se que sejam milhares. *Botnets* de *bots* são uma ameaça para o *e-commerce* porque podem ser usados para lançar ataques em larga escala por meio de diferentes técnicas.

CÓDIGO MALICIOSO (*MALICIOUS CODE*) – Trata-se uma ameaça tanto para o cliente quanto para o servidor. No nível do servidor, o código malicioso pode destruir um *website* por inteiro. Contudo, são muito mais frequentes ataques ao computador cliente, cujos danos podem rapidamente se espalhar para outros computadores conectados à internet (Lai; Liu, 2011; Ahn; Oh; Park, 2015).

O Quadro 2.8 mostra alguns exemplos bem conhecidos de códigos maliciosos.

Quadro 2.8 Exemplos de códigos maliciosos

Nome	Tipo	Descrição
Citadel	Trojan/botnet	Variante do *Zeus Trojan*, rouba as credenciais de autenticação e causa fraudes financeiras. *Botnets Citadel* foram alvos de ação da Microsoft /FBI em 2012.
Zeus	Trojan/botnet	Às vezes é referido como rei de *malware* financeiro. Pode instalar via *download*, assume o controle do navegador da *web* e rouba dados que são trocados com os servidores de banco.

(continua)

(Quadro 2.8 – continuação)

Nome	Tipo	Descrição
Reventon	Ransomware worm/Trojan	Baseado no *Citadel/Zeus*. Bloqueia o computador e na tela surge um aviso da polícia local alegando atividade ilegal no computador. Exige o pagamento de multa para desbloquear.
Ramnit	Vírus/worm	Uma das mais prevalentes famílias de códigos maliciosos ainda ativas em 2013. Infecta vários tipos de arquivo, incluindo os executáveis, e autocopia-se para unidades removíveis, executando via *AutoPlay* quando a unidade é acessada em outros computadores.
Sality.AE	Vírus/worm	Muito comum em 2012, desativa aplicações e serviços de segurança, conecta-se a um *botnet* e, em seguida, baixa e instala ameaças adicionais. Utiliza polimorfismo para evitar a detecção.
Downadup	Worm/backdoor	Desativa o *software* de segurança, copia todas as unidades em um local e se conecta a uma *botnet* P2P para baixar outros *malwares*.
Conficker	Worm	Apareceu pela primeira vez novembro de 2008. Utiliza técnicas de *malware* avançados. A maior infecção foi em 2003, desde o *worm Slammer*. Ainda é considerado uma grande ameaça.
Netsky.P	Worm/Trojan horse	Apareceu pela primeira vez no início de 2003. Ele se espalha por meio da recolha de endereços e destinos dos *e-mails* a partir dos computadores. Então, infecta e envia *e-mails* para todos os destinatários a partir do computador infectado. É comumente usado por redes *bot* para lançar ataques de *spam* aos DoS.
Storm (Peacomm, NuWar)	Worm/Trojan horse	Apareceu pela primeira vez em janeiro de 2007. Ele se espalha de maneira similar ao *worm Netsky.P*. Pode também baixar e executar outros programas (trojan/*worms*).
Nymex	Worm	Descoberto pela primeira vez em janeiro de 2006. São *spreads* de envio em massa, ativam-se no dia 3 de cada mês e tentam destruir certos tipos de arquivos.
Zotob	Worm	Seu primeiro ataque foi em agosto de 2005, quando infectou um grande número de empresas de mídia dos EUA.
Mydoom	Worm	Surgiu pela primeira vez em janeiro de 2004. Um dos mais rápidos na disseminação em massa de *e-mails* com *worms*.
Slammer	Worm	Lançado em janeiro de 2003, causou problemas generalizados.

(Quadro 2.8 – conclusão)

Nome	Tipo	Descrição
CodeRed	Worm	Apareceu em 2001, atingiu uma taxa de infecção de mais de 20.000 sistemas dentro de 10 minutos e, finalmente, se espalhou para centenas e milhares de sistemas.
Melissa	Macro vírus/ worm	Seu surgimento foi em março de 1999. É o programa com maior rapidez de infecção. Ele atacou o *Normal.dot*, modelo global do Microsoft Word, e se disseminou para todos os arquivos recém-criados. Ele também enviou um arquivo do Word infectado para as primeiras 50 entradas em cada usuário do Microsoft Outlook Address Book.
Chernobyl	File-infecting vírus	Apareceu pela primeira vez em 1998. Ele apaga o primeiro *megabyte* de dados em um disco rígido (tornando o resto inútil), e ataca a cada 26 de abril, aniversário do desastre nuclear de *Chernobyl*.

Fonte: Adaptado de Laudon; Traver, 2014, p. 261, tradução nossa.

Além dos códigos maliciosos, o ambiente de segurança do *e-commerce* ainda é assombrado por programas potencialmente indesejáveis, os *Potentially Unwanted Programs* (PUPs), como *adwares*, parasitas *browser*, *spywares* e outras aplicações que se instalam em um computador, como falsos *softwares* de segurança, normalmente sem o consentimento informado do usuário.

Tais programas são cada vez mais encontrados em redes sociais e *websites* de conteúdo gerado pelo usuário, forçando-os a baixá-los. Uma vez instaladas, essas aplicações são geralmente muito difíceis de serem removidas do computador.

O Quadro 2.9 mostra outros conceitos de programas e outros termos que comprometem a segurança do *e-commerce*.

Quadro 2.9 Conceitos de aplicações e termos nocivos para o *e-commerce*

Programa/termos	Conceito
Adware	Normalmente usado em anúncios de *pop-up*, é exibido quando o usuário visita determinados *sites*. Embora inconveniente, não é utilizado para atividades criminosas.
Browser parasite	É um programa que pode monitorar e alterar as configurações do navegador, por exemplo, mudando a página inicial ou o envio de informações sobre os *sites* visitados para um computador remoto. É, muitas vezes, um componente de *adware*.

(continua)

E-commerce: conceitos, implementação e gestão

(Quadro 2.9 – conclusão)

Programa/termos	Conceito
Spyware	Pode ser usado para obter informações de cópias de *e-mails* e mensagens instantâneas e até mesmo tirar *screenshots* (capturando senhas ou outros dados confidenciais).
Phishing	É qualquer tentativa *on-line* e enganosa de obter informações confidenciais para ganho financeiro. Os ataques de *phishing* normalmente não envolvem código mal-intencionado, mas contam com falsas declarações e fraudes, chamadas *técnicas de engenharia social*. Um dos ataques mais populares é o esquema *carta e-mail*.
Sniffing	É um tipo de programa de espionagem que monitora informações que viajam por meio de uma rede. Quando usados legitimamente, podem ajudar a identificar potenciais conflitos em rede, mas, quando usados para fins criminosos, podem ser prejudiciais. São muito difíceis de detectar. O *sniffers* permitem que os *hackers* roubem informações confidenciais de qualquer lugar em uma rede, incluindo senhas, mensagens de *e-mail*, arquivos de empresa e relatórios confidenciais.
Spoofing	Envolve a tentativa de esconder a verdadeira identidade usando *e-mail* ou endereço IP de outra pessoa. O *spoofing* de IP envolve a criação de pacotes TCP/IP que usam endereço IP de origem de outra pessoa, o que indica que os pacotes estão vindo de um *host* confiável. A maioria dos roteadores e *firewalls* atuais podem oferecer proteção contra *spoofing* de IP.
Pharming	Redireciona, automaticamente, o usuário para um *link* diferente do pretendido. Assim, o usuário é direcionado para um *site* em que um *hacker* se beneficia.
Fraude de identidade	Envolve o uso não autorizado de dados pessoais de outra pessoa, como segurança social, carteira de motorista ou números de cartões de crédito e nomes de usuário e senhas, para benefício financeiro ilegal. Os criminosos podem usar esses dados para obter empréstimos, comprar mercadorias ou obter outros serviços.

Fonte: Adaptado de Laudon; Traver, 2014, tradução nossa.

Empresas como a Symantec™ e a McAfee®, por exemplo, mantêm o controle de vírus e vendem *softwares* antivírus, que só são eficazes se os arquivos de dados antivírus forem mantidos atualizados.

2.7 CERTIFICADOS DIGITAIS

Uma forma de controlar ameaças dos conteúdos ativos é a utilização de certificados digitais ou ID, que é um anexo a uma mensagem de *e-mail* ou um programa embutido em uma página da *web* que verifica se o *website* remetente é quem ou o que afirma ser.

O certificado digital é uma mensagem ou código assinado, fornecendo a prova de que o titular é a pessoa identificada pelo certificado. Contudo, assim como um passaporte, um certificado não implica nada sobre a utilidade ou a qualidade do programa baixado.

A ideia por trás dos certificados é que, se o usuário confiar no desenvolvedor do *software*, pode considerá-los confiáveis. Ou seja, é uma garantia de que o *software* foi criado por uma empresa específica. De acordo com Schneider (2011), um certificado digital inclui seis elementos principais:

1. Certificado de informações de identificação do proprietário, como nome, organização e endereço;
2. Chave de criptografia pública do proprietário do certificado;
3. Datas entre as quais o certificado é válido;
4. Número de série do certificado;
5. Nome do emissor do certificado;
6. Assinatura digital do emissor do certificado.

As duas autoridades de certificação (*Certification Authority* – CAs) mais utilizadas são Thawte e Verisign, mas outras empresas, como DigiCert®, Entrust, GeoTrust, Equifax Secure e RapidSSL™, também oferecem serviços de CA.

2.8 ESTEGANOGRAFIA

A esteganografia é um método de ocultação de informações (um comando, por exemplo) dentro de outra informação, o que pode ser utilizado para fins maliciosos. Frequentemente, arquivos de computador contêm informações redundantes ou insignificantes que podem ser substituídas por outras informações, que residem em segundo plano e não são detectáveis por qualquer pessoa sem um *software* de decodificação correta.

E-commerce: conceitos, implementação e gestão

A esteganografia fornece uma maneira de esconder um arquivo criptografado dentro de outro para que o observador não consiga detectar se há algo de importante no arquivo recipiente (Roy; Venkateswaran, 2013; Islam; Islam; Shahrabi, 2015).

2.9 Soluções tecnológicas para a segurança na internet

À primeira vista, pode parecer que não há muito que possa ser feito em relação aos ataques e violações de segurança na internet. Contudo, houve bastante progresso nesse sentido por empresas privadas de segurança, usuários corporativos e domésticos, administradores de rede, empresas de tecnologia e agências governamentais.

Observe, na Figura 2.5, as principais ferramentas atualmente disponíveis para alcançar a segurança em um *website*.

Figura 2.5 Exemplo de ferramentas disponíveis para alcançar a segurança do *website*

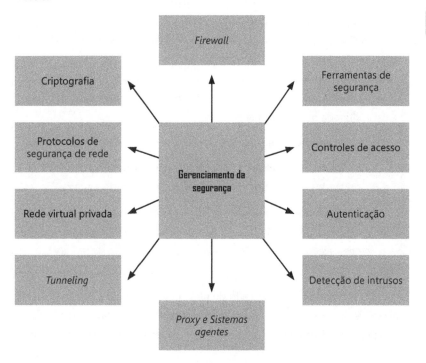

Fonte: Adaptado de Laudon; Traver, 2014, p. 276, tradução nossa.

Como as transações do *e-commerce* fluem por meio da internet pública e, portanto, envolvem milhares de roteadores e servidores, pelos quais os pacotes de transações fluem, especialistas em segurança acreditam que as maiores ameaças à segurança ocorrem no nível das comunicações via internet pública (Laudon; Traver, 2014). O que ocorre nesse caso é muito diferente do que acontece em uma rede privada, em que é estabelecida uma linha de comunicação dedicada entre as duas partes.

Nesse contexto, uma série de ferramentas estão disponíveis para proteger a segurança das comunicações de internet. A seguir, apresentamos alguns exemplos de soluções em tecnologia para proporcionar melhor segurança nas redes.

2.9.1 CRIPTOGRAFIA

A criptografia é o processo de transformação de textos simples ou de dados em texto cifrado, o qual não pode ser lido por qualquer pessoa que não seja um emissor ou receptor (Burdon; Reid; Low, 2010; Naeem et al., 2014). A finalidade de encriptação é assegurar a informação armazenada e proteger a transmissão de informações (Laudon; Traver, 2014).

Assim, a criptografia pode fornecer quatro dimensões-chave de segurança para o *e-commerce* (Laudon; Traver, 2014):

- **Integridade da mensagem** – Garante que a mensagem não seja alterada ou modificada.

- **Não repúdio** – Evita que o usuário negue o envio de uma mensagem.

- **Autenticação** – Proporciona a confirmação da identificação do usuário ou do computador no momento do envio da mensagem.

- **Confidencialidade** – Fornece a preservação da mensagem, ou seja, garante que ela não tenha sido modifcada ou verificada por outras pessoas.

Essa transformação de texto simples em texto cifrado é realizada usando uma chave ou cifra. A chave é qualquer método usado para transformar texto simples em cifrado. Para decifrar essas mensagens, o receptor precisa saber o código secreto que foi usado para criptografar o texto sem formatação. Isso é chamado de *criptografia de chave simétrica* (*symmetric key encryption*), ou *criptografia de chave secreta* (Agrawal, 2012; Ahmad et al., 2015). Ela possibilita ao remetente ou receptor trocar a chave para codificar e alterar a mensagem.

A criptografia de chaves simétricas foi amplamente utilizada durante a Segunda Guerra Mundial e ainda é uma parte de criptografia da internet.

A força da proteção da segurança atual é medida em termos do comprimento da chave usada para criptografar os dados binário (Laudon; Traver, 2014). Por exemplo, a chave de oito *bits* é facilmente decifrada porque existem apenas 28 ou 256 possibilidades. Por esse motivo, sistemas modernos usam sistemas de criptografia digital com chaves de 56, 128, 256 ou 512 dígitos binários – pois, com chaves de criptografia de 512 dígitos, são 2512 possibilidades de verificar.

Já o Padrão de Criptografia dos Dados (*Data Encryption Standard* – DES) foi desenvolvido pela Agência Nacional Segurança dos Estados Unidos (National Security Agency – NSA) e pela IBM, na década de 1950 (Alallayah et al., 2012; Shan et al., 2013). Hoje, o algoritmo de criptografia simétrica mais utilizado é o Padrão de Criptografia Avançado (*Advanced Encryption Standard* – AES) (Abouhogail, 2011; Chaturvedi; Sharma, 2015), que oferece tamanhos de chave de 128, 192 e 256 *bits*.

A AES tinha sido considerada relativamente segura, mas, em agosto de 2011, os pesquisadores da Microsoft® e da Katholieke Universiteit Leuven (Bélgica) anunciaram que haviam descoberto uma maneira de quebrar esse algoritmo. Com esse trabalho, a "margem de segurança" da AES diminuiu (Laudon; Traver, 2014).

Já na criptografia de chave pública (*Public Key Encryption*) há duas chaves digitais matematicamente relacionadas, isto é, uma chave pública e uma chave privada (Rhee; Park; Lee, 2012; Zhang; Chow; Cao, 2015). A chave privada é mantida em segredo pelo proprietário e a pública é amplamente disseminada – ambas podem ser usadas para criptografar e descriptografar a mensagem.

Um uso mais sofisticado de criptografia de chave pública inclui a **autenticação**, o **não repúdio** e a **integridade**. Observe o Quadro 2.10, a seguir.

Quadro 2.10 Criptografia de chave pública com assinaturas digitais

Passos	Descrição
1. O remetente cria uma mensagem original.	A mensagem pode ser qualquer arquivo digital.
2. O remetente aplica uma função *hash*, produzindo um resultado *hash* de 128 *bits*.	A função *hash* cria um único resumo da mensagem com base no conteúdo desta.
3. O remetente criptografa a mensagem usando a chave pública do destinatário e resulta em *hash*.	Esse processo irreversível cria um texto cifrado que pode ser lido somente pelo destinatário usando sua chave privada.
4. O remetente criptografa o resultado, novamente usando sua chave privada.	A chave privada do remetente é uma assinatura digital. Apenas uma pessoa pode criar essa marca digital.
5. O resultado dessa dupla criptografia é enviado por meio da internet.	A mensagem percorre a internet como uma série de pacotes independentes.
6. O receptor usa a chave pública do remetente para autenticar a mensagem.	Apenas uma pessoa pode enviar esta mensagem, ou seja, o remetente.
7. O receptor usa sua chave privada para descriptografar a função *hash* e a mensagem original. Ele verifica se a mensagem original e o resultado da função *hash* estão em conformidade uma com a outra.	A função de *hash* é usada para checar a mensagem original. Isso garante que a mensagem não foi alterada em trânsito.

Fonte: Adaptado de Laudon; Traver, 2014, p. 281, tradução nossa.

No entanto, uma vez que as teclas são usadas para criptografar uma mensagem, a mesma chave pode não ser utilizada para desencriptá-la. Para verificar a integridade de uma mensagem e garantir que esta não foi alterada em trânsito, uma função *hash* é usada para criar um resumo da mensagem. O remetente criptografa o resultado do *hash* e a mensagem original usando a chave pública do destinatário, produzindo um único bloco de texto cifrado.

No entanto, mais um procedimento é utilizado na codificação de chave pública para garantir a fidedignidade da mensagem e asseverar o não repúdio: nesse caso, o remetente criptografa todo o texto cifrado, por uma segunda vez, usando sua chave privada. Isso produz uma assinatura digital (também

E-commerce: conceitos, implementação e gestão

chamada de *e-assinatura* ou *digital signature*) ou um texto cifrado "assinado", que pode ser enviado por meio da internet (Bicakci; Bagci; Tavli, 2012; Huang; Wong; Susilo, 2015).

A criptografia de chave pública é computacionalmente lenta. Assim, uma solução é usar a criptografia simétrica para decriptografar documentos grandes. Essa técnica é chamada de *envelope digital* (*digital envelope*) – ou seja, nesse caso há uma "chave dentro de uma chave".

O relatório criptografado e o envelope digital usam uma técnica que utiliza criptografia simétrica para documentos grandes, mais a criptografia de chave pública para criptografar e enviar a chave simétrica. Esse método economiza tempo, porque a criptografia e a descriptografia são mais rápidas com chaves simétricas.

2.9.2 CERTIFICADOS DIGITAIS E INFRAESTRUTURA DE CHAVE PÚBLICA (PKI)

Os certificados digitais, bem como a infraestrutura de apoio da chave pública, são tentativas para resolver o problema da identidade digital (Kumar et al., 2015).

Um certificado digital é um documento digital emitido por uma instituição confiável de terceiros, conhecido como uma Autoridade de Certificação (CA), que contém o nome do indivíduo ou da empresa, a chave pública do assunto, um número de série do certificado digital, uma data de emissão e de expiração, a assinatura digital da autoridade de certificação e outras informações de identificação.

A *Public Key Infrastructure* (PKI) refere-se às autoridades de certificação e aos seus procedimentos, que são aceitos em todas as partes – assim, quando entramos em um *website* seguro, um ícone de cadeado fechado aparece no *browser*, significando que o *website* possui um certificado digital emitido por uma CA confiável.

Existem várias maneiras pelas quais os certificados são utilizados no comércio. Antes de iniciar uma transação, o cliente pode solicitar o certificado digital assinado do comerciante e decifrá-lo usando a chave pública deste para obter tanto o resumo da mensagem quanto o certificado emitido (Laudon; Traver, 2014). Se o resumo da mensagem corresponder ao certificado, então o comerciante e a chave pública são autenticadas. O comerciante pode, em contrapartida, certificar-se do pedido do utilizador, caso o usuário queira enviar ao comerciante seu certificado individual.

Existem muitos tipos de certificados: pessoais, institucionais, servidor *web*, editor de *softwares*, entre outros. Há extensões, complementos ou *plug-ins* do Firefox, Chrome, Internet Explorer e Safari que permitem ao indivíduo criptografar seu *e-mail*.

2.9.3 Protocolos de segurança de rede: *Secure Sockets Layer* (SSL) e *Transport Layer Security* (TLS)

A forma mais comum de assegurar que os canais de comunicação estejam seguros na internet é por meio dos protocolos *Secure Sockets Layer* (SSL) e *Transport Layer Security* (TLS) (Das; Samdaria, 2014; Turner, 2014).

Uma sessão de negociação do cliente/servidor pode ser considerada segura quando a URL do documento solicitada, juntamente ao conteúdo, aos formulários e aos *cookies* trocados, é criptografada. Por exemplo, nesse caso, o número de cartão de crédito utilizado no formulário de uma transação deve ser criptografado.

Na prática, a maioria dos indivíduos privados não têm um certificado digital, nesse caso, o servidor (comerciante) não vai pedir um certificado, mas o navegador do cliente solicitará o certificado do comerciante a cada sessão segura.

Os protocolos *Secure Sockets Layer* (SSL) e *Transport Layer Security* (TLS) fornecem criptografia dos dados, autenticação do servidor e do cliente (opcional) e integridade da mensagem para conexões TCP/IP. No entanto, uma vez que o comerciante recebe as informações de crédito e ordem criptografadas, estas são normalmente armazenadas em formato não criptografado em servidores do comerciante.

Além disso, os protocolos SSL/TLS não fornecem irrefutabilidade aos consumidores, pois desse modo estes poderiam encomendar bens ou baixar produtos de informação e depois acusar que a transação nunca ocorreu. Recentemente, *websites* de redes sociais, como o Facebook e o Twitter, começaram a usar SSL/TLS para impedir invasão de contas.

E-commerce: conceitos, implementação e gestão

2.9.4 Rede Virtual Privada (*Virtual Private Networks* – VPNs)

A Rede Virtual Privada (*Virtual Private Networks* – VPNs) permite que usuários remotos acessem com segurança a rede local de uma empresa por meio da internet, usando uma *variedade* de protocolos, como o *Point-to-Point Tunneling Protocol* (PPTPs) (Robert et al., 2012; Diarrassouba et al., 2013; Elezi; Raufi, 2015). A autenticação impede a falsificação e a deturpação de identidades. Um usuário remoto pode se conectar a uma rede privada remota local usando um *Internet Service Provider* (ISP) local. Nesse caso, os protocolos VPN estabelecerão a ligação por meio do cliente para a rede corporativa, como se o usuário estivesse diretamente na rede corporativa.

O processo de conexão de um protocolo por meio de outro IP é chamado de *tunelamento* (ou *tunnelling*), porque a VPN cria uma conexão privada pela adição de uma "capa" invisível em torno de uma mensagem para ocultar seu conteúdo (Laudon; Traver, 2014). Como a mensagem viaja por meio da internet, entre o ISP e a rede corporativa, ela é protegida de olhares indiscretos por uma capa criptografada.

Portanto, o principal uso das VPNs é estabelecer comunicações seguras entre parceiros e fornecedores ou clientes e colaboradores que trabalham remotamente, pois usar a internet e a VPN como método de conexão reduz de forma significativa o custo das comunicações seguras.

2.9.5 Rede sem fio (*Wi-Fi*)

O acesso à internet por meio de uma rede sem fio (*wi-fi*) apresenta seus próprios problemas de segurança, pois essas redes usavam um padrão de segurança para criptografar informações, chamado de *wired equivalent privacy* (WEP), que se mostra muito fraco e fácil para o ataque dos *hackers* (Vanitha; Selvakumar; Subha, 2013).

Um novo padrão *wi-fi*, o *protected access* (WPA), foi desenvolvido e proporciona maior nível de proteção, mas também já se tornou vulnerável às invasões. Hoje em dia, a norma atual é o WPA2, que utiliza o algoritmo *advanced encryption standard* (AES) para criptografia e o *Counter Mode CBC-MAC Protocol* (CCMP), protocolo de código de autenticação mais avançado (Kathing; Bhattacharjee; Rajkumari, 2013).

2.9.6 FIREWALLS

Um *firewall* é um *software*, ou uma combinação de *hardware* e *software*, que é instalado em uma rede para controlar o tráfego dos pacotes que se movem nela. A maioria das organizações coloca-o no ponto de entrada das suas redes (Trabelsi et al., 2013; He et al., 2014; Jarraya et al., 2015) .

O *firewall* fornece uma defesa entre a rede e a internet ou entre uma rede e qualquer outra que poderia representar uma ameaça. Toda mensagem que é enviada ou recebida por meio da rede é processada pelo *firewall*, que determina se a mensagem cumpre as normas de segurança estabelecidas pela empresa.

Organizações que têm vários *websites* devem instalar um *firewall* em cada local, além disso, toda a organização deve seguir a mesma política de segurança, pois, sem uma política consistente, um acesso indesejado por meio de uma brecha no *firewall* pode expor os ativos de informação de toda a organização.

Firewalls podem filtrar o tráfego com base em atributos do pacote, como endereço de origem, porta de destino do IP, tipo de serviço (como *www* ou *http*), nome do domínio de origem e muitas outras dimensões (Laudon; Traver, 2014).

A maioria dos *firewalls* de *hardwares*, que protegem redes locais ligadas à internet, têm configurações-padrão que exigem pouca ou nenhuma intervenção do administrador e empregam regras simples, mas eficazes, pois só permitem conexões por meio dos servidores que foram solicitados os serviços.

Firewalls são classificados nas seguintes categorias: filtro de pacotes (*packet filter*), servidor *gateway* (*gateway server*) e servidor *proxy* (*proxy server*) (Schneider, 2011).

A filtragem de pacotes examina todos os dados que fluem entre a rede de confiança e a internet, a origem dos endereços, as portas de pacotes de entrada/destino; além disso, nega ou permite a entrada para os pacotes com base em um conjunto de regras pré-programadas.

Servidores *gateway* são *firewalls* que filtram o tráfego com base na aplicação solicitada e limitam o acesso a aplicações específicas, como Telnet, FTP e HTTP (Melkonyan et al., 2014). Um *firewall* de *gateway* fornece um ponto central em que todas as solicitações podem ser classificadas, registradas e analisadas posteriormente.

E-commerce: conceitos, implementação e gestão

Firewalls de servidor *proxy* comunicam-se com a internet por meio de uma rede privada. Quando um navegador está configurado para usar esse tipo de *firewall*, passa a solicitação do navegador para a internet (logo, o *firewall* envia de volta uma resposta) e o servidor *proxy* retransmite a resposta de volta para o navegador. Também são usados para servir como um grande *cache* para páginas da *web*.

2.9.7 SERVIDOR *PROXY*

Servidores *proxy* (*proxies*) são servidores de *software* que lidam com todas as comunicações provenientes da internet de clientes locais, atuando como um "porta-voz" ou "guarda-costas" para a organização. *Proxies* atuam principalmente para limitar o acesso de clientes internos a servidores externos da internet, apesar de alguns agirem como *firewalls*.

Esses sistemas são às vezes chamados de *dual*, porque têm duas interfaces de rede. Em computadores internos, o servidor *proxy* é conhecido como *gateway*, e em computadores externos é conhecido como *servidor de e-mail* ou *endereço numérico* (Laudon; Traver, 2014).

A solicitação de uma página da *web*, feita em uma rede interna, será roteada primeiro para o servidor *proxy*, que valida o usuário e a natureza do pedido e, em seguida, envia a solicitação para a internet. Uma página da *web*, enviada por um servidor de internet externo, primeiro passa para o servidor *proxy*. Se for aceitável, a página da *web* passa para a rede interna do servidor e, em seguida, para a área de trabalho do cliente.

Ao proibir os usuários de se comunicarem diretamente com a internet, as empresas podem restringir o acesso a certos tipos de *websites*, como pornográficos, de leilões ou de negociação de ações.

Servidores *proxy* também melhoram o desempenho da *web*, pois armazenam páginas frequentemente solicitadas localmente, reduzem os tempos de carregamento e escondem o endereço da rede interna, tornando assim mais difícil para os *hackers* monitorar.

2.9.8 Sistemas de prevenção e detecção de intrusos

Além de um servidor *proxy* e de *firewall*, pode ser instalado um sistema de prevenção ou de detecção de intrusão (*Intrusion Detection System* – IDS), que examina o tráfego de rede, observando o que combina com certos padrões ou regras pré-configuradas ou com o indicativo de um ataque. Se detectar atividades suspeitas, os IDS irão disparar um alarme, alertando os administradores e o evento de *log* em um banco de dados. Essa ferramenta é útil para detectar a atividade maliciosa que um *firewall* possa perder (Bul'ajoul; James; Pannu, 2015; Singh; Kumar; Singla, 2015).

Um sistema de prevenção de intrusos (*Intrusion Prevention System* – IPS) tem toda a funcionalidade de um IDS, mas com a capacidade adicional de tomar medidas para prevenir e bloquear atividades suspeitas. Por exemplo, um IPS pode encerrar uma sessão e redefinir uma conexão, bloquear o tráfego de um IP suspeito ou reconfigurar os controles de segurança de um *firewall* ou roteador.

2.10 *E-marketing*

Com o desenvolvimento e a difusão da internet, as TICs têm um impacto significativo em muitas áreas. Para as empresas que criaram novos canais de comunicação em um novo mercado e em um *marketspace*, há muitas novas oportunidades a serem construídas. Por vezes, essas inovações tecnológicas abalaram as teorias tradicionais do *marketing* e forneceram uma base para a origem *do e-marketing*.

O *e-marketing* está focado em como uma empresa e suas marcas usam a *web* e outros meios digitais, como *e-mail* e mídia móvel, para interagir com seu público e alcançar seus objetivos de *marketing*.

A Figura 2.6 mostra que existem três principais processos operacionais envolvidos em *e-marketing*.

E-commerce: conceitos, implementação e gestão

Figura 2.6 Atividades de *e-marketing* que requerem gerenciamento para o *e-commerce*

	Aquisição	Conversão/desenvolvimento de proposição	Retenção e crescimento
PROCESSOS OPERACIONAIS	Otimização dos motores de busca	Proposição de desenvolvimento	Proposição de desenvolvimento
	Pesquisa *pay per click*	Criação de conteúdo	Saída da comunicação
	Parcerias/afiliados	Gestão de conteúdo	*E-mail* de *marketing*
	Anúncios *on-line*/ patrocínio	*Merchandising*	Gestão de clientes
	E-mail de *marketing*	Usabilidade do *site*	Definição das estratégias
	Presença *on-line*	Projeto e desenvolvimento	Programas de fidelidade
	Campanhas *off-line*	Serviço ao cliente	Personalização

PROCESSOS DE APOIO

Melhoria do desempenho, incluindo gestão da informação, análise da *web* e do cliente

Diretrizes de projeto e procedimentos operacionais

Infraestrutura técnica, incluindo o gerenciamento do nível de serviço

GERENCIAMENTOS DOS PROCESSOS	Estratégia e planejamento	Gestão de relacionamentos
	Criando a visão Avaliando a inovação tecnológica	Interface com a gerência sênior
	Análise de mercado e análise comparativa do concorrente	Interface com *marketing* e comunicações corporativas
	Modelagem e análise financeira	Interface com TI
	Definir e gerenciar multicanais e informações sobre os clientes	Desenvolvimento pessoal, educação e retenção
	Planejamento anual e orçamentação	Gestão de relações externas Seleção e gestão de fornecedores
	Projeto de TI, planejamento e gestão de campanhas	Gerenciamento das melhorias e mudanças

Fonte: Adaptado de Chaffey, 2009, p. 412, tradução nossa.

De forma sucinta, esses processos são:

- **Aquisição de clientes** – Atrair visitantes para o *website* a fim de promover uma marca por meio de motores de busca ou publicidade em outros *websites*.

- **Conversão de cliente** – Envolver os visitantes do *website* para atingir os resultados que o gestor deseja, como conduzir as vendas ou a navegação de outros conteúdos, criando uma experiência satisfatória ao cliente.

- **Retenção de clientes e crescimento** – Incentivar o uso de repetição de canais digitais para *websites* transacionais, repetindo as vendas.

A estratégia do *e-marketing* será, naturalmente, informada pelos objetivos amplos da estratégia de *marketing* do negócio e do *e-business* para garantir que seja compatível com os objetivos da organização. Normalmente, há uma hierarquia no plano de negócios de uma organização, que informa o plano de *marketing* para um mercado específico com diferentes produtos.

Costuma haver também um plano de comunicação separado que detalha as campanhas de *marketing* que precisam ser executadas, sendo necessário para além de uma estratégia do *e-business*, a fim de detalhar como os objetivos específicos de estratégias de *sell-side* do *e-business* serão alcançados por meio de atividades do *marketing*, como comunicações e pesquisa de mercado.

Como o plano de *e-marketing* se fundamenta nos objetivos da estratégia do *e-business* ou dos negócios, há uma sobreposição entre os elementos de cada abordagem, particularmente para a análise do ambiente, a definição de objetivos e a análise estratégica.

Chaffey (2009) cita as etapas e define um plano de *e-marketing*:

1. Situação – Onde estamos agora?
2. Objetivos – Onde queremos chegar?
3. Estratégia – Como vamos chegar lá?
4. Táticas – Exatamente como chegaremos lá?
5. Ação – Qual é o nosso plano?
6. Controle – Chegamos lá?

Na sequência, apresentamos o exemplo de um típico plano de *e-marketing*.

EXEMPLO DE PLANO DE *E-MARKETING*

1. **Análise da situação**

   - **Auditorias internas**

     ○ Auditoria atual de *marketing* na internet (*business, marketing* e eficácia do *marketing* na internet).

     ○ Características e composição da audiência.

     ○ Alcance do *website*, contribuição para vendas e rentabilidade.

     ○ Adequação dos recursos para fornecer serviços *on-line* perante a concorrência.

   - **Auditorias internas**

     ○ Ambiente macroeconômico.

     ○ Microambiente: novas estruturas de mercado, previsão de atividades do cliente.

     ○ Competição: ameaças de rivais existentes, novos serviços, novas empresas e intermediários.

- **Avaliar oportunidades e ameaças (análise SWOT ou Análise Fofa – forças, oportunidades, fraquezas e ameaças)**
  - Mercado e posicionamento do produto.
  - Métodos de criação de valor digital e declaração detalhada da proposta de valor do cliente.
  - Posicionamento do mercado de comprador, vendedor e *marketplaces* neutros.
  - Âmbito das funções de *marketing*.

2. Declaração dos objetivos

- Objetivos corporativos do *e-marketing* (declaração de missão).
- Detalhar objetivos: benefícios tangíveis e intangíveis, fatores críticos de sucesso.
- Contribuição do *e-marketing* para atividades promocionais e de vendas.
- Proposição de valor *on-line*.

3. Definição das estratégias

- Investimento e compromisso com canais *on-line*.
- Mercado e posicionamento do produto: objetivos para aumentar o alcance, novos produtos digitais e novos modelos de negócios e receitas.
- Estratégias de mercado-alvo: declaração de segmentos priorizados, novos segmentos, proposta de valor *on-line* e vantagem diferencial.
- Estratégia de gestão de mudança

E-commerce: conceitos, implementação e gestão

4. Táticas

- Produto: criar novo núcleo e de valor estendido para os clientes, opções para a migração de marca *on-line*.

- Promoção: especifica o equilíbrio dos métodos de promoção *on-line* e *off-line*. Papel do CRM.

- Preço: descontando as vendas *on-line*, novas opções de preços, por exemplo, leilões.

- Praça: desintermediação e reintermediação, vendedor, comprador ou vendas neutras.

- Pessoas, processos e evidência física: prestação de serviços *on-line* por meio do apoio e das características do *website*.

5. Ações

- Especificar:
  - tarefas.
  - recursos.
  - parcerias e terceirização.
  - orçamento, incluindo os custos de desenvolvimento, promoção e manutenção.
  - escala de tempo.
  - equipe de colaboradores.

- Implementação:
  - As principais tarefas de desenvolvimento: análise das necessidades empresariais e de audiências, planejamento baseado em cenário, desenvolvimento de conteúdo, integração de bases de dados, migração de dados, teste e mudança.
  - Projeto e gerenciamento de mudanças.
  - Organização e responsabilidades da equipe.
  - Avaliação de riscos (identificar medidas para combater os riscos).
  - Questões legais.
  - Processo de desenvolvimento e manutenção.

6. Controle

- Identificar um processo de medição e métricas.
- Contribuição nos negócios (canal de rentabilidade – receitas, custos, retorno sobre o investimento).
- A eficácia do *marketing* (resultados, *leads*, vendas, taxa de conversão, satisfação).
- A eficácia do *e-marketing* (comportamento do canal – impressões de página, visitantes, visitas, taxas de conversão de repetição).

Fonte: Adaptado de Chaffey, 2009, p. 469-470, tradução nossa.

A medição da eficácia do *e-marketing* é parte integrante do processo de estratégia, a fim de avaliar se os objetivos foram alcançados. O circuito é fechado mediante a análise das métricas do *web analytics* e dos dados coletados como parte do estágio de controle para melhorar continuamente o *e-marketing* por meio do *website* e das comunicações associadas ao *marketing*.

Se houver um recurso específico às atividades de *marketing*, por exemplo, um gerente de *e-marketing* ou do *e-commerce*, este será responsável pelo plano de *marketing*.

No entanto, quando nenhuma responsabilidade é identificada para o *e-marketing*, o que é, muitas vezes, o caso das pequenas e médias empresas, é possível que nenhum plano de *e-marketing* seja desesenvolvido. Isso geralmente ocorre quando os gerentes de *marketing* têm recursos limitados ou outras prioridades e quando não há o reconhecimento de que desenvolver um plano de *e-marketing* separadamente é algo valioso.

No entanto, os gerentes responsáveis por um investimento substancial em um *website* e em comunicações do *e-marketing* desejarão, naturalmente, garantir que a quantidade correta de dinheiro seja investida de forma eficaz nessa área.

Para as organizações de menor porte, o plano do *e-marketing* não precisa ser exaustivo – aproximadamente um resumo de duas páginas definindo os objetivos e traçando as estratégias pode ser suficiente. O importante é definir objetivos e estratégias de forma clara, mostrando como a presença digital pode contribuir para o processo de vendas e de *marketing*. Iniciativas específicas que

E-commerce: conceitos, implementação e gestão

são necessárias (como o envio de *e-mails* de *marketing* ou o *redesign* do *website*) podem ser detalhadas.

Portanto, para que o *e-marketing* tenha êxito no ambiente da internet, alguns fatores críticos são imprescindíveis: informações ricas e essenciais devem ser apresentadas; o *website* deve ser projetado para que os clientes possam acessar informações facilmente; o *design* do *website* deve passar confiança para que seu conteúdo possa efetivamente atrair clientes e convencê-los a realizar compras.

Assim, o *e-marketing* tem o potencial de criar valor por meio do fornecimento de uma estreita ligação com os processos de negócios de uma empresa, permitindo que os colaboradores melhorem seu foco no cliente e sincronizando as atividades e informações em toda a organização.

Essas valiosas informações, trazidas de fora, podem ser integradas com outros registros de clientes para melhorar a produtividade global das vendas e a eficiência organizacional. Além disso, elas podem ser usadas pelos gestores que procuram entender melhor as necessidades de seus clientes.

2.11 E-SUPPLY CHAINS

Para entender as *e-supply chains* (e-cadeias de abastecimento), primeiramente é necessário compreender as cadeias de abastecimento não eletrônicas. Uma *supply chain* se caracteriza pelo **fluxo de diversos recursos**, como materiais, informações, serviços, matérias-primas, por meio de fábricas e armazéns, tendo como destino os clientes finais. O termo *supply chain* vem do conceito de como as organizações, em forma de parcerias, estão ligadas entre si (Venkatesh, 2013).

Apesar da ampla utilização do conceito, não há uma definição universal para *supply chain*. Na realidade, seu conceito depende da postura competitiva da maioria das empresas com relação ao gerenciamento da rede de entregas. Esse é o principal fator que está ligado à produção e à logística de distribuição desses bens finais (Friesz, 2011). Assim, a **viabilidade** e a **sustentabilidade** financeira dependem de uma rede integrada dos meios de abastecimento, fatores de produção, estoque e distribuição dos produtos acabados.

Em outras palavras, podemos dizer que uma *supply chain* é uma rede formada por agentes autônomos ou semiautônomos, coletivamente responsáveis por atividades de aquisição, fabricação e distribuição, associados a um ou mais conjuntos de saídas relacionadas (Friesz, 2011). Como tal, uma rede de *supply chain* é o sistema real com a finalidade de mover um produto ou serviço do fornecedor para o cliente. Esse sistema normalmente se fundamenta em organizações interdependentes de recursos humanos, espaço físico, equipamentos e tecnologia da informação, bem como em uma estrutura de controle. A Figura 2.7 mostra o exemplo de uma *supply chain*.

Figura 2.7 Exemplo de *supply chain*

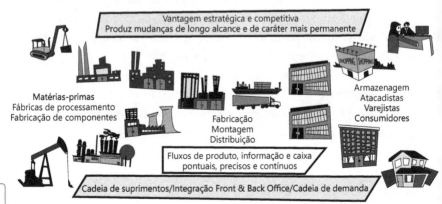

As atividades da *supply chain* são determinantes para a transformação dos recursos naturais, das matérias-primas e dos componentes em produtos acabados prontos para entrega (usuários finais) (Swaminathan; Smith; Sadeh, 1998). Em outras palavras, ainda que as atividades aconteçam durante todo o ciclo de vida do produto, a *supply chain* é mais do que isso, porque inclui também a circulação das informações e do dinheiro e os procedimentos que suportam o movimento de um produto ou serviço. Ou seja, se todos os membros da cadeia compartilharem informações dinâmicas sobre os níveis de estoque, horários, previsões e embarques, terão um conhecimento mais preciso sobre como ajustar os planos de fornecimento, fabricação e distribuição. Em outras palavras, isso ajuda os membros a tomarem melhores decisões de compra e de agendamento e terá um efeito positivo sobre o nível de rendibilidade de toda a rede de abastecimento.

A seguir, você verá como as empresas podem se beneficiar com os SI.

Como os sistemas de informação ajudam na gestão da cadeia de abastecimento das empresas:

- Ajudam a decidir quando e o que produzir, armazenar e movimentar estoques.
- Comunicam rapidamente os pedidos.
- Acompanham o *status* dos pedidos.
- Verificam a disponibilidade e o monitoramento do nível de estoque.
- Reduzem o estoque, transporte e os custos de armazenagem.
- Rastreiam remessas.
- Plano de produção com base na demanda real do cliente.
- Comunicam rapidamente as alterações no *design* do produto.

Fonte: Laudon; Laudon; Elragal, 2013, p. 313, tradução nossa.

Entre tantos elementos que afetam esse tipo de cadeia, podemos destacar a competição intensa, a globalização, o mercado e a demanda, o meio ambiente, a cultura e as regras governamentais, a informação e a comunicação.

Por fim, é importante observar que as organizações e os indivíduos envolvidos são partes dessa cadeia – que termina quando o produto atinge o seu descarte ou a reciclagem.

De acordo com Turban et al. (2008), uma *supply chain* pode ser dividida em três partes:

Interna – Inclui todos os processos internos utilizados na transformação das entradas até quando os produtos vão para a distribuição, fora da organização. Nessa parte da cadeia, as principais preocupações são a gestão da produção, a fabricação e o controle de estoque.

Montante – Inclui as atividades de uma empresa com seus fornecedores (que podem ser fabricantes, montadores ou ambos, prestadores de serviços) e as ligações com seus fornecedores de segundo nível. O relacionamento com o fornecedor pode ser estendido em vários níveis (terceiro nível, quarto nível etc.), durante todo o caminho da origem do material. As principais atividades da montante são as aquisições, que são processos realizados por uma série de atividades pelas quais uma organização obtém ganhos ou acesso aos recursos (materiais, habilidades, capacidades, instalações) de que necessita para realizar suas principais atividades.

Jusante – Inclui todas as atividades envolvidas na entrega dos produtos para os clientes finais; nesse aspecto, a atenção é dirigida à distribuição, à armazenagem, ao transporte e ao serviço pós-venda.

A *supply chain* da empresa e sua cadeia de valor (como você pode observar na Figura 2.8) abrangem uma variedade de processos de negócios que criam valor mediante a entrega de bens ou serviços aos clientes. As atividades primárias estão relacionadas com a transferência dos *inputs* e com a interface de clientes, diretamente ligadas à manufatura e à distribuição dos produtos. Já as atividades de suporte, necessárias para que as primárias possam ser conduzidas, ajudam nas rotinas diárias da empresa e contribuem indiretamente para os produtos ou serviços.

Figura 2.8 Exemplo – Cadeia de valor de Porter

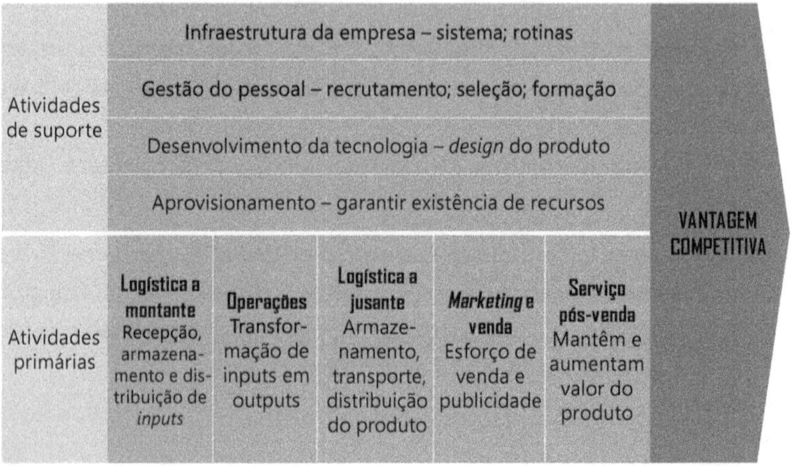

Fonte: Adaptado de The Business Zoom, 2015.

E-commerce: conceitos, implementação e gestão

A análise da cadeia de valor é a desagregação das atividades organizacionais de relevância estratégica, de forma que seja possível compreender o comportamento dos custos, suas fontes e os potenciais de diferenciação da organização (Oliveira; Batista, 2003; Scarfe, 2011; Boland; Duszak Jr., 2015). A organização pode obter vantagem competitiva ao executar as atividades estratégicas com o menor custo, ou com melhor qualidade, que os concorrentes.

Indiscutivelmente, o modelo mais utilizado para a compreensão de vantagem competitiva é o **modelo de forças competitivas** de Porter (2004), o qual fornece uma visão geral da empresa, seus concorrentes e seu ambiente. Observe a figura a seguir.

Figura 2.9 Forças competitivas do modelo de Porter (2004)

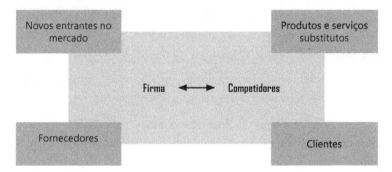

Fonte: Adaptado de Laudon; Laudon, 2012, p. 95, tradução nossa.

Sucintamente, apresentamos o significado de cada força (Laudon; Laudon, 2012):

COMPETIDORES TRADICIONAIS – Todas as empresas que compartilham o espaço de mercado com outros concorrentes estão continuamente desenvolvendo novas maneiras e formas mais eficientes de produzir por meio da introdução de novos produtos e serviços.

NOVOS ENTRANTES NO MERCADO – Em uma economia livre, com o trabalho móvel e os recursos financeiros, novas empresas estão sempre entrando no mercado. Em alguns setores, há baixas barreiras à entrada e, em outros, a entrada é muito difícil. Novas empresas têm várias vantagens possíveis: não estão "presas" a instalações e equipamentos antigos; costumam contratar trabalhadores mais jovens, que são menos caros e talvez mais inovadores; não estão sobrecarregados por nomes de marcas desgastadas; e estão mais motivadas do que as ocupantes tradicionais de uma indústria. Contudo, essas vantagens são também sua fraqueza: essas novas empresas dependem de financiamento externo para suas novas instalações e equipamentos, que podem ser caros; têm uma força de trabalho menos experiente; e sua marca têm pouco reconhecimento.

PRODUTOS E SERVIÇOS SUBSTITUTOS – Na maioria dos setores, existem substitutos, os quais os consumidores podem utilizar quando os preços dos "originais" se tornam exageradamente elevados.

CLIENTES – Uma empresa rentável depende em grande parte da sua capacidade de atrair e reter clientes. Os clientes exigem mais qualidade por um menor preço de bens e serviços, forçando os preços para baixo e jogando, dessa forma, os concorrentes uns contra os outros.

FORNECEDORES – Seu poder de mercado pode manifestar um choque considerável sobre os lucros, principalmente quando a empresa não consegue elevar os preços tão rapidamente quanto os fornecedores.

Por meio da internet, as forças competitivas tradicionais ainda estão em evolução, mas a rivalidade competitiva se tornou muito mais intensa. A tecnologia de internet é fundamentada em padrões universais e qualquer empresa pode utilizá-la, tornando mais fácil para os rivais competir em preço e para novos concorrentes entrarem no mercado. Dessa forma, a internet pode influenciar o poder de barganha dos clientes, pois a informação é disponibilizada para todos. O Quadro 2.11 resume alguns dos impactos da internet sobre as empresas na visão de Porter (2004).

Quadro 2.11 Impacto da internet sobre as forças competitivas e a estrutura da indústria

Força competitiva	Impacto da internet
Produtos e serviços substitutos	Permite que novos substitutos surjam com novas abordagens para atender necessidades e desempenhar novas funções.
Poder de barganha dos clientes	A disponibilidade global de informações sobre produto e preço desloca o poder de barganha para os clientes.

(continua)

E-commerce: conceitos, implementação e gestão

(Quadro 2.11 – conclusão)

Força competitiva	Impacto da internet
Poder de barganha dos fornecedores	Compras pela internet elevam o poder de barganha sobre os fornecedores, e estes também podem se beneficiar de reduzidas barreiras à entrada e de eliminação de distribuidores e outros intermediários entre eles e seus usuários.
Barreiras aos novos entrantes	A internet reduz as barreiras de entrada, como a necessidade de uma força de vendas e o acesso a canais. Ela fornece uma tecnologia para a condução de processos de negócios que facilita outras demais atividades.
Posicionamento e rivalidade entre concorrentes existentes	Amplia o mercado geográfico, aumentando o número de concorrentes e reduzindo as diferenças entre concorrentes existentes; torna mais difícil de sustentar vantagens operacionais; coloca pressão para competir em preço.

Fonte: Laudon; Laudon, 2012, p. 101, tradução nossa.

Ao abordarmos o tema *supply chain*, um aspecto importante deve ser mencionado: seu gerenciamento (*Supply Chain Management* – SCM) – um processo complexo que requer a coordenação de muitas atividades para que o transporte de mercadorias e serviços dos fornecedores até os clientes seja feito de forma eficiente e eficaz para todas as partes envolvidas.

O SCM visa minimizar os níveis de estoque, otimizar a produção, aumentar a produtividade, otimizar a logística e a distribuição, agilizar o atendimento de pedidos e, em geral, reduzir os custos associados a essas atividades.

O gerenciamento da SCM pode ser difícil devido à necessidade de coordenar vários parceiros de negócios, que, na maioria das vezes, têm base em diferentes países e funcionam em fusos horários variados, tendo muitos departamentos corporativos internos, numerosos processos de negócio e, possivelmente, muitos clientes (Turban et al., 2008; Kumar; Singh; Shankar, 2015; Wang et al., 2015).

Além disso, indústrias nas quais um grande número de bens fluem rapidamente ao longo da *supply chain* são complexas. Assim, conceitos e métodos para gestão dos negócios têm foco na otimização das atividades internas da organização, como o *flexible manufacturing systems* (FMS), o *material requirement planning* (MRP I) e o *manufacturing resource planning* (MRP II). Contudo, esses métodos demonstraram, no decorrer do tempo, que são limitantes para a melhoria de determinados negócios.

Nos mercados globais competitivos de hoje, as empresas, para se destacarem no mercado, têm de dominar algumas questões, problemas e possibilidades na SCM. Dessa forma, é aconselhável usar novas ferramentas tecnológicas e quantitativas ao elaborar uma abordagem integrada (com uma visão holística) para o gerenciamento do negócio como um todo, incluindo compras, estoques, produção, logística, distribuição e vendas.

Usar um compartilhamento de informações eficaz e o controle de estoques para agilizar as operações e coordenar as atividades em toda a *supply chain* é a base para enfrentar os desafios da concorrência global.

2.12 Sistemas empresariais e seus inter-relacionamentos

Sistemas empresariais que processam transações diárias têm evoluído ao longo dos anos e oferecem soluções importantes para as empresas de todos os tamanhos. Os sistemas tradicionais de processamento de transação ainda estão sendo usados, porém, cada vez mais, as empresas estão se voltando para os sistemas de planejamento de recursos empresariais.

Desde os anos de 1950, os computadores têm sido usados para executar aplicativos de negócios comuns. Muitos desses primeiros sistemas foram projetados para reduzir custos por meio da automação de transações comerciais rotineiras de trabalho intensivo. Uma transação é qualquer troca ligada às empresas, tais como os pagamentos dos colaboradores, as vendas aos clientes ou os pagamentos a fornecedores (Al-Gahtani, 2011; Zhang; Bian; Zhu, 2013).

O processamento de transações comerciais foi o primeiro aplicativo de computador desenvolvido para a maioria das organizações. Um sistema de processamento de transações (ou *Transaction Processing System* – TPS) é um conjunto organizado de pessoas, procedimentos, *softwares*, bases de dados e dispositivos utilizados para realizar transações comerciais e registro (Stair; Reynolds, 2012). O TPS também facilita entender melhor as operações de negócios e suas funções básicas.

Um dos primeiros sistemas de negócios para a informatização foi o **sistema de pagamento**. As entradas principais para um TPS de folha de pagamento são o número de horas que os colaboradores trabalharam durante a semana e a taxa de pagamento. A saída primária consiste em contracheques. Outras aplicações

E-commerce: conceitos, implementação e gestão

de rotinas incluem a ordenação de vendas, o faturamento do cliente, a gestão de relacionamento com o cliente e o controle de estoque.

Sistemas corporativos ajudam as organizações a realizar e a integrar tarefas importantes, como o pagamento de colaboradores e fornecedores, o controle de estoque, o envio de faturas e os pedidos de suprimentos. No passado, as empresas realizavam essas tarefas usando os TPS tradicionais. Hoje, estão cada vez mais executando sistemas de planejamento de recursos empresariais (Stair; Reynolds, 2012).

2.12.1 ENTERPRISE RESOURCE PLANNING SYSTEM (ERP)

O *enterprise resource planning system* (ERP) é essencial para uma organização, pois facilita o compartilhamento das informações em todos os níveis e serve para todas as funções do negócio.

Sistemas corporativos empregam um banco de dados dos principais dados operacionais e do planejamento, informações que podem ser compartilhadas por todos. Isso elimina os problemas da falta de consistência de informações ou aqueles causados por vários sistemas de transação que suportam apenas uma função ou um departamento na organização.

Exemplos de sistemas empresariais incluem aqueles que oferecem suporte aos processos de *supply chain*, como processamento de pedidos, gerenciamento de compras e sistema de gestão de relacionamento com os clientes (CRM), os quais dão suporte a vendas, ao *marketing* e aos processos relacionados com o serviço ao cliente.

Sistemas *Enterprise Resource Planning* (ERP) – ou sistemas de gestão empresarial – evoluíram do *manufacturing resource planning* (MRP) – ou planejamento dos recursos de manufatura –, que une o planejamento da produção, o controle de estoque e a compra de materiais para as organizações de manufatura (Matende; Ogao, 2013; Dalveren, 2014; Babaei; Gholami; Altafi, 2015).

Muitas organizações reconheceram que seus TPS apresentavam gargalos quanto à integração necessária para coordenar atividades e compartilhar informações valiosas em todas as funções da organização. Como resultado, os custos foram superiores ao planejado, além de proporcionarem serviços abaixo da expectativa dos clientes.

Os sistemas ERP são fundamentados em um conjunto de recursos empresariais integrados em módulos de *software* e funcionam como um banco de dados central, o qual coleta dados de diferentes setores de uma empresa e de um grande número de processos-chave do negócio (como produção; finanças e contabilidade; vendas e *marketing*; e recursos humanos), disponibilizando-os para aplicativos que oferecem suporte a quase todas as atividades internas da organização. Quando novas informações são inseridas, ficam imediatamente disponíveis para outros processos de negócios.

Figura 2.10 Como os sistemas empresariais trabalham

Fonte: Adaptado de Laudon; Laudon; Elragal, 2013, p. 306, tradução nossa.

O ERP é construído com base em milhares de processos de negócios predefinidos que refletem quais são as melhores práticas a adotar. Os módulos do *software* permitem a integração desses processos. Vamos agora descrever, de acordo com Laudon, Laudon e Elragal (2013), alguns dos principais processos de negócios que recebem suporte do *software*:

Processos financeiros e contábeis – Servem para apoiar a organização na lida com transações de contabilidade financeira e gerencial. Incluem: contas a pagar e a receber, ativos fixos, gerenciamento de caixa e previsão, custos dos produtos e serviços, centro de custos, ativos, contabilidade fiscal, gestão de crédito e relatórios financeiros. Informações atualizadas relacionadas aos fornecedores, aos clientes e a outras fontes serão apresentadas na base de dados central, assim, são implementadas contabilidade e transações precisas.

Processos de Recursos Humanos (RH) – Incluem administração do pessoal, folha de pagamento, planejamento e desenvolvimento do pessoal, benefícios, tempo da gestão, planejamento da força de trabalho, compensações, gestão de desempenho, relatórios de despesas e viagem, entre outros. Processos de RH permitem que a organização monitore o desempenho de seus colaboradores.

Processos de produção e manufatura – Incluem aquisições, gestão de estoque, compras, transporte, planejamento e programação da produção, planejamento das necessidades de material, controle da qualidade, distribuição, logística de transporte e manutenção de instalações e equipamentos. Processos de fabricação e produção permitem que a organização realize previsões mais precisas de demanda, evitando altas variações e flutuações na produção de bens. Além disso, o nível de estoque é gerido de forma eficiente, o que resulta em equilíbrio.

Processos de venda e *marketing* – Incluem processamento de pedidos, cotações, contratos, configuração do produto, preços, faturamento, verificação de crédito, incentivo e comissões, planejamento de vendas (Baltazar, 2015). Como resultado, as vendas e o *marketing* podem fornecer aos clientes informações precisas sobre o *status* dos produtos e serviços.

Enquanto a tecnologia do ERP suporta toda a estratégia de negócio corrente, o *e-business* abre as portas para novas oportunidades estratégicas. Na realidade, a implantação do *e-business* depende muitas vezes da existência prévia de sistemas ERP, pois quando o ERP e o *e-business* são implementados de forma correta, cada um torna o outro uma versão "turbinada", visto que o *e-business* é o melhor meio para compartilhar e disseminar informação de negócio com parceiros comerciais e, por conseguinte, gera importantes trocas (Said, 2006).

As organizações investem em sistemas estratégicos de informação para desenvolver capacidades específicas, incluindo ativos de relacionamento, competências gerenciais e técnicas para atingir a eficiência operacional e os benefícios a longo prazo (Piccoli; Ives, 2005). Um sistema ERP pode oferecer vantagem competitiva para a organização, incorporando a tomada de decisão nos processos da organização e nas operações rotineiras (Michael, 2007; Ram; Corkindale; Wu, 2014).

Os principais benefícios da implementação do ERP incluem a melhoria do acesso aos dados para a tomada de decisão operacional, a eliminação de sistemas ineficientes ou desatualizados, a melhoria de processos de trabalho e a padronização do uso da tecnologia (Mualunga, 2015). Fornecedores de ERP também desenvolvem sistemas especializados para aplicações específicas em segmentos do mercado. O Quadro 2.12 destaca algumas vantagens e desvantagens do sistema ERP.

Quadro 2.12 Vantagens e desvantagens na implementação do sistema ERP

Vantagens	Como age:
Melhoria ao acesso dos dados para tomada de decisão operacional	Sistemas ERP operam por meio de um banco de dados integrado para oferecer suporte a todas as funções de negócio. Os sistemas podem apoiar, por exemplo, as decisões ou a contabilidade de custos, recolhendo dados de múltiplas funções do negócio. Os dados são integrados para facilitar a tomada de decisão operacional e permitem que as empresas forneçam melhor qualidade dos produtos e serviços para os clientes, fortaleçam as relações com os fornecedores e gerem novas oportunidades de negócios.
Eliminação de sistemas caros e inflexíveis	A adoção de um sistema ERP permite que dezenas ou mesmo centenas de sistemas sejam eliminados, substituindo-os por um conjunto único e integrado de aplicações para toda a organização. Em muitos casos, as organizações utilizam sistemas ultrapassados. Como resultado, é extremamente difícil corrigi-los quando falham e adaptá-los para atender às novas necessidades de negócio demora muito. Um ERP ajuda a combinar os recursos da organização com os sistemas de informação para satisfazer as necessidades do negócio.

(continua)

E-commerce: conceitos, implementação e gestão

(Quadro 2.12 – continuação)

Vantagens	Como age:
Melhoria dos processos de trabalho	A concorrência exige que as empresas estruturem seus processos de negócios para então se tornarem eficientes e orientadas para o cliente. Os módulos dos aplicativos individuais incluídos no sistema ERP estão desenhados para suportar essas práticas, a fim de torná-las eficientes e eficazes para a organização. Assim, a implementação de um ERP garante bons processos de trabalho com base nas melhores práticas, pois o aumento da eficiência assegura que as operações comerciais cotidianas sigam como as atividades otimizadas, além de proporcionar informações e ferramentas úteis para concluir cada etapa necessária.
Atualização de infraestrutura tecnológica	Ao implementar um sistema ERP, a organização tem a oportunidade de atualizar a sua TI (*hardware*, sistemas operacionais, bancos de dados etc.). Além disso, pode eliminar múltiplas plataformas de *hardware*, sistemas operacionais e bancos de dados. A padronização de tecnologias e fornecedores reduz o custo com manutenção e suporte, bem como a carga de treinamento para aqueles que devem apoiar a infraestrutura.
Tempo de execução e despesas	Conseguir os benefícios do ERP requer tempo e dinheiro, mas muitas vantagens estratégicas são alcançadas pela racionalização dos TPSs da empresa. Normalmente, grandes empresas gastam milhões para implementar um sistema de ERP bem-sucedido.
Dificuldade em implementar mudanças	Em alguns casos, a organização tem de mudar radicalmente a forma de operar em conformidade com os processos de trabalho do ERP, isto é, suas melhores práticas. Essas mudanças podem ser tão drásticas para os colaboradores que eles prefiram sair a passar por elas. Às vezes, as melhores práticas simplesmente não são apropriadas para a empresa e causam grandes interrupções no trabalho.
Dificuldade de integração com outros sistemas	A maioria das empresas têm outros sistemas que devem ser integrados com o sistema ERP, tais como programas de análise financeira, operações do *e-commerce* e outras aplicações. Isso pode trazer algumas dificuldades na operação do sistema ERP, sendo necessários *softwares* adicionais para criar *links*.
Dificuldade em carregar dados no novo sistema ERP	Uma grande quantidade de trabalho é necessária para carregar os dados existentes de várias fontes até o novo banco de dados do ERP (que tem a capacidade de armazenar centenas ou até mesmo milhares de dados). Os itens de dados que serão necessários dependem do escopo de sua implementação. Assim, a limpeza de dados é necessária, porque os sistemas legados são susceptíveis de conter dados inexatos, incompletos ou inconsistentes. O carregamento de dados pode ser executado usando um *software* de conversão, que lê os dados antigos e converte-os em um formato diferente para carregá-los no novo sistema.

Nara Stefano • Izabel Cristina Zattar

(Quadro 2.12 – conclusão)

Riscos na utilização de um único fornecedor	O alto custo de mudar para o sistema ERP de outro fornecedor faz com que seja extremamente improvável que uma empresa fará isso. Depois que uma empresa adotou um sistema ERP, o vendedor tem menos incentivo para responder às preocupações do cliente. O alto custo para alternar também aumenta o risco, ou seja, o fornecedor de ERP permite que seu produto se torne desatualizado ou então sai do negócio. Selecionar um sistema ERP envolve não só escolher o melhor produto de *software*, mas também o parceiro de negócios a longo prazo.
Risco de falha na Implementação	A implementação de um sistema ERP para uma organização de grande porte é um desafio e requer enormes quantias de recursos, pessoal especializado, e tantos outros fatores. Contudo, infelizmente, grandes instalações de ERP ocasionalmente falham e problemas para resolução podem ser caros.

Fonte: Elaborado com base em Stair; Reynolds, 2012, p. 371-373, tradução nossa.

Portanto, sistemas empresariais fornecem informações valiosas para melhorar a **tomada de decisão**. A organização tem acesso total aos dados das vendas, do estoque e da produção e pode usar essas informações da forma mais precisa para previsões de produção e planejamento das vendas.

Os dados desses sistemas apresentam definições padronizadas comuns e formatos que são aceitos por toda a organização. Sistemas corporativos permitem que a gerência saiba, em qualquer momento, como uma unidade organizacional específica está realizando suas operações, determinar quais produtos são mais ou menos rentáveis ou calcular os custos para a empresa como um todo.

2.12.2 Ciclo de vida de um ERP

O ciclo de vida de um ERP representa as etapas pelas quais um projeto de desenvolvimento e utilização de SI passa (Souza; Zwicker, 2000). De acordo com Haddara e Elragal (2011), os sistemas ERP passam pelo seguinte ciclo de vida:

FASE DE DECISÃO DE ADOÇÃO – A fim de satisfazer suas necessidades técnicas e do negócio, as empresas começam a questionar a necessidade de um sistema ERP.

E-commerce: conceitos, implementação e gestão

FASE DE AQUISIÇÃO – Refere-se à compra do sistema ERP e à seleção de fornecedores. Isso acontece depois de se avaliar as necessidades do negócio, pacotes de ERP e fornecedores.

FASE DE IMPLEMENTAÇÃO – Trata da instalação do sistema ERP e inclui muitas atividades, como a personalização do sistema para cumprir as necessidades do negócio, a reengenharia de processos, a migração de dados, o treinamento dos usuários finais etc. Essa fase é a mais crítica, cara e demorada.

FASE DE USO E MANUTENÇÃO – Após ocorrer a implementação do ERP e sua ativação, os usuários começam a usar o sistema em uma base diária.

FASE DE AVALIAÇÃO – Envolve a extensão e a integração do ERP a outros sistemas de gestão, por exemplo, o relacionamento com clientes, a *supply chain* ou a programação e o planejamento. A evolução do sistema ERP é um processo não trivial e exige um sistema estável e maduro.

FASE DE RETIRADA – Quando o ERP é abandonado e substituído por outro ERP ou sistema de informação (SI).

É importante destacar que a escolha de um sistema ERP deve ser tomada tanto pelos gestores como pela equipe de TI. Os critérios de escolha devem considerar fatores como a atualidade, as demandas futuras, a interface amigável, a usabilidade, entre tantos outros. É muito importante que os usuários-chave e os proprietários do sistema ajam como uma ponte entre consultores de implementação e os usuários funcionais.

Os benefícios proporcionados por um ERP eficaz incluem a redução dos custos de processamento e do pessoal necessário, que são substanciais e justificam os custos associados a equipamentos de computação, programas e *softwares*, pessoal e suprimentos especializados (Stair; Reynolds, 2012).

Nesse contexto, as empresas logo perceberam que poderiam usar os dados armazenados nesses sistemas para ajudar os gestores a tomar melhores decisões, seja na gestão de recursos humanos, seja no *marketing* ou na administração, pois satisfazer as necessidades dos gestores e tomadores de decisão continua a ser um fator importante no desenvolvimento de um SI.

2.13 Customer Relationship Management (CRM)

Um *software* de *Customer Relationship Management* (CRM) é um repositório de informações sobre os clientes que registra todos os contatos que a empresa tem com eles (incluindo *websites*) e gera um perfil disponível para todos (da empresa) que tenham a necessidade de "conhecer o cliente" (Laudon; Traver, 2014).

Sistemas de CRM também fornecem um *software* analítico necessário para analisar e utilizar informações sobre o cliente, os representantes de serviço ao cliente, os representantes de vendas, os sistemas de resposta de voz automatizada, os terminais de ponto de venda e os dispositivos móveis (*m-commerce*) (Khodakarami; Chan, 2014; Navimipour; Soltani, 2016).

Os pacotes de CRM mais abrangentes contêm módulos para gestão de relacionamento com parcerias (*Partner Relationship Management* – PRM) e gestão de relacionamento com colaboradores (*Employee Relationship Management* – ERM) (Laudon; Laudon; Elragal, 2013).

O módulo PRM emprega muitos dos mesmos dados, ferramentas e sistemas da gestão de relacionamento com clientes para melhorar a colaboração entre a empresa e seus parceiros de venda (Cristóvão et al., 2013). Se uma empresa não vende diretamente aos clientes, mas funciona por meio de distribuidores ou varejistas, o PRM ajuda esses canais a vender diretamente para eles.

Ele fornece para a empresa e seus parceiros de venda a capacidade de negociar e distribuir informações e dados sobre os clientes, integrando preços, promoções, configurações de pedidos e disponibilidade. Além disso, oferece à empresa ferramentas para avaliar o desempenho dos seus parceiros, a fim de que, dessa forma, possa se certificar de que seus melhores parceiros obtenham o apoio necessário para fechar um volume maior de negócios.

O ERM trata de questões trabalhistas que estejam intimamente relacionadas ao CRM, tais como a fixação de objetivos, a gestão de desempenho do funcionário, a remuneração com base no desempenho e o treinamento de colaboradores.

A maioria das aplicações do CRM incluem aplicativos, como Oracle-owned Siebel Systems e PeopleSoft, SAP, Salesforce.com, Microsoft Dynamics CRM®.

A Figura 2.11 ilustra os recursos mais importantes para vendas, serviços e processos que são encontrados nos produtos do *software* CRM.

E-commerce: conceitos, implementação e gestão

Figura 2.11 Capacidade do *software* CRM

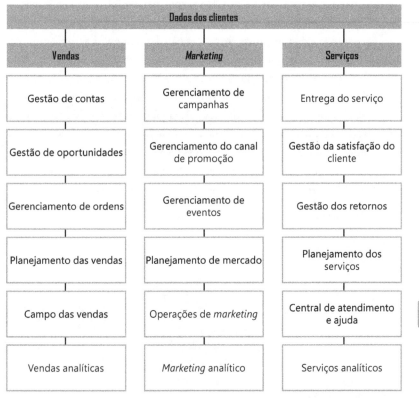

Fonte: Adaptado de Laudon; Laudon; Elragal, 2013, p. 323, tradução nossa.

A aplicação da tecnologia CRM é um elemento-chave do *e-business*, pois a construção de relacionamentos de longo prazo com os clientes é essencial para qualquer negócio sustentável.

Atualmente, a maioria dos programas de CRM, aplicativos e serviços dependem fortemente da TI e constituem parte do que é conhecido como CRM eletrônico (e-CRM). O e-CRM é um subconjunto de CRM entregue ou gerido eletronicamente e surgiu por meio da consolidação do programa tradicional com o mercado de aplicativos do *e-business*, cobrindo uma ampla gama de TIs utilizadas para apoiar as estratégias da empresa.

Esses sistemas proporcionam informações para sistematizar todos os processos de negócios, ajudando as empresas a identificar, atrair e reter os clientes mais rentáveis, além de prestar um serviço melhor e aumentar as vendas.

O CRM analítico compreende aplicativos que avaliam os dados dos clientes originados pelas aplicações do CRM e, com isso, proprocionam informações e melhoram a *performance* dos negócios (Farquad; Ravi; Raju, 2014).

As aplicações analíticas do CRM são fundamentadas em armazéns (*warehouse*) de dados, que se consolidam nos sistemas operacionais do CRM e nos pontos de contato do cliente para o do processamento analítico *on-line* (OLAP), a mineração de dados e outras técnicas de análise (Laudon; Laudon; Elragal, 2013).

Os dados recolhidos dos clientes pela organização podem ser combinados com dados de outras fontes, como listas de clientes para campanhas de *marketing*, compradas diretamente de outras empresas ou dados demográficos. Esses dados são analisados para identificar padrões de compra, criar segmentos de *marketing* direcionado e identificar os clientes rentáveis e não rentáveis.

Figura 2.12 CRM Analítico e o armazenamento de dados

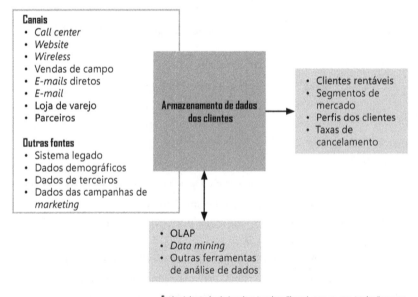

Fonte: Adaptado de Laudon; Laudon; Elragal, 2013, p. 325, tradução nossa.

Outra saída importante do CRM analítico para a empresa é o *customer lifetime value* (CLTV), o qual tem como base a relação entre a receita produzida por um cliente específico, as despesas incorridas na sua aquisição e manutenção e a vida esperada da relação entre o cliente e a empresa.

As empresas com sistemas de gestão de relacionamento eficaz percebem muitos benefícios, incluindo o aumento da satisfação dos clientes, reduzindo custos de *marketing* direto e aumentando a retenção de clientes. A rotatividade dos clientes torna-se reduzida por meio da medida da taxa de cancelamento (número de clientes que para de usar ou adquirir produtos e serviços de uma empresa). Portanto, é um indicador importante do crescimento ou do declínio da base de clientes de uma empresa.

2.14 INTEGRANDO OS SISTEMAS

O *Supply Chain Management* (SCM) abrange todos os aspectos dos processos da *supply chain*, a começar pela produção de matérias-primas para estabelecer relações com os clientes. A capacidade de automatizar esses processos auxilia qualquer empresa a obter vantagem competitiva. Dessa forma, destacamos a integração dos sistemas ERP, CRM e SCM.

SCM são SIs para gestão de logística, transportes, clientes e fornecedores, planejamento estratégico, armazenagem, estoque e produção (Turek, 2013).

Sistemas ERP são incluídos como parte do *software* SCM e empregados para integrar processos de negócio por meio da organização, codificação e padronização de processos de negócio e dados (Norris et al., 2000; Marinagi; Trivellas; Sakas, 2014). Eles permitem que os colaboradores acessem o banco de dados comuns e o gerenciem de maneira uniforme, evitando, dessa forma, despesas com transporte de um departamento para outro.

A integração de dados garante a exatidão destes e impede a repetitibilidade (Yanjing, 2009). Além disso, relatórios de ERP podem ser usados para prever a produção e tomar decisões. Diversos fornecedores de ERP oferecem um pacote de integração do ERP-CRM, já que muitas empresas manifestaram interesse em integrar um novo sistema CRM com o seu sistema legado ERP (Schneider, 2011). Além disso, o estabelecimento de sistemas ERP e CRM deve ser uma preocupação primordial da empresa que deseja estar no *e-business*.

As aplicações do ERP no *e-business* pode ser montada conforme os componentes com base na *web*, como o *on-line analytical processing* (Olap), componentes de lotes, de aplicativos e de banco de dados. O objetivo principal é desenvolver componentes de ERP compatíveis uns com os outros e que possam ser facilmente integrados com *e-business* e outros aplicativos, como SCM (*Supply*

Chain Management), **CRM** (*Customer Relation Management*), **PDM** (*Product Data Management*), **PLM** (*Product life Cycle Management*) etc.

ESTUDO DE CASO

BANCOS DE DADOS NA FRESHDIRECT

Objetivo: Explicar as principais vantagens da abordagem do banco de dados para os negócios; discutir por que os bancos de dados são valiosos ativos para a organização, especialmente quando apoiam o *e-commerce* e o *e-business*.

Problema: Por meio do caso de um grande supermercado *on-line*, explorar como o plano de negócios é ativado usando as tecnologias de banco de dados.

FreshDirect: Fundada em 1999, é uma mercearia *on-line* que vende alimentos frescos, além de produtos de marcas de supermercados populares com valores até 25% a menos do que os preços de supermercado e que entrega direto na casa do cliente. Os alimentos vêm diretamente de fazendas, laticínios e pescas (não intermediários), por isso se mantêm frescos por vários dias e têm baixo preço.

A FreshDirect usa *software* SAP para processar milhares de pedidos feitos em seu *website*. Os pedidos são enviados para a cozinha, padaria, *delicatessen*, bem como para as salas de armazenamento dos produtos frescos, salas de amadurecimento e áreas de produção dentro instalação frigorífica da empresa.

A empresa tem um banco de dados dos clientes que detalha os registros da empresa cada vez que um cliente visita o *website* da loja, armazenando dessa forma todo o seu histórico de compras e interações. Isso é ativado por meio de sua infraestrutura tecnológica, incluindo gestão de relacionamento com clientes, gestão dos pedidos e entregas, processamento de pagamentos e inteligência de negócios. Também apresenta a seção *You might also like* (YMAL), que significa "você também pode gostar", na qual a FreshDirect sugere vários itens que os clientes podem pedir para acompanhar um item em seu carrinho. Isto é, usa seu banco de dados para sugerir itens que os clientes podem adquirir junto ao item que escolheram; esse recurso contribui com 5% da receita total.

E-commerce: conceitos, implementação e gestão

Esses são exemplos do uso de dados de clientes, em tempo real, para melhorar a experiência do cliente. Por isso, em etapas semelhantes, a FreshDirect têm impulsionado a percentagem do negócio feito pelos clientes leais em cerca de 25% para cerca de 60% das vendas totais. O resultado disso é um cliente satisfeito e mais receita para a FreshDirect, que reconhece que custa menos manter clientes leais do que atrair novos clientes.

Numa perspectiva estratégica, como podemos classificar o ambiente e as estratégias competitivas da FreshDirect? Quão importante é o custo ou o preço e a diferenciação? A resposta é que, enquanto houver alguma sensibilidade de preço no mercado, a *FreshDirect* pode focar no cliente que precisa de conveniência e está disposto a pagar um *premium* por isso. Assim, a empresa pode, por meio do uso da tecnologia, ser considerada diferenciada sem preço *premium*. Isso é importante, pois ajuda a direcionar a utilização de tecnologias para atingir seus objetivos.

Outra pergunta que podemos levantar é: Como a FreshDirect está usando as tecnologias de banco de dados para diferenciar-se e ser inovadora? A FreshDirect pode conseguir uma vantagem competitiva com o uso das tecnologias de banco de dados? Para responder a esses questionamentos, devemos considerar que a FreshDirect está usando tecnologias de banco de dados para tornar suas operações mais rentáveis e ágeis e melhorar o *marketing* e as vendas por meio do estímulo de repetir compras e vendas cruzadas (*cross-selling*). Ou seja, as vendas cruzadas consistem em uma estratégia que sugere produtos complementares com base na primeira compra. Já o uso da tecnologia de banco de dados da FreshDirect pode ser inovador em seu mercado, mas a empresa não está fazendo nada de novo, pois somente o uso de dados na FreshDirect não lhes daria uma vantagem sustentável, além disso, seria fácil para um concorrente copiar essa iniciativa.

E quais são os benefícios que os clientes recebem quando a Freshdirect usa tecnologias de banco de dados? Os aspectos que devem ser considerados aqui são: a conveniência, a redução de custos e a diferenciação por meio de refeições sugeridas (ou seja, montando os produtos).

Fonte: Adaptado de Video Case Study 29, 2006, tradução nossa.

Síntese

Este capítulo tratou da infraestrutura necessária para a criação de um *website* de *e-commerce*, suas bases tecnológicas e os principais relacionamentos da *supply chain*. Resumidamente, foram vistos os seguintes aspectos:

- As habilidades e a infraestrutura de um *website* do *e-commerce*, destacando o desenvolvimento de *websites* para o *e-commerce*.

- As etapas para a criação da estrutura de um *website* de *e-commerce*.

- As principais aplicações e a funcionalidade de um *website* do *e-commerce*, as ameaças à segurança em computadores clientes e servidores no âmbito do *e-commerce*.

- Soluções tecnológicas que atuam na proteção dos *websites*.

- A utilização do *e-commerce* no *marketing*, enfatizando o *e-marketing*, que tem foco em como uma empresa e suas marcas usam a *web* e outros meios digitais para interagir com seu público e alcançar seus objetivos de *marketing*.

- O conceito e as articulações da *supply chain* (cadeia de abastecimento), considerando que essas são atividades determinantes para a transformação dos recursos naturais, matérias-primas e componentes em produtos acabados, prontos para entrega;

- Os sistemas empresariais e seus inter-relacionamentos, isto é, os Sistemas de Processamento de Transação (TPS) e *Enterprise Resource Planning* (ERP);

- A integração dos sistemas, salientando que a integração de dados garante sua exatidão e impede sua repetibilidade.

E-commerce: conceitos, implementação e gestão

Questões para revisão

1. O e-*commerce* possibilita oportunidades sem paralelo para as empresas expandirem seus negócios a um custo relativamente baixo, quando comparado com o meio tradicional, e ainda proporciona o aumento da participação no mercado.

Com base nessas informações, relacione a primeira coluna com a segunda, no que diz respeito a algumas alternativas que as empresas utilizam para enfrentar as mudanças em seus canais de *marketing* das cadeias de valor:

Coluna 1

(1) Incubadoras
(2) Terceirização tardia
(3) Equipe interna
(4) Terceirização parcial ou componente
(5) *Fast venture*

Coluna 2

( ) Mantém a responsabilidade para a iniciativa do e-*commerce* por meio da definição dos objetivos para a implementação final e operação do *website*.

( ) Uma empresa já existente quer lançar uma iniciativa de e-*commerce* e junta sócios externos e parceiros operacionais que podem oferecer experiência e habilidades necessárias para desenvolver e ampliar o projeto de forma rápida.

( ) Uma vez que a empresa ganhou a vantagem competitiva fornecida pelo sistema, sua manutenção pode ser terceirizada.

( ) Oferece às empresas *startup* um local físico com escritórios, assistência jurídica e contábil, computadores e conexão à internet por com uma mensalidade de baixo custo.

( ) Identifica partes específicas do projeto que podem ser totalmente projetadas, desenvolvidas, implementadas e operadas por outra empresa que se especializa em uma função específica.

2. O *e-commerce* inclui atividades como o estabelecimento de uma página na *web* para apoiar as relações com investidores ou permitir a comunicação eletrônica com outras organizações. Após a empresa estar digitalmente habilitada, suas transações incluem todos os processos mediados pela tecnologia. Nesse contexto, analise as principais etapas para o desenvolvimento de uma estrutura do *e-commerce*, ordenando-as corretamente:

(1) Seleção e desenvolvimento de opções.

(2) Identificação do projeto, justificativa e planejamento.

(3) Operações, manutenção e atualização.

(4) Criação da arquitetura do *e-commerce*.

(5) Instalação, teste, conexão e desenvolvimento de aplicativos do *e-commerce*.

a) 1, 2, 3, 4, 5.
b) 3, 5, 1, 2, 4.
c) 2, 4, 1, 5, 3.
d) 3, 5, 2, 1, 4.
e) 2, 4, 5, 1, 3.

3. A *supply chain* é uma rede formada por agentes autônomos ou semiautônomos, coletivamente responsáveis por atividades de aquisição, fabricação e distribuição, associados a um ou mais conjuntos de saídas relacionadas.

Observe as afirmativas a seguir e assinale aquelas que indicam os auxílios prestados pelo SI para que haja melhor desempenho na gestão da *supply chain*.

I) Ajuda a decidir quando e o que produzir; a armazenar e movimentar os produtos; a comunicar rapidamente os pedidos; a acompanhar o *status* dos pedidos.

E-commerce: conceitos, implementação e gestão

II) Melhora a qualidade dos produtos e serviços; agiliza a organização dos bancos de dados; aumenta os custos de transporte; ocasiona postergação da logística (*postponement*).

III) Verifica a disponibilidade e o monitoramento do nível de estoque; rastreia remessas; melhora o plano de produção com base na demanda real do cliente.

IV) Comunica rapidamente as alterações no *design* do produto; armazena e movimenta os estoques; não altera estoques; acompanha o *status* dos pedidos.

V) Otimiza o plano de podução com restrições na demanda real; agiliza a organização dos bancos de dados; aumenta os custos de transporte; ocasiona postergação da logística (*postponement*).

Estão corretas:

a) Apenas I e III.

b) Apenas I e II.

c) Apenas III e IV.

d) Apenas II e V.

e) Todas as afirmativas são corretas.

4. Quais são as principais limitações potenciais para o crescimento do *e-commerce* B2C?

5. O que é preciso para criar um negócio *on-line*?

Questões para reflexão

1. Para a construção bem-sucedida de um *website* de *e-commerce*, é preciso compreender claramente os objetivos de negócios a serem alcançados por ele, só assim poderemos escolher a tecnologia adequada. Com isso em mente, escreva brevemente sobre o desenvolvimento de um *website* para o *e-commerce*.

2. O termo *marketing de internet* refere-se a uma perspectiva externa de como a internet pode ser usada em conjunto com a mídia tradicional para adquirir e fornecer serviços aos clientes. Um termo alternativo é *e-marketing* ou *marketing eletrônico*, que pode ser considerado uma expressão mais ampla, uma vez que se refere aos meios digitais, como a *web*, o *e-mail*, de comunicação sem fio etc. Explique quais são os três processos do *e-marketing*.

PARA SABER MAIS

E-COMMERCEBRASIL. Disponível em: <http://www.ecommercebrasil.com.br>. Acesso em: 13 ago. 2016.

Para o leitor que deseja informações atuais e diversificadas, esse *site* é uma excelente sugestão. Nesse endereço você encontrará informações sobre vendas de plataformas para o *e-commerce*, operações, gestão, produtos e algumas leis que se aplicam a essa área.

E-commerce: conceitos, implementação e gestão

3

BASES TECNOLÓGICAS: RELACIONAMENTOS E *E-SUPPLY CHAIN* NO *E-COMMERCE*

CONTEÚDOS DO CAPÍTULO:

- Conceito, atividades, estrutura e ferramentas da *e-supply chain*.
- Colaboração na *supply chain*.
- Processo de atendimento de pedidos no *e-commerce* na *supply chain*.
- Sistemas de informações gerenciais.
- Sistemas de suporte à decisão.

APÓS O ESTUDO DESTE CAPÍTULO, VOCÊ SERÁ CAPAZ DE:

1. conhecer o conceito de *e-supply chain*, atividades, estrutura e ferramentas utilizadas;
2. analisar a integração de multicanais e modelos de negócios no varejo *on-line*;
3. diferenciar os sistemas de pagamento existentes para o *e-commerce*;
4. avaliar o gerenciamento das parcerias na *supply chain*;
5. conhecer os sistemas de informações gerenciais e de suporte à decisão.

As TECNOLOGIAS digitais estão se tornando cada vez mais importantes na maioria dos setores e das atividades econômicas.

Consequentemente, a internet fornece argumentos para que muitas empresas repensem o papel da tecnologia. Assim, toda organização precisa considerar a possibilidade de ter sua presença na internet e, caso opte por isso, necessita definir qual será a extensão do seu envolvimento.

Neste capítulo, examinaremos a estrutura da *e-supply chain* (e-SCM), os tipos de tecnologias utilizadas, as parcerias e a colaboração, entre outros tópicos importantes.

3.1 *E-SUPPLY CHAIN* (E-SCM)

Tendo em vista a cadeia de valor, um questionamento surge: como usar os sistemas de informação (SIs) para se conectar de forma mais eficiente com fornecedores, parceiros estratégicos e clientes? A vantagem estratégica deriva de sua capacidade de relacionar a cadeia de valor com outras cadeias de outros parceiros. Por exemplo, a Amazon.com constrói as seguintes ações (Laudon; Laudon, 2012, p. 106):

- torna mais fácil para os fornecedores exibirem seus produtos no *website*;
- facilita as formas de pagamento;
- desenvolve sistemas que coordenam o transporte de mercadorias para os clientes e o rastreamento dos pedidos.

A tecnologia da internet tornou possível a criação de cadeias de valor da indústria (as quais se tornaram altamente sincronizadas), ou seja, as redes de valor. Um valor da *web* é um conjunto de firmas independentes que usam as TIs para coordenar suas cadeias de valor e produzir um produto ou serviço em um mercado coletivo. O valor da *web* é mais orientado ao cliente e opera de forma menos linear que a cadeia de valor tradicional.

A Figura 3.1 mostra que o valor da *web* sincroniza os processos de negócios dos clientes, fornecedores e parceiros comerciais entre diferentes empresas de indústria ou outras a elas relacionadas. O valor da *web* é flexível e adaptável às mudanças na oferta e na demanda e os relacionamentos podem ser agrupados ou desagregados em resposta às condições de mercado. Assim, por meio da otimização de suas relações via *web*, as empresas aceleram o tempo de mercado para os clientes.

Figura 3.1 O valor da *web*

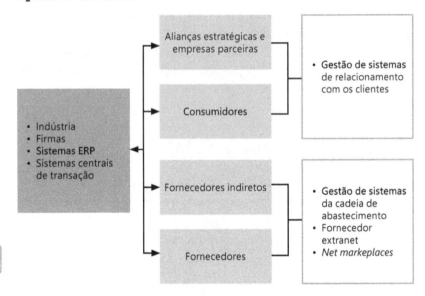

Fonte: Adaptado de Laudon; Laudon, 2012, p. 107, tradução nossa.

A inovação tecnológica na *supply chain* tornou-se muito importante, permitindo melhorias, em termos de eficiência e qualidade, na gestão dos materiais, das informações e dos fluxos financeiros. Além de ganhos de produtividade, extremamente significativos, as mudanças que a inovação tecnológica atingiu foram muitas (Piera et al., 2014); isto é, alcançaram a estrutura das relações entre fornecedores, fabricantes, distribuidores, intermediários e clientes e das escolhas estratégicas das empresas – especialmente num ambiente competitivo em que a informação é o recurso principal, um papel crucial desempenhado por tecnologias que facilitam sua aquisição, seu uso e sua gestão.

Tecnologias da internet já tiveram um impacto grandioso sobre a forma de como as pessoas ao redor do mundo pensam e agem. Desde a criação da internet, sua aceitação foi sem precedentes. Os dois primeiros anos do século XXI assistiram à expansão dos mercados, bem como o impacto da tecnologia na gestão da *supply chain*.

A *supply chain* é considerada uma rede integrada de organizações ou indivíduos que oferecem produtos e serviços aos seus clientes, o que geralmente envolve vários materiais, dinheiro, fluxo de informação e ganhos de eficiência que impulsionam a qualidade global dos serviços.

Além disso, eventos como o surgimento de sistemas ERP (*Enterprise Resource Planning*), em 1990, as preocupações tecnológicas na virada do século, a globalização da produção e as crises financeiras aceleraram muitas mudanças no contexto global (Ivashina; Scharfstein, 2010; Robinson, 2015; Siddiqui; Raza, 2015). Outro dos fatores que alteraram a configuração da SCM foi o *e-commerce*, que ajudou a diminuir custos de transação e melhorou o compartilhamento de informação entre os parceiros de negócios.

Os desenvolvimentos tecnológicos e as TIs têm o potencial de facilitar a coordenação na SCM, e esta, por sua vez, permite sua integração virtual. O foco dessa integração, no contexto de atividades com acesso à internet, é geralmente referido como *e-SCM*.

O *e-commerce* tem apoiado não só os esforços de sincronização e integração, mas a maneira como as cadeias de abastecimento são concebidas, utilizadas e mantidas (Johnson; Whang, 2002; Siddiqui; Raza, 2015). Dessa forma, novos modelos de *supply chain*, que são totalmente fixados na internet (como o caso da Amazon.com) ou de natureza *dual-channel* (ou seja, têm canais de distribuição tradicional e venda de internet, como a Dell e o Walmart), têm surgido.

Assim, os recursos de internet têm cada vez mais impacto nas cadeias de abastecimento das organizações e, com isso, as empresas reconhecem que o fluxo eficiente e eficaz de informações e materiais, ao longo de suas cadeias de abastecimento, é uma fonte de vantagem e diferenciação competitiva.

Em uma *e-supply chain*, os membros da cadeia de fornecimento estão conectados pelas tecnologias de internet no nível da sua gestão (Sambasivan; Mohamed; Nandan, 2009). Por exemplo, a internet traz **imediatismo** para quase todos os eventos da *supply chain*, permitindo que as empresas conheçam a demanda do cliente em tempo real e maximizem sua visibilidade no mercado. Nesse sentido, simples investimentos em tecnologia não bastam, pois a combinação de recursos na *supply chain* em empresas como a Dell, por exemplo, fizeram toda a diferença no seu modelo de negócio e diferenciação no mercado.

Portanto, a gestão na e-SCM é o uso colaborativo de tecnologia para melhorar processos B2B, bem como a velocidade, a agilidade, o controle em tempo real e a satisfação do cliente, isto é, envolve o uso de Tecnologias de Informação e Comunicação (TICs) para melhorar as operações das atividades e sua gestão. A e-SCM não é sobre a tecnologia de forma única, isolada. Ela envolve mudanças nas políticas de gestão, nas métricas de desempenho, na cultura organizacional, nos processos de negócios e na estrutura organizacional, ou seja, toda a *supply chain*. Contudo, Turban et al. (2008) alertam que, para o sucesso de uma e-SCM, alguns fatores devem ser levados em consideração; quais sejam:

COLABORAÇÃO COMO ATIVO ESTRATÉGICO – Capacidade de todos os parceiros de negócio da *supply chain* de visualizá-la como um ativo estratégico. Essa característica cria integração e gera confiança, ou seja, proporciona vantagem competitiva.

ESTRATÉGIA BEM DEFINIDA DA *SUPPLY CHAIN* – Inclui a compreensão dos pontos fortes e fracos, a articulação bem definida dos planos de melhoria e o estabelecimento de objetivos organizacionais para o desempenho da cadeia. O comprometimento dos gestores é essencial e deve se refletir na alocação adequada de recursos e na definição de prioridades.

VISIBILIDADE DA INFORMAÇÃO – Refere-se às informações sobre estoques em diversos segmentos da cadeia, à demanda por produtos, ao planejamento da capacidade, à sincronização do fluxo de materiais, aos prazos de entrega e a quaisquer outras informações relevantes que devem ser visíveis a todos os membros a qualquer momento. Para intensificar a visibilidade, a informação, além de ser compartilhada corretamente, deve ser gerenciada com disciplina e monitorada diariamente.

VELOCIDADE, CUSTO, QUALIDADE E ATENDIMENTO AO CLIENTE – Estes são aspectos pelos quais as cadeias de abastecimento são medidas. Consequentemente, as empresas devem definir claramente as medições para cada um desses elementos, juntamente aos objetivos e níveis (que devem ser atraentes para os parceiros de negócios) a serem atingidos.

INTEGRAÇÃO DA *SUPPLY CHAIN* DE FORMA CONSISTENTE – Uma e-SCM se beneficia da maior integração, tanto dentro da empresa como com fornecedores, parceiros comerciais, logística e canais de distribuição.

A aplicação da internet para o conceito e evolução da SCM gerou uma nova forma de gestão, a e-SCM. O conceito de e-SCM integrou-se em torno do

E-commerce: conceitos, implementação e gestão

e-procurement e da utilização de ferramentas da *web*, o que possibilitou a automatização da associação das atividades com a geração e o gerenciamento de pedidos de compra, as estatísticas de aquisição e o *e-sourcing*[1].

A utilização da *web* para desenvolver relacionamentos com fornecedores de longo prazo contribuiu para o crescimento de abordagens colaborativas para o desenvolvimento em conjunto de produtos, negociação, gestão de contratos e *collaborative planning, forecasting, and replenishment* (CPFR).

3.2 ATIVIDADE E INFRAESTRUTURA DE UMA E-SCM

A internet pode proporcionar três impactos principais na *supply chain*. Um dos temas mais abordados na literatura é o **impacto do *e-commerce***, que se refere principalmente à forma como as empresas podem responder aos desafios colocados pela internet sobre o cumprimento dos bens vendidos por meio da rede. Outro impacto refere-se ao **compartilhamento das informações** entre os parceiros da *supply chain*, o qual permite que sejam feitas análises de dados e modelagem para auxiliar na tomada de decisão e no planejamento – que são o terceiro tipo de impacto da internet na SCM (Giménez; Lourenço, 2008) e se referem ao **compartilhamento do conhecimento** (Agarwal; Shankar, 2003).

A internet pode fornecer às empresas muitos benefícios, como redução de custos, melhoraria no atendimento, aumento da satisfação e da retenção de clientes, proporcionando assim mais vantagem competitiva. Esses benefícios derivam do impacto da internet sobre os diferentes processos da *supply chain*, pois as empresas colaboram com seus parceiros de negócios para melhorar a previsão e o planejamento, o que leva a reduções de estoque, menores custos e melhores serviços.

As tecnologias acessíveis também podem ter um impacto positivo sobre a gestão do fluxo de fabricação, de forma a compartilhar informações sobre a capacidade de demanda e oferta, o que pode tornar as instalações de produção mais eficientes. Contudo, embora a implementação das tecnologias com base na *web* apresente grande potencial de redução de custos e ganhos de eficiência, esse processo gera algumas preocupações culturais e técnicas (Chou; Tan; Yen, 2004).

---

[1]   Uso da internet para encontrar novos fornecedores.

Isso porque a colaboração se fundamenta nos esforços de confiança e compromisso e as normas de cooperação exigem que as empresas superem a resistência natural em revelar os segredos comerciais aos seus parceiros. Em relação às preocupações técnicas, as maiores decorrem da natureza insegura da internet e do desafio da integração de aplicações entre os parceiros comerciais. O impacto da e-SCM é medido pela amplitude da **conectividade** existente entre os membros da rede (Ross, 2003) – por meio de ferramentas de TI integrativas, como XML, Java, plataformas operacionais integradas, aplicativos de *e-business* com base em componentes, comunicações sem fio, entre outras. Dessa forma, fornecem às empresas informações em tempo real e redes interoperáveis necessárias para eliminar estoques e melhorar o serviço ao cliente.

Assim, Turban et al. (2008) indicam os processos e atividades no gerenciamento de uma e-SCM:

REPOSIÇÃO – Engloba os processos de produção e distribuição de forma integrada. As empresas podem usar informações desse tipo para reduzir os estoques, eliminar pontos de estocagem, aumentar a velocidade de reposição (em toda a organização) por meio da sincronização de informações sobre oferta e demanda, pois as informações em tempo real facilitam o planejamento das estratégias. A reposição da *supply chain* é essencial para pedidos feitos via *web*.

MONITORAMENTO E CONTROLE DA *SUPPLY CHAIN* UTILIZANDO *RADIO--FREQUENCY IDENTIFICATION* (RFID) – Consiste em uma das mais promissoras aplicações. Hoje, a tecnologia RFID substitui os códigos de barras e é utilizada nas maiores empresas do varejo. O RFID envolve a utilização de etiquetas ligadas aos produtos ou a suas embalagens que transmitem um sinal de rádio em uma gama de frequências de 850 megahertz a 2.5 gigahertz. As etiquetas os identificam por meio receptores de rádio em diversos locais, como armazéns, fábricas, varejo, pisos ou a bordo de navios.

GESTÃO DE ESTOQUE USANDO DISPOSITIVOS SEM FIO – Muitas organizações estão fazendo uso de combinações de tecnologias, como o RFID e os dispositivos sem fio, para gerenciar seus estoques.

PLANEJAMENTO COLABORATIVO – Trata-se de uma prática empresarial que combina o conhecimento do negócio e as previsões de vários jogadores ao longo de uma *supply chain* para melhorar o planejamento e a realização da demanda do cliente. O planejamento colaborativo requer compradores e vendedores para desenvolver previsões de demanda e planos comuns de abastecimento para apoiar a procura (Baudin; Bonnal; Ruiz, 2014; Faehnle; Tyrväinen, 2013; Deng et al., 2015). Essas previsões e planos devem ser atualizados regularmente, com base em informações compartilhadas na internet. O planejamento colaborativo requer o sistema B2B e o fluxo de trabalho por meio de várias empresas na internet, com dados trocados entre os parceiros de forma dinâmica.

PROJETO COLABORATIVO E DESENVOLVIMENTO DE PRODUTO – Envolve o uso de técnicas de *design* e desenvolvimento de produtos com múltiplas empresas para melhorar o produto e reduzir o tempo no mercado. Durante o desenvolvimento do produto, dos desenhos e do projeto, as informações podem ser compartilhadas em uma rede entre a empresa contratada, a empresa de *marketing* e a empresa de manufatura ou serviços a jusante (Rahmani; Thomson, 2012; Lin; Wu; Cheng, 2015; Yenicioglu; Suerdem, 2015). Outras técnicas incluem o compartilhamento de especificações, resultados de testes e alterações no *design* (Hasan, 2016) e o uso de prototipagem *on-line* para obter *feedback* dos clientes. Os custos com o desenvolvimento de produtos e serviços podem ser reduzidos por meio da integração e da agilização dos canais de comunicação; as redes sociais, ultimamente, têm sido utilizadas para solicitar o *feedback* dos clientes.

E-LOGISTICS – Uso de tecnologias com base na *web* para apoiar os processos de aquisição, armazenagem e transporte de materiais. A *e-logistics* permite a distribuição, a otimização e o roteamento de informações de controle dos estoques (Sankar; Kannan; Muthukumaravel, 2014; Kadłubek, 2015). Uma empresa pode até considerar a colaboração com seus concorrentes para melhorar sua *supply chain*.

Nesse sentido, é importante destacar a capacidade de sincronização da *supply chain* (*Supply Chain Synchronization* – SCS), pois a capacidade de transmitir e compartilhar a informação do canal de abastecimento *via* eletrônica não é suficiente. Na verdade, as empresas sempre tiveram a capacidade de sincronização com seus sistemas *Electronic Data Interchange* (EDI). A sincronização da e-SCM trata de transmitir a informação eletrônica por meio do canal de oferta e interligação de todos os nós e partes da cadeia para conseguir um abastecimento de forma rápida para o cliente. O objetivo do e-SCS é utilizar a tecnologia para conseguir uma ligação direta entre a oferta e a procura por todos os pontos da cadeia.

A finalidade da sincronização é minimizar o estoque e os processos de trabalho, promovendo a eliminação do **efeito chicote**[2], por meio do canal de distribuição e da redução global de custos, bem como pela correspondência perfeita dos requisitos do cliente com o produto disponível (Lee; Padmanabhan; Whan, 1997; Sadeghi, 2015; Dai et al., 2016). Dessa forma, a e-SCS permite que as cadeias de abastecimento gerenciem a complexidade crescente das relações colaborativas do *e-business*, além de oferecer vantagens competitivas (Ross, 2003).

Portanto, a base para a efetiva e-SCS é construída sobre a capacidade de abastecimento de toda cadeia para atingir níveis de excelência e operações colaborativas. Dessa forma, uma estratégia eficaz da e-SCS seria que os parceiros comerciais começassem a definir os objetivos a serem seguidos por cada canal individual, bem como toda a atuação da *supply chain*, agindo como uma força de mercado satisfatória e unificada.

Quanto à infraestrutura de uma e-SCM, a seguir serão descritos os seus elementos e ferramentas (Turban et al., 2008):

ELECTRONIC DATA INTERCHANGE (EDI) – Principal ferramenta usada por grandes corporações para facilitar as relações de *supply chain*. O EDI foi desenvolvido para reduzir custos, atrasos e erros inerentes à troca de documentos, como ordens de compra, envio de documentos, listas de preços, pagamentos e dados do cliente. Difere de uma mensagem não estruturada, porque nele as mensagens são organizadas em campos distintos para cada uma das partes importantes da informação em uma transação comercial, como a data da transação, o produto adquirido, a quantidade, o nome do remetente e do destinatário (Laudon; Traver, 2014, p. 765).

O EDI é uma importante tecnologia da rede industrial, adequado para oferecer suporte à comunicação entre um pequeno conjunto de parceiros estratégicos nas relações comerciais diretas e a longo prazo. A maioria dos grupos industriais utilizam a linguagem XML para expressar as comunicações e documentos comerciais do EDI.

---

2   O efeito chicote, de acordo com Meneghello (2012), ocorre quando pequenas mudanças na demanda dos consumidores resultam em altos picos de oscilações nos pedidos colocados a montante, consequentemente, a rede pode oscilar em ondas excessivamente grandes.

E-commerce: conceitos, implementação e gestão

INTRANET – Trata-se de uma rede interna corporativa para comunicação e colaboração. Estas redes privadas usam a infraestrutura e os padrões da internet e da *web*. A intranet é uma alternativa com baixos custos e poderosa quando comparada com outras formas de comunicação interna, incluindo as configurações de computadores convencionais.

EXTRANET – Consiste em uma rede que liga recursos selecionados da intranet de uma organização com seus clientes, fornecedores ou outros parceiros de negócios. As preocupações de segurança e desempenho nesse caso são diferentes das de um *website* ou intranet. Para que a informação seja protegida, a privacidade e a autenticação do usuário são fatores críticos em uma extranet (Barbosa, 2006; Stair; Reynolds, 2012).

PORTAIS CORPORATIVOS – Fornecem uma porta de entrada para a colaboração interna e externa, comunicação, pesquisa e informação. Os portais permitem ao *e-business* o acesso unificado dos aplicativos e a gestão da informação e do conhecimento dentro das organizações e com os parceiros comerciais e clientes (Benbya; Passiante; Belbaly, 2004)

SISTEMAS DE *WORKFLOW* E FERRAMENTAS – Têm a finalidade de gerenciar e organizar o fluxo de informação nas organizações.

GROUPWARE – Ferramenta de colaboração que facilita a comunicação entre duas partes e entre os membros (trabalho em grupo) de grandes e pequenos grupos. A finalidade do *groupware* é processar a informação.

FERRAMENTAS DE IDENTIFICAÇÃO E RASTREAMENTO – São projetadas para identificar objetos e a localização destes ao longo da *supply chain*. Aqui podemos destacar os tradicionais códigos de barra, o RFID e o GPS (do inglês, *Global Positioning System*).

3.3 *E-PROCUREMENT*

É o uso da tecnologia com base na *web* para apoiar os processos de aquisição, incluindo requisição, terceirização, contratação, ordenação e pagamento. Ele suporta a compra de materiais diretos e indiretos e emprega várias funções com base na *web*, como compras por catálogos *on-line*, contratos, pedidos e notificações de envio.

O *e-procurement* contribui para otimizar o funcionamento da *supply chain* de várias formas, por exemplo: catálogos *on-line* podem ser usados para eliminar alguns componentes no desenvolvimento de produtos; a visibilidade dos produtos e seus atributos, de forma *on-line*, permite a rápida tomada de decisões; pedidos de compras *on-line* agilizam o processo de encomenda; e os avanços na tecnologia de transporte notificam em tempo real onde os produtos se encontram, agilizando e confirmando as entregas.

A Figura 3.2 mostra o processo de *e-procurement* do ponto de vista de um comprador.

Figura 3.2 Processo de *e-procurement* do ponto de vista de um comprador

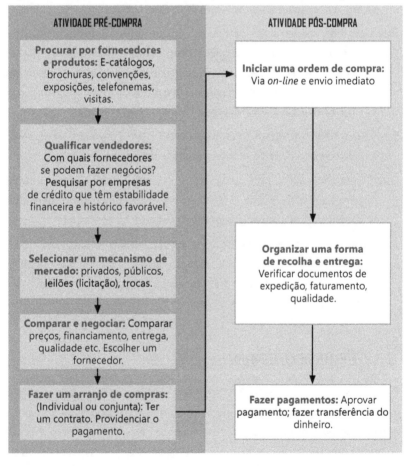

Fonte: Adaptado de Turban et al., 2012, 175-178, tradução nossa.

E-commerce: conceitos, implementação e gestão

Na perspectiva do comprador, o *e-procurement* pode ajudar a melhorar e a gerenciar o relacionamento com fornecedores e permite o controle mais eficaz dos pedidos. Na ótica do fornecedor, o *e-procurement* possibilita responder de forma mais rápida e com eficiência às exigências dos compradores. Ambos os compradores e fornecedores reportam que o *e-procurement* contribui para melhorar o gerenciamento dos processos de negócios e os fluxos de caixa (Turban et al., 2008; Walker; Brammer, 2012; Hashim; Said; Idris, 2013; Costa; Tavares, 2014)

3.4 Integração de multicanais e modelos de negócios no varejo *on-line*

Claramente um dos mais importantes temas do *e-commerce* no varejo de 2013-2014 foi a capacidade de as empresas tradicionais *off-line* continuarem a integrar as operações *web* com as de suas lojas físicas, a fim de proporcionar uma "experiência no cliente de compra integrada" (Laudon; Traver, 2014) e ainda alavancar o valor de suas lojas físicas.

O Quadro 3.1 ilustra algumas das várias maneiras pelas quais os varejistas tradicionais integraram a *web*, a plataforma móvel e as operações das lojas físicas para desenvolver os multicanais de compra. É importante salientar que essas práticas não são exclusivas e que os varejistas continuam a desenvolver novas ligações entre os canais.

Quadro 3.1 *E-commerce* e varejo: métodos de integração multicanal

Tipo de integração	Descrição
Pedido – retirada na loja	Um dos primeiros tipos de integração.
Pedido *on-line*, diretório de armazenamento e estoque	Quando os itens estão fora de estoque na loja *on-line*, o cliente é direcionado para uma loja física da rede.
Pedido *web* em loja de quiosque, entrega em domicílio	Quando a loja de varejo está sem estoque de determinando produto, o cliente faz seu pedido na própria loja e recebe em casa.
Pedido em loja *web*, entrega pelo varejo em domicílio	Semelhante ao acima, mas o atendente da loja física pesquisa no estoque na loja.
Pedido na *web*, loja retorna e faz ajustes	Produtos pedidos pela *web* com defeito ou rejeitados podem ser retornados para qualquer local de armazenamento.

(continua)

(Quadro 3.1 – conclusão)

Tipo de integração	Descrição
Catálogo on-line	Catálogo on-line, suplementos off-line; catálogo físicos têm substancialmente mais produtos em exposição.
Os fabricantes usam as promoções no site para atrair clientes até as lojas de varejo de seus distribuidores	Fabricantes tais como Colgate-Palmolive e Procter & Gamble usam seus canais da web para conceber novos produtos e promover as vendas no varejo dos já existentes.
Cartão de presente, pontos de programas de fidelidade podem ser usados em qualquer canal	Destinatário com cartão de presente e pontos de programa de fidelidade podem usá-los para comprar na loja, on-line ou via catálogo, se oferecido pelo comerciante.
Pedido via dispositivo móvel, site e vendas em lojas físicas	Aplicativos direcionam os usuários diretamente para sites especialmente estruturados para pedidos ou para o interior da loja.
Notificação móvel e geolocalização, vendas na loja	Uso de smartphone e tecnologia de geolocalização para segmentar anúncios para lojas e restaurantes próximos.

Fonte: Adaptado de Laudon; Traver, 2014, p. 571.

Em vez de demonstrar desintermediação, o varejo *on-line* fornece um papel importante para que os comerciantes intermediários continuem a desempenhar no comércio o varejo tradicional (Gilliland; Rudd, 2013; Patil; Divekar, 2014; He; Qin; Bewli, 2015). Varejistas *off-line* estabelecidos rapidamente ganharam a quota do mercado *on-line*, pois, cada vez mais, os consumidores são atraídos para marcas do varejo estáveis, confiáveis e bem conhecidas. Nesse caso, o público *on-line* é muito sensível às marcas e não orientado pelo custo. Contudo, outros fatores como confiabilidade, satisfação e serviço ao cliente são igualmente importantes.

Em 2013, as mudanças mais significativas se deram com o aumento do *e-commerce* social (Jiang et al., 2014; Huang; Benyoucef, 2015); ou seja, com a capacidade crescente das empresas em comercializar serviços e produtos locais por meio da utilização de *marketing* com base na localização – e, não menos importante, com o rápido crescimento da plataforma móvel composta por *smartphones* e computadores *tablets* (Laudon; Traver, 2014). Esses aparatos permitem que os consumidores naveguem em catálogos *on-line* usando *rich media*[3], exatamente como eles costumavam fazer com catálogos físicos.

---

3   Rich media é como se designam anúncios que utilizam recursos avançados como áudio, vídeo e interatividade para envolvimento do espectador com o conteúdo.

E-commerce: conceitos, implementação e gestão

No passado, apenas as grandes empresas poderiam ter recursos para executar campanhas de *marketing* e publicidade na internet, mas isso mudou radicalmente com o desenvolvimento de empresas com o *marketing* local. Com isso, os consumidores recebem ofertas de desconto e cupons com base em sua localização geográfica. Logo, os comerciantes locais podem usar a *web* para anunciar seus produtos e serviços a custos mais baixos.

Segundo Laudon e Traver (2014), há quatro tipos de modelos de varejo *on-line*: comerciantes virtuais, multicanal de comerciantes (*bricks-and-clicks* ou *clicks-and-bricks*), comerciantes via catálogo e empresas de fabricante-direto.

Além disso, existem pequenos varejistas (*mom-and-pop*) que usam, por exemplo, o eBay®, a Amazon.com e plataformas de vendas das lojas do Yahoo!®, cuja receita primária derivada de envio de tráfego para seus *websites* "mãe". Cada um desses diferentes tipos de varejistas *on-line* enfrenta um ambiente estratégico diferente, bem como a indústria e as diferentes economias.

Quadro 3.2 Principais modelos de varejo *on-line*

Modelo de varejo *on-line*	Característica
Comerciantes virtuais	Empresas da *web* de canal único que geram quase todas as suas receitas de vendas *on-line*. Elas não têm de suportar os custos associados à construção e à manutenção de lojas físicas, mas enfrentam grandes custos na criação, construção e manutenção de um *website* e no desenvolvimento de uma marca. A maioria dos comerciantes nesta categoria adota baixo custo e estratégias de conveniência, juntamente a processos de realização extremamente eficazes e eficientes para garantir que os clientes recebam o que pediram o mais rápido possível. Além da Amazon.com, outros comerciantes virtuais bem-sucedidos se enquadram nessa categoria, por exemplo: Newegg, Netflix, Overstock.com, Ratuken.com (que Buy.com), grupo Gilt, Wayfair, Rue La La, Blue Nile (perfilado no processo de abertura), Bluefly, Hayneedle, Net-a-Porter e Shoebuy.
Multicanal de comerciantes	Empresas que têm uma rede de lojas físicas como seu principal canal de varejo, mas também introduzem ofertas *on-line*. São empresas de multicanal, como Walmart, Macy, Sears, JCPenney, Staples, OfficeMax, Costco, Target e outros comerciantes de marca. Esse tipo de comerciante enfrenta custos elevados com instalações físicas e grandes equipes de vendas, mas também tem muitas vantagens, tais como uma marca, uma base nacional de clientes, armazéns em grande escala (dando-lhes alavancagem com os fornecedores) e uma equipe treinada.

(continua)

(Quadro 3.2 – conclusão)

Modelo de varejo *on-line*	Característica
Comerciantes via catálogo	Empresas que têm como base uma operação de catálogo *off-line* (maior canal de varejo) mas, que recentemente desenvolvido capacidades *on-line*. Catálogo dos comerciantes, tais como *Lands' End, L.L.Bean, CDW Corp., PC Connection, Cabela's* e *Victoria's Secret* são as empresas que têm uma operação nacional, catálogo *off-line*, mas que também têm desenvolvido capacidades *on-line*. Catálogo de empresas exclusivamente são favorecidas porque já possuem sistemas de entrada e o cumprimento de pedidos muito eficiente. No entanto, enfrentam muitos dos mesmos desafios lojas *bricks-and-mortar*.
Fabricante-direto	Canal único ou vários fabricantes que vendem *on-line*, diretamente aos consumidores sem a intervenção de varejistas. Essa categoria era prevista para desempenhar um papel muito grande no *e-commerce*, mas isso não tem geralmente acontecido. As exceções principais são equipamentos de informática, onde empresas como a *Apple, Dell, Sony* e *Hewlett-Packard* representam mais de 70% das vendas de computadores no varejo *on-line* e fabricantes de vestuário, tais como *Ralph Lauren, Nike, Under Armour, Fossil, Crocs, Jones Retail*, e *Vera Bradley*.

Fonte: Elaborado com base em: Laudon; Traver, 2014, p. 575-587, tradução nossa.

Nesse cenário, para estender os benefícios de seu modelo de vendas diretas, a Dell tem se destacado agressivamente nas vendas, nos serviços e no suporte *on-line*. A cada mês, essa empresa normalmente tem cerca de 10 milhões de visitantes únicos no Dell.com, em que mantém *websites* aproximadamente em 80 países.

Outro serviço disponível pela Dell é o *premier*, o qual permite que as empresas investiguem ofertas de produtos, preencham formulários e pedidos de compra, controlem e revisem os pedidos em tempo real. Para os clientes de pequenas empresas, foram criados uma conta executiva virtual, um sistema de reposição de peças e o *help desk* virtual com acesso direto aos dados e ao suporte técnico.

3.5 Tecnologias para auxiliar a gestão das cadeias de abastecimento

Diversas tecnologias evoluíram para auxiliar a coordenação das atividades na *supply chain*; entre estas, podemos afirmar que duas trouxeram um grande impacto e têm sustentado os desafios de crescimento dos negócios: os sistemas ERP e a tecnologia móvel – *Radio-Frequency IDentification* (RFID).

E-commerce: conceitos, implementação e gestão

A sincronização das cadeias de abastecimento por meio da mobilidade tornou-se uma alternativa perante o aumento da concorrência e da globalização, pois elimina desperdício de tempo "escondido" nos processos de negócios. Por meio da mobilidade, o poder da computação é movido de um computador *desktop* para dispositivos móveis. Assim, essas ferramentas fornecem dados em tempo real e otimizam muitas das atividades da organização.

Dessa forma, em vez de emitir grandes quantidades de documentos, apenas uma ordem de trabalho eletrônico pode ser emitida imediata e automaticamente pelo suporte móvel da organização. Uma das principais ferramentas de mobilidade é a tecnologia RFID, que tem o potencial para revolucionar a gestão da *supply chain*.

A tecnologia RFID é uma área de identificação automática que está ganhando força e é considerada uma das tecnologias de computação mais difundidas da história (Roberts, 2006; Ustundag; Tanyas, 2009; Ting; Tsang, 2013; Jaggi et al., 2014; Hameed et al., 2015).

A RFID é um conceito semelhante ao código de barras, vista como um meio de melhoria dos processos de dados e complementar às tecnologias existentes. Suas aplicações nos anos de 1980 e em diante expandiram-se para um vasto número de áreas.

O Quadro 3.3 mostra as principais características da tecnologia RFID e do código de barras.

Quadro 3.3 Características da tecnologia RFID e do código de barras

Características	RFID	Código de barras
Resistência mecânica	Alta	Baixa
Formatos	Variados	Etiquetas
Contato visual	Não	Sim
Vida útil	Alta	Baixa
Possibilidade de escrita	Sim	Não
Leitura simultânea	Sim	Não
Dados armazenados	Alta	Baixo
Funções adicionais	Sim	Não
Segurança	Alta	Baixa
Custo inicial	Alto	Baixo
Custo de manutenção	Baixo	Alto
Reutilização	Sim	Não

Fonte: Idel, 2015, p. 16.

A RFID é utilizada para uma ampla variedade de aplicações, que vão desde os conhecidos cartões de proximidade de controle e acesso aos locais até o rastreamento na *supply chain*, o controle de acesso nos estacionamentos, o gerenciamento de estoque, o rastreamento de livros de biblioteca, a prevenção de roubo, a identificação de material realizado por meios ferroviários, o rastreamento de veículos, a catraca de ônibus (cartão magnético), a realização de implantes, a abertura de portas, a identificação de pessoas e animais, entre outros.

A RFID permite a comunicação sem contato entre o dispositivo de leitura e uma marca de identificação passiva do identificador. Em outras palavras, é uma tecnologia de identificação automática que usa sinais de rádio, recuperando e armazenando dados de forma remota em dispositivos chamados *etiquetas*, ou *tags RFID* ou *transponders*.

A tecnologia RFID funciona com base em um transceptor ou em leitores que comunicam uma onda de frequência de rádio de uma antena para um *transponder* (*tag*). Dessa forma, o *tag* capta a onda RFID e reporta a informação, que é gerida por um sistema computacional.

Os transceptores atuam em conjunto com as antenas e, por meio de um sinal de rádio, trocam informações com os *transponders* (*tags*).

Observe a Figura 3.3 para entender melhor o funcionamento da tecnologia RFID.

Figura 3.3 Funcionamento da tecnologia RFID

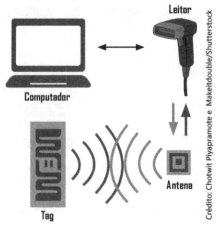

Fonte: Elaborado com base em Idel, 2015, p. 11.

O termo *transponder* deriva da expressão **transmitter/responder**, que revela a função desse componente. Assim, os componentes do RFID são: *transponder* (*tags* ativas ou passivas), antena, *transceiver* (leitores), impressoras e controlador (computador). Quando a antena, o *transceiver* e o decodificador estão no mesmo invólucro, recebem o nome de *coletor móvel de dados* ou *handheld*.

Todos esses elementos são interligados a uma infraestrutura que oferece apoio à comunicação dos sistemas de processamento, que são encarregados por manejar os dados lidos pelos leitores e modificar a informação (Saint Paul RFID, 2015). Os dados também podem ser lidos, em certas circunstâncias, a uma distância de até 20 m.

Figura 3.4 Exemplos de coletores móveis de dados RFID

A característica fundamental da tecnologia RFID é a sua capacidade de reter uma grande quantidade de informações e detectar várias *tags* ao mesmo tempo, possibilitando a geração de respostas automatizadas.

Figura 3.5 Exemplo de estrutura do RFID em controle de estoque

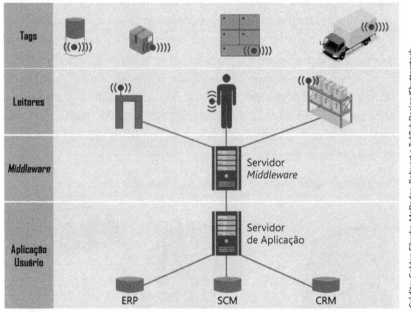

A Figura 3.6, a seguir, mostra a relação entre um varejista (Walmart), um fabricante (Procter & Gamble – P&G) e os fornecedores da P&G. Observe que as *tags* são lidas como mercadoria e viajam do fornecedor até o varejista (etapas 1 e 2); durante esse processo, a tecnologia RFID transmite informação em tempo real sobre a localização da mercadoria.

As etapas 3 e 6 mostram o uso do RFID no varejo, principalmente para confirmar as chegadas (etapa 3) e para localizar a mercadoria dentro da empresa, controlar o estoque, evitar roubos e acelerar o processamento de informação (etapas 4 e 6).

Figura 3.6 RFID no Walmart e seus fornecedores: processo de sete passos

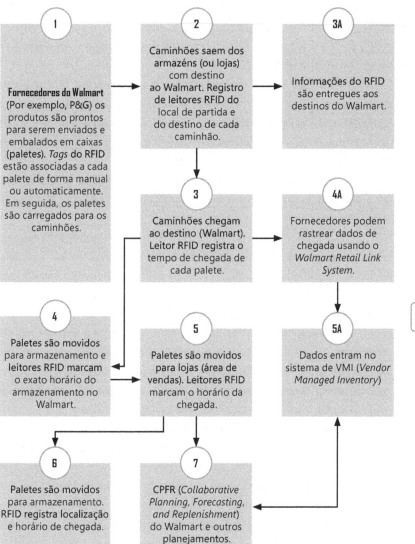

Fonte: Adaptado de Turban et al., 2012, p. A-12, tradução nossa.

Dessa forma, não é mais necessário contar e controlar manualmente os estoques, pois todos os parceiros de negócios são capazes de exibir informações sobre eles em tempo real. Essa transparência pode se dar em vários níveis na *supply chain*. Há também outras aplicações, como o *check-out*, o qual elimina a necessidade de se verificar cada item.

A tecnologia RFID apresenta certo número de limitações. Para pequenas empresas, por enquanto, o custo do sistema pode ser muito elevado. Os sistemas de baixa frequência (300-500 kHz) necessários para etiquetas passivas apresentam valores mais baixos, mas oferecem diminuição na amplitude (Ruiz-Garcia; Lunadei, 2011; Turban et al., 2012; Gulcharan et al., 2013).

A interferência da frequência de rádio e a diminuição da amplitude podem ser problemáticas, especialmente porque as *tags* passivas são a opção economicamente mais viável para algumas empresas.

A baixa frequência (*Low Frequency* – LF) é usada principalmente para implantes em árvores e sistemas de identificação de animais (Ruiz-Garcia; Lunadei, 2011). A alta frequência (*Ultra High Frequency* – UHF) normalmente oferece melhor cobertura e pode transferir dados mais rapidamente do que a LF, mas usa mais energia e é menos suscetível de passar por meio dos materiais.

A utilização de outras frequências de 2,4 GHz evita a interferência por meio da água e do metal. *Tags* de frequência reduzida usam menor quantidade de energia e são mais propícias a atravessar substâncias não metálicas. Em geral, quanto maior a frequência, maior é o intervalo de comunicação e mais rápida ela se torna, o que significa que mais dados podem ser transmitidos

Outra grande limitação de RFID é, atualmente, a restrição dos ambientes nos quais as *tags* são lidas. *Tags* RFID não funcionam bem em ambientes "agressivos" – isto é, em torno de líquidos e metais ou cantos, por exemplo. Isso significa que o RFID não pode, em alguns casos, ser facilmente utilizado em itens que estejam dentro ou próximos da água ou ainda em objetos que contenham grande parcela de líquidos. Eles também não funcionam em locais que apresentam grandes quantidades de metal.

Outra questão a se destacar é a precisão das leituras da tecnologia RFID. Algumas (mas não todas) as organizações têm relatado uma precisão de leitura de 70% a 90%, alcançando níveis diferentes de precisão em diferentes pontos ao longo da *supply chain*.

E-commerce: conceitos, implementação e gestão

A preocupação com a privacidade do cliente é outra questão que continua a ser um ponto importante de discussão em argumentos sobre a adequação da implementação em larga escala do RFID. A seguir, apresentamos algumas preocupações em relação à privacidade do cliente e às *tags* RFID (Turban et al., 2012):

- O cliente que compra um item com uma *tag* pode não ser capaz de removê-la, ou ainda não estar ciente de que ela está anexada ao item.

- A presença das *tags* pode significar que estas ainda poderiam ser lidas a certa distância, sem que o comprador ou usuário tenha consciência disso.

- Se a compra é feita com cartão de crédito, existe a possibilidade de os detalhes da *tag* estarem vinculados aos dados pessoais do titular do cartão.

Contudo, de acordo com Turban et al. (2012), além das limitações da tecnologia RFID, algumas vantagens podem ser destacadas: possibildade de realizar operações a distância; velocidade e precisão no registro das informações; rastreabilidade do produto; maior integração da *supply chain*; e capacidade de armazenamento. Apesar de todos os desafios e limitações, o uso de RFID na indústria fornece novos recursos que têm o potencial de ser uma forma economicamente viável de rastreamento, acelerando operações e melhorando a precisão dos dados.

Portanto, essa tecnologia ajuda na melhoria e na realização das operações, fornecendo um alerta proativo de falha dos equipamentos, ou seja, é uma ferramenta de manutenção preditiva, melhora a gestão, proporciona o registo automático para regulamentar conformidades, elimina custos desnecessários, além de tantas outras vantagens.

Já os sistemas ERP podem otimizar a gestão da *supply chain*. Um exemplo disso é o que acontece na Saudi Aramco, companhia petrolífera da Arábia Saudita que lida com milhares de fornecedores diariamente para a aquisição de pequenas e grandes *commodities*. No contexto dessa grande empresa, os negociantes muitas vezes não têm como manter contato pessoal com cada um dos fornecedores para compartilhar previsões, pedidos e outras informações necessárias (Shaikh; Al-Dossary, 2013). Por isso, a Saudi Aramco usa o Sistemas, Aplicativos e

Produtos (SAP) – um poderoso sistema ERP que automatiza muitas, senão todas, as tarefas. Assim, o fluxo de informação dos processos são reconhecidos por todas as etapas da *supply chain*, suprindo a necessidade de ter a demanda do cliente visível e atualizada.

Os fornecedores precisam de informações e *feedback* de clientes para preparar as mercadorias que serão entregues, bem como as informações sobre estoques, planejamento de produção e programação, além de precisar recolher dados demográficos sobre o cliente. Já os distribuidores e varejistas precisam de informações sobre os prazos de entrega dos produtos acabados e a procura dos clientes de diferentes áreas regionais e níveis de estoque.

Finalmente, os clientes precisam de informações relativas à qualidade do produto ou serviço, datas da liberação desses produtos e informações utilizadas para fins de manutenção, suporte e descarte. De todas as fases, podemos observar como é vital ter uma plataforma com sistemas ERP para unificar informações, especialmente se a *supply chain* for global (por exemplo, a do petróleo).

Assim, podemos inferir que a necessidade final para um sistema ERP é enfatizada na coleta, na análise e no compartilhamento de informações em nível local, regional e global. Caruso (2009) destaca que um sistema de ERP integrado pode ajudar os fabricantes a conseguirem uma utilização eficiente de seus ativos de produção e fornecer aos clientes a visibilidade que precisam, pois pode proporcionar uma poderosa oportunidade para muitos fabricantes, proporcionando-lhes obter uma visão crítica e vantagem competitiva, levando-os além do gerenciamento dos processos internos de negócios.

Assim, Caruso (2009) aponta os principais aspectos por meio dos quais o sistema ERP pode melhorar o desempenho da *supply chain*:

INICIAR UMA VISÃO MELHORADA DA COMUNICAÇÃO COM O CONSU-MIDOR – A ideia principal é criar um forte relacionamento com os consumidores; para tanto, é preciso ouvi-los atentamente e compreender sua necessidades. O sistema ERP ajudará a encontrar as peças vitais de informações sobre suprimentos, vendas, *marketing*, serviço ao cliente e todas as outras áreas funcionais que podem ser encontradas por um sistema unificado e integrado. As informações adquiridas ajudam a responder a diferentes perguntas e a tomar decisões estratégicas.

E-commerce: conceitos, implementação e gestão

REALIZAR A VISIBILIDADE INTERNACIONAL DE UMA DEMANDA E DIRE-CIONAR NA *SUPPLY CHAIN* – Com as crescentes e rápidas mudanças nos negócios, é preciso estar sempre atento à gestão de custos, que pode ser otimizada por meio do investimento em estoques e pela excelência do serviço ao cliente. Por exemplo, na fase de produção, os produtores devem estar cientes de quando e onde é necessário ter estoque. O ERP ajuda a construir uma melhor programação para a fabricação e o reabastecimento e produzir o que é necessário para as entregas. Em outras palavras, o estoque e a disponibilidade do produto são as principais informações que o consumidor precisa. Por exemplo, a Aramex-ShopAndShip, empresa prestadora de serviços logísticos, fornece para cada cliente a atualização de quando ocorre a expedição, como e quando a remessa foi entregue, seu destino, sua condição, o preço do envio e outras informações vitais ao consumidor etc. Parece complexo, mas com a utilização de um sistema eficiente de ERP e de RFID, torna-se simples e fácil.

LEAN MANUFACTURING, GLOBAL SOURCING E INTEGRAÇÃO COM FORNE-CEDOR – O principal objetivo da gestão da *supply chain* é aumentar a rentabilidade, o que exige corte de custos. Isso pode ser alcançado por meio de práticas de manufatura enxuta e conexão com os melhores fornecedores em uma base global, pois a atual geração de sistemas integrados ERP inclui processos e recursos que ajudam a garantir uma operação enxuta, incluindo a necessidade de troca de dados de produção em tempo real com fornecedores.

GERENCIANDO PARA MAIOR *PERFORMANCE* – A grande maioria dos gestores entende que medição e desempenho são elementos inseparáveis. A criação de métricas, indicadores-chave e *benchmarking* ajuda os gestores a evitar grandes problemas em suas operações diárias. O elemento fundamental para alcançar isso é ter acesso aos dados em tempo real, o que é feito de forma eficiente por qualquer sistema ERP integrado – os quais incluem análises de negócios que permitem colocar uma métrica-padrão em toda a estrutura da empresa para monitorar a produção ou a rentabilidade. Logo, esses sistemas preservam toda a informação processada, proporcionando acesso a todos os colaboradores de diferentes níveis, ajudando-os a gerenciar o negócio e a tomar decisões rápidas e de qualidade.

Nara Stefano • Izabel Cristina Zattar

Assim, os sistemas ERP apresentam um caminho mais vantajoso para cortar custos, melhorar a velocidade e a transparência das informações em geral, o que, por sua vez, afeta a satisfação do cliente e, portanto, a rentabilidade organizacional. No atual ambiente dos negócios, atuam como um nivelador para a expansão da *supply chain*.

Apesar do tamanho e do tipo da empresa, uma atenção especial é sempre necessária para a *supply chain* que usa tecnologias para maximizar o seu excedente. A tecnologia fornece uma base para eliminar ou reduzir os custos indesejados, tornando a execução dos processos mais eficiente e automatizando as rotinas. Entre as muitas tecnologias conhecidas que ajudam a gestão da *supply chain* estão os sistemas ERP e a tecnologia RFID.

Portanto, um sistema ERP que integre dados, produza normas para os processos e crie visibilidade para o controle da *supply chain*, juntamente à execução da RFID, vai maximizar suas atividades. A tecnologia RFID, por sua vez, ajudará na realização dos objetivos organizacionais da cadeia, bem como a melhorar sua eficiência e capacidade de resposta. Assim, as tecnologias evoluem para atender aos desafios da gestão da *supply chain*, podendo revolucionar toda a abordagem de gestão.

3.6 Colaboração na *supply chain*

Nos últimos anos, ambientes de negócios têm sido caracterizados como **voláteis** e **imprevisíveis**, devido à natureza dinâmica das relações e às rápidas mudanças no comportamento do consumidor, o que contribui para as incertezas da demanda (Roh; Min; Hong, 2011).

Esse comportamento (frequente) se dá em grande parte devido à ausência de uma coordenação adequada na estratégia de planejamento, produção e sincronização entre os membros da *supply chain* – também outras ineficiências têm um impacto negativo na produtividade e na competitividade (Chan; Au; Chan, 2006; Montoya-Torres; Ortiz-Vargas, 2014).

A principal preocupação da gestão da *supply chain* é como coordenar os jogadores independentes, de modo que trabalhem juntos na prossecução dos objetivos em comum (ou seja, em colaboração).

E-commerce: conceitos, implementação e gestão

O Quadro 3.4, a seguir, apresenta termos comuns usados na literatura quando se refere ao conceito de colaboração em cadeias de abastecimento.

Quadro 3.4 Terminologias e sinônimos para colaboração na *supply chain*

Terminologia	Sinônimos
Colaboração	Associação, relacionamento, aliança, cooperação.
Cooperação	Colaboração, apoio, ajuda, ajuda mútua.
Interação	Contato, interface, relação, comunicação.
Integração	Incorporação, assimilação.
Aliança	Associação, pacto, trato, acordo, aliança, agregação.
Associação	Associar empresas
Relação	Associação, conexão, filiação, ligação.

Fonte: Adaptado de Bäckstrand, 2007, tradução nossa.

De forma geral, *colaboração* é o ato de administrar interdependências entre as atividades realizadas para alcançar um objetivo (Malone; Crowston, 1994). A colaboração no contexto da *supply chain* pode ser vista como um ato de combinar (relacionando, harmonizando ajustando, alinhando) de modo conveniente um número de objetos (ações, objetivos, decisões, informações, conhecimentos, fundos) para a obtenção do objetivo da cadeia (Simatupang; Wright; Sridharan, 2002, p. 291, tradução nossa).

Uma estratégia importante para melhorar a operação da *supply chain* é garantir que os parceiros se envolvam e colaborem em várias questões gerenciais (Turban et al., 2012).

A Figura 3.7 ilustra agentes de colaboração em uma *supply chain*, na qual os retângulos são os parceiros primários ao longo da cadeia e os círculos, os serviços de apoio.

Figura 3.7 Agentes de colaboração em uma *supply chain*

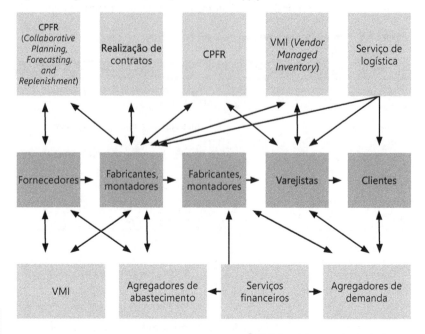

Fonte: Turban et al., 2012, p. A-17, tradução nossa.

Dessa forma, a colaboração entre os membros produz uma *supply chain* "saudável", que obterá benefícios como: redução de estoques; aumento do giro de estoque; satisfação dos clientes, redução de custo associada com o gerenciamento de logística eficiente; aumento do retorno sobre os ativos; simplificação dos procedimentos de compra; e melhoria da previsão e das habilidades de planejamento (Serve et al., 2002).

Assim, o uso da TI é importante para o bom funcionamento das organizações, ajudando-as a alcançar uma *supply chain* ágil por meio do compartilhamento de informações (B2B) (Swafford; Ghosh; Murthy, 2008; Chong; Ooi; Sohal, 2009; Hadjikhani; Laplaca, 2013; Lostakova; Pecinova, 2014; Łobaziewicz, 2015).

A aplicação da internet para o compartilhamento de informações fez surgir o termo *e-collaboration* (em português, *e-colaboração*), que se refere a interações do *business-to-business* pelo uso das tecnologias *web* (Chan; Chong; Zhou, 2012; Centobelli et al., 2014; Silva; Aguiar; Pinto, 2014). As interações passaram das operações de compra e venda para a construção de relacionamentos com base em atividades como o compartilhamento e a integração das informações, a tomada de decisão e de recursos.

Nesse sentido, o Quadro 3.5 destaca as principais ferramentas para a *e-collaboration* indicadas por Cassivi (2006) – embora tais ferramentas tenham sido identificadas no setor de telecomunicações, podem ser generalizadas e aplicadas a outras indústrias.

Quadro 3.5 Definição e ferramentas para a *e-collaboration*

Ferramentas de e-colaboração	Definição
Aquisição direta	Ferramentas de aquisições diretas que encaminham os pedidos para fornecedores pré-qualificados.
Reabastecimento	Conduz a um sistema de encomendas para a loja. Quando os materiais são necessários na linha de produção, um pedido é colocado por meio do sistema de reabastecimento.
Projetada para escassez	Verifica o plano de produção do comprador para carências de materiais esperados para o projeto. Também fornece informações em tempo real para as unidades de fabricação e a gestão da oferta.
Rastreamento e entrega	Gera um pagamento e um pedido de entrega, automaticamente, quando um produto vai dos fornecedores para seus clientes. Também pode coletar informações de transporte de terceiros e fornecedores de logística.
Design	Permite o uso de desenhos interativos e armazenamento de projetos CAD por todas as principais partes interessadas.
Previsão e planejamento	Troca informações sobre previsão entre comprador e fornecedor.
Capacidade de planejamento	Determina a capacidade e a quantidade necessária para produzir.
Estratégia	Coleta e compartilha as ações que precisam ser tomadas para apoiar os objetivos e a missão da cadeia de abastecimento.

(continua)

(Quadro 3.5 – conclusão)

Ferramentas de e-colaboração	Definição
RosettaNet *standard*	Padrão que tem base XML e define mensagens, diretrizes de interface, processos de negócios e estruturas de implementação para interações entre as empresas da cadeia de abastecimento.
E-Hub, e-Marketplace, e-Exchanges, entre outros	Plataforma em que empresas se registram como vendedores ou compradores para se comunicar e realizar negócios por meio da internet.

Fonte: Adaptado de Cassivi, 2006, tradução nossa.

A adoção de ferramentas de *e-collaboration* na *supply chain* requer que os parceiros compartilhem informações importantes, como o *design* de produto (Nurmilaakso, 2008; Hsu, 2013; Milovanovic, 2015). Assim, os modelos adotados que enfocam características de tecnologia, questões de organização e ambiente não são capazes de explicar as razões para a adoção da *e-collaboration*.

Contudo, há muitos exemplos de *e-collaboration* ao longo da *supply chain*, como os apresentados a seguir:

***Vendor-Managed Inventory* (VMI) ou estoque gerenciado pelo fornecedor** – Trata-se de uma ferramenta que permite à empresa ter um estoque menor, reabastecendo-o segundo a própria política de estocagem, sem comprometer o atendimento. O VMI é um sistema de parceria em que o fornecedor é o responsável por abastecer o estoque de seu cliente sempre que existir a necessidade de reposição de um determinado produto (Pires, 2007; Nogueira, 2012). Essa forma de reposição pode ser informatizada utilizando o EDI, por *e-mail,* enviando planilhas, ou de forma visual, em que o fornecedor passa a verificar em dias predeterminados se precisa abastecer. Esse abastecimento deve ter como base o histórico do consumo médio mensal (CMM) para que seja possível se programar para atender à necessidade do cliente. Portanto, possibilita a reposição automática de estoques com base na demanda real diariamente atualizada e em parâmetros de cobertura predefinidos.

***Collaborative Planning, Forecasting, and Replenishment* (CPFR)** – Projeto no qual fornecedores e varejistas colaboram para o planejamento e a previsão da demanda a fim de otimizar o fluxo de materiais ao longo

E-commerce: conceitos, implementação e gestão

da *supply chain*. O objetivo do CPFR é agilizar o fluxo do produto desde as fábricas até que cheguem aos clientes. Grandes fabricantes de bens de consumo, tais como P&G, têm cadeias de abastecimento gigantescas resultantes da sua utilização.

Receber ordens por meio da internet pode ser a parte mais fácil do B2C, mas o cumprimento e a entrega na porta dos clientes são as partes mais difíceis. Muitos varejistas *on-line* experimentaram problemas de atendimento, especialmente durante a década de 1990 (Stair; Reynolds, 2012). A Amazon.com, por exemplo, acrescentou armazéns físicos com milhares de colaboradores a fim de agilizar as entregas e reduzir os custos de atendimento dos pedidos (Laudon; Traver, 2014).

As entregas podem ser adiadas por várias razões, como a incapacidade de prever com precisão a demanda para *e-tailing* ou *e-retailing*, ou seja, o varejo eletrônico das cadeias de abastecimento ineficazes. Muitos dos mesmos problemas afetam empresas *off-line*. Uma questão típica para o *e-commerce* é que ele se fundamenta no conceito de "puxar" as operações que começam com um pedido ou uma personalização, mas muitas vezes é difícil de prever a demanda por causa da falta de informações sobre o perfil dos consumidores (Turban et al., 2012).

Outra razão para os atrasos é que, em um modelo de recepção B2C, muitas das encomendas pequenas precisam ser entregues na casa dos clientes; já no varejo os produtos são enviados em grandes quantidades para lojas em que os clientes podem ir buscá-las. Contudo, não basta entregar produtos no exato prazo, também é necessário fornecer todos os serviços relacionados. Por exemplo, um cliente deve receber instruções de montagem, desmontagem e descarte de um novo aparelho, o que pode ser feito por meio da inclusão de guias na embalagem do produto ou fornecendo as instruções via *web*.

Além disso, se o cliente não estiver satisfeito com o produto, a troca ou o retorno devem ser providenciados. O cumprimento dos pedidos envolve operações de *back-office*, que são as atividades de suporte do cumprimento dos pedidos, como embalagens, entrega, contabilidade, gestão de estoque, transporte e demais – também está fortemente relacionado às operações de *front-office*, ou atividades voltadas para o cliente, como a publicidade.

Portanto, para entendermos melhor por que há problemas no cumprimento dos pedidos, veremos esses aspectos na perspectiva do *e-commerce*.

3.7 PROCESSO DE ATENDIMENTO DE PEDIDOS NO *E-COMMERCE* NA *SUPPLY CHAIN*

Várias atividades são realizadas simultaneamente no processo de atendimento de pedidos do *e-commerce* e, de acordo com Turban et al. (2012), incluem as seguintes etapas:

ETAPA 1: CERTIFICAR-SE DE QUE O CLIENTE VAI PAGAR – Dependendo do método de pagamento e dos acordos prévios, a validade deve ser determinada. No B2B, o departamento financeiro da empresa ou a instituição financeira (ou seja, um banco ou emissor de cartões de crédito, como Visa) pode fazer isso. Qualquer demora pode causar algum tipo de transtorno, resultando em perda para a empresa ou para o cliente. Em B2C, os clientes costumam pagar antecipadamente, frequentemente por cartão de crédito.

ETAPA 2: VERIFICAR A DISPONIBILIDADE EM ESTOQUE – Logo que um pedido é recebido, independentemente de saber se o vendedor é um fabricante ou um revendedor, é necessário verificar se o produto solicitado está disponível em estoque. Vários possíveis cenários aqui podem envolver os departamentos relevantes de gestão e de produção, bem como fornecedores externos e instalações de armazenagem. Nessa etapa, as informações de pedido precisam ser conectadas às informações sobre disponibilidade de estoque.

ETAPA 3: ORGANIZAR REMESSAS – Se o produto estiver disponível, pode ser enviado para o cliente imediatamente (caso contrário, segue-se para o passo 5). Produtos podem ser digitais ou físicos. Se o item é físico e está prontamente disponível, a embalagem e expedição são realizadas. A etapa 3 envolve tanto o departamento de embalagem, de transporte e remetentes internos ou externos. Produtos digitais estão geralmente disponíveis porque seu estoque não está esgotado; no entanto, produtos digitais, como *softwares*, podem estar sob atualização ou revisão e indisponíveis para entrega em determinados momentos. Em ambos os casos, a informação precisa fluir entre vários parceiros.

ETAPA 4: GARANTIR A SEGURANÇA – Às vezes, o conteúdo de um carregamento precisa ser segurado. Isso pode envolver tanto o departamento financeiro

E-commerce: conceitos, implementação e gestão

quanto uma companhia de seguros. Novamente, a informação precisa fluir, não só dentro da empresa, mas também para o agente de seguro e o cliente.

ETAPA 5: REABASTECER – Pedidos personalizados sempre provocam a necessidade de alguma operação de fabricação ou montagem. Da mesma forma, se itens padrão estão fora de estoque, eles precisam ser produzidos ou adquiridos. A produção pode ser feita na empresa ou por prestadores de serviços. Os fornecedores envolvidos podem ter seus próprios fornecedores (subcontratantes).

ETAPA 6: PLANEJAR A PRODUÇÃO INTERNA – O planejamento da produção envolve pessoas, materiais, componentes, máquinas, recursos financeiros e, possivelmente, fornecedores e subcontratados. Para a montagem e a fabricação, vários serviços podem ser necessários, incluindo a possível colaboração com parceiros de negócios. Esses serviços podem incluir agendamento de pessoas e equipamentos, mudança de planos dos outros produtos, trabalho com engenharia sobre as modificações, recebimento de equipamentos e preparação de conteúdos. As instalações de produção podem estar em um país diferente do que a sede da empresa ou dos varejistas. Isso pode complicar ainda mais o fluxo de informação e comunicação.

ETAPA 7: USO DE CONTRATANTES – Um fabricante pode optar por comprar produtos de contratantes. Da mesma forma, se o vendedor é um varejista, como no caso da Amazon.com e do Walmart, ele deve adquirir produtos de seus fabricantes. Vários cenários são possíveis. Armazéns podem estocar itens comprados, que é o caso da Amazon.com, com seus livros mais vendidos, brinquedos e outros itens de mercadoria. No entanto, para os livros que não são estocados, os editores ou intermediários devem fazer entregas especiais. Uma vez que a produção (Etapa 6) ou a compra de fornecedores (Etapa 7) é concluída, as remessas para os clientes (Etapa 3) são organizadas.

ETAPA 8: CONTATAR OS CLIENTES – A empresa precisa manter contato constante com os clientes, principalmente em B2B, começando com a notificação do recebimento do pedido e finalizando com a notificação da data de entrega ou sua mudança. Esses contatos são realizados via *e-mail* e podem ser gerados automaticamente.

Etapa 9: Receber devoluções – Em alguns casos, os clientes querem trocar ou devolver itens, e isso pode ser um grande problema, pois implica custos para os varejistas. O movimento de retorno dos clientes para fornecedores é chamado de *logística reversa*.

A permissão do retorno da mercadoria não desejada e a eventual troca de produtos são necessárias para manter a confiança e a lealdade dos clientes. Uma boa política de devolução (Ellis, 2006) é uma necessidade no *e-commerce*, pois lidar com retornos é um grande problema de logística para os comerciantes.

Existem várias opções para lidar com retornos no *e-commerce*, algumas delas estão destacadas na sequência.

- **Devolver o item para o local de compra** – Para devolver um produto a uma loja virtual, o cliente precisa obter autorização, pagar ou não para enviá-lo de volta e esperar até que o faturamento apareça em seu extrato. Essa solução é viável apenas se o número de retornos for pequeno ou se a mercadoria for cara.

- **Separar a logística dos retornos da logística de entrega** – Os retornos devem ser enviados para uma unidade independente e tratados separadamente. Essa solução pode ser mais eficiente do ponto de vista do vendedor, mas não facilita o processo para o comprador.

- **Terceirizar completamente o retorno** – Várias empresas de terceirização prestam serviços de logística para os retornos, lidando não só com a entrega e o retorno, mas também com todo o processo de logística.

- **Permitir que o cliente entregue fisicamente o item retornado em um posto de coleta** – Por exemplo, na Ásia e na Austrália, as devoluções são aceitas em lojas de conveniência ou em postos de gasolina. As lojas que aceitam devoluções podem oferecer computadores no

E-commerce: conceitos, implementação e gestão

próprio local para realizar pedidos e também para as opções de pagamento, como a 7-Eleven. Em Taiwan, pode-se pagar, pegar livros ou outros itens e devolver os indesejados em uma loja 7-Eleven.

- **Leiloar itens devolvidos** – Essa opção pode ir ao encontro de qualquer uma das soluções anteriores.

O processo de atendimento de pedidos, descrito anteriormente, bem como a entrega de pedidos, são partes integrantes da *supply chain* (Estruc, 2005). Os fluxos de pedidos, os pagamentos, as informações, os materiais e as peças precisam ser coordenados entre os participantes internos da empresa, bem como entre os parceiros externos. Os princípios de gestão da *supply chain* devem ser considerados no planejamento e no processo de atendimento de pedidos.

Portanto, o processo de atendimento de pedidos pode variar, dependendo do produto e do fornecedor, e também difere entre as atividades B2B e B2C, entre a entrega de bens e de serviços e entre pequenos e grandes produtos. Além disso, certas circunstâncias, como no caso de materiais perecíveis ou alimentos, requerem passos adicionais.

3.8 *E-COMMERCE*: PLANEJAMENTO E GESTÃO

Um bom ponto de partida para se aventurar no universo do *e-commerce* é iniciar por meio do planejamento, estruturando um plano de negócio. Um negócio de *e-commerce* nada mais é do que um comércio e, no comércio varejista, o lema é comprar e vender.

O *website* de *e-commerce* é a vitrine da loja, por isso é preciso ter clara a diferença entre uma loja física e uma virtual. Observe a Figura 3.8.

Figura 3.8 Loja física *versus* virtual

AS DIFERENÇAS ENTRE AS LOJAS	
FÍSICA VS.	**VIRTUAL** @
Ponto comercial	Domínio, *site*, plataforma e hospedagem
Compra na loja física	Compra pelo computador e/ou *mobile*
Respeita o Código de Defesa do Consumidor	Código de Defesa do Consumidor, decreto 7.962 e legislações específicas
Toque e experiência com o produto	Visualização do produto por imagens, vídeo ou realidade aumentada
Funciona em horário comercial	24 horas, sete dias por semana
Mercado local	Mercado local, nacional ou internacional
Cliente sai da loja com produto	Cliente recebe produto de acordo com o prazo e modalidade de entrega
Dinheiro, cartão, cheque	Cartão, boleto, intermediadores, virtual *wallets*
Atendimento presencial	Atendimento *on-line*
Prateleiras físicas limitadas	Possibilidade de prateleiras virtuais infinitas
Conceito de *merchandising* no PDV	Conceitos usabilidade e *web design* no site
Mídias e boca a boca	Mídias, motores de busca e recomendações do cliente
Vitrine	Fotos, conteúdo e diagramação do *site*
Na troca, cliente devolve produto na loja	Na troca, empresa faz logística reversa
Marca, espaço físico e funcionários transmitem confiança	Marca, selos, recomendações, diagramação da página e resposta rápida ao cliente transmitem confiança
Análise das vendas	Análise das vendas e métrica

Fonte: Sebrae, 2015.

E-commerce: conceitos, implementação e gestão

Nesse sentido, vários pontos devem ser levados em consideração, como a combinação das cores, as imagens dos produtos, a facilidade de uso da página e de fechar a compra. Construir um *website* com objetivos comerciais não é diferente de criar um *website* institucional ou informativo (Campano, 2009; Sebrae, 2015). Dessa forma, para abrir uma loja virtual é preciso conhecer estratégias de *design*, organização e usabilidade – isso pode aumentar as chances de sucesso do empreendimento. Assim, devemos levar alguns aspectos em conta:

USABILIDADE E NAVEGABILIDADE – São sinônimos de facilidade de uso, considerada um dos fatores da qualidade mais importantes para aplicações *web*, juntamente com a confiabilidade e a segurança (Offutt, 2002). As aplicações na *web* são atualmente a espinha dorsal dos negócios e da troca de informações; logo, são os meios iniciais para apresentar produtos e serviços a clientes em potencial. Também são empregadas por governos para disseminar informações relevantes para os cidadãos, uma vez que a facilidade ou a dificuldade no uso dessas aplicações por parte dos usuários determina seu sucesso ou sua falha na *web*. Se um *website* é fácil de usar, o *e-commerce* tem maior produtividade e as visitas têm mais chances de se converterem em vendas. Então, antes de cadastrar produtos, devemos pensar em como tornar a utilização do *menu* da loja o mais fácil possível (Sebrae, 2015, 2016b). Se uma loja *on-line* tiver um grande número de produtos e recorrer à paginação, pode irritar o usuário e fazer com que os produtos do final da lista sejam prejudicados e menos visualizadas.

LAYOUT – A página inicial de um *website* do *e-commerce* funciona como uma vitrine e deve destacar produtos e preços de forma organizada e estratégica. Os principais elementos de um *layout* de página são o título, a navegação e o conteúdo. Conteúdos-padrão, como informações sobre os direitos autorais, podem ser adicionados ao rodapé de cada página.

IMAGENS – De acordo com o Sebrae (2015, 2016c), 93% dos consumidores são influenciados pela aparência visual no momento da compra. A imagem do produto é fundamental para transformar o visitante em comprador. Informações adicionais e detalhes também são essenciais. Isso demonstra a importância de aprendermos sobre a escolha e a combinação de cores para um *site* de *e-commerce*.

ACESSIBILIDADE – Trata-se de permitir que todos os usuários possam interagir com o *website*, independentemente da deficiência que possa ter o navegador ou a plataforma que estão usando para acessar o *website*. Os deficientes visuais são o público principal que a concepção de acessibilidade contempla. No entanto, o aumento do uso de dispositivos de acesso móvel ou sem fio, como assistentes pessoais digitais (PDAs) e GPRS ou telefones 3G, também são importantes quando falamos de acessibilidade.

Dessa forma, é importante reconhecer que todos os sistemas de informação (SIs), seja um livro, seja uma *intranet*, têm na arquitetura da informação, quando bem trabalhada, um dos fatores-chave para o sucesso do *e-commerce*. A acessibilidade é a combinação de organização, rotulagem e navegação de sistemas que compõem um SI (Vidotti; Sanches, 2004).

Nesse contexto, Rosenfeld e Morville (2002) destacam definições alternativas para **arquitetura de informações**:

- O projeto estrutural de um espaço de informação para facilitar a conclusão da tarefa e o acesso intuitivo ao conteúdo.
- A arte e a ciência da estruturação e da classificação de *websites* e intranets que ajudam as pessoas a encontrar e gerenciar informações.
- Uma disciplina emergente e comunidade de prática focada em trazer princípios do *design* e arquitetura com a paisagem digital.

O ponto de partida para a concepção de sistemas de *e-business* é assegurar que uma arquitetura comum exista em toda a empresa, em termos de tecnologia de *hardware* e *software*, aplicações e processos de negócios.

Sistemas de *e-business* seguem o mesmo modelo da arquitetura cliente-servidor, criada na década de 1990. Para o *e-business*, os clientes são normalmente colaboradores, fornecedores ou PCs *desktop* que dão aos computadores clientes o ponto de acesso para o *front-end* das aplicações do *e-business*. Os clientes estão conectados a um computador servidor *back-end* por meio de uma intranet, extranet ou pela internet.

Uma típica arquitetura de *e-business* usa um modelo cliente-servidor de três camadas, em que o cliente é usado principalmente para exibição, com lógica de aplicação e regras de negócio particionado em um servidor, que é o segundo nível, e o servidor de banco de dados, que é o terceiro nível (Chaffey, 2009).

E-commerce: conceitos, implementação e gestão

Uma vez que a maior parte do processamento é executada nos servidores, e não no cliente, essa arquitetura costuma ser referida como um *cliente fino*, porque o tamanho do programa executável é menor. O provedor de servidor de aplicações *Active Server Pages* (ASP) normalmente se fundamenta no modelo de três camadas.

Embora o modelo de três camadas de um sistema de *e-business* sugira um projeto de arquitetura relativamente simples, na realidade, ele é mais complexo, pois diferentes servidores (podem estar fisicamente separados ou combinados) são necessários para combinar as aplicações lógica e o armazenamento de banco de dados para diferentes necessidades.

A Figura 3.9 mostra uma arquitetura típica de *e-business*.

Figura 3.9 Arquitetura de *e-business* para uma empresa B2C

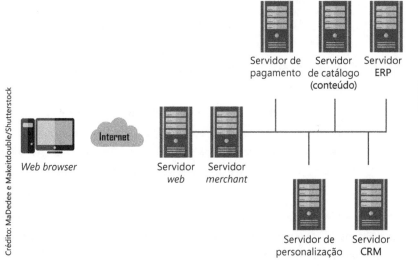

Fonte: Adaptado de Chaffey, 2009, p. 622, tradução nossa.

A finalidade de cada um dos servidores é a seguinte:

- **Servidor *web*** – Gerencia as solicitações HTTP por meio do computador cliente e atua como um corretor passivo para outros servidores, retornando ou servindo páginas da *web*.

- **Servidor *merchant*** – É o principal local da lógica da aplicação e integra toda a aplicação, fazendo requisições para os outros componentes do servidor.

- **Servidor de personalização** – Fornece conteúdo sob medida e pode ser parte da funcionalidade do servidor de *e-commerce*.

- **Servidor de pagamento** – Gerencia sistemas de pagamentos e transações seguras.

- **Servidor de catálogo** – Gerencia os documentos usados para exibir informações do produto e especificações técnicas.

- **Servidor CRM** – Armazena informações sobre todos os contatos com os clientes.

- **Servidor de ERP** – É necessário para obter informações sobre a disponibilidade de estoque e preços do cliente; precisa ser acessado para o processamento de pedidos de vendas e histórias. A logística de distribuição também é organizada por meio desse servidor.

É evidente que a concepção do método de integração entre diferentes componentes para o *e-commerce* não é uma tarefa simples. Nesse caso, a melhor abordagem para simplificar o *design* é reduzir o número de fornecedores de componentes para melhorar a facilidade de dados e aplicativos de integração.

Portanto, a criação de experiências *on-line* eficazes é um desafio, uma vez que existem muitas questões práticas a se considerar, como mostra a Figura 3.10 – que é fundamentada em um diagrama proposto por De Chernatony (2001), o qual sugeriu que oferecer a experiência *on-line* prometida por uma marca requer entregar valores racionais, valores emocionais e a experiência prometida (com base em valores racionais e emocionais).

E-commerce: conceitos, implementação e gestão

Figura 3.10 Diferentes elementos para a experiência *on-line* do cliente

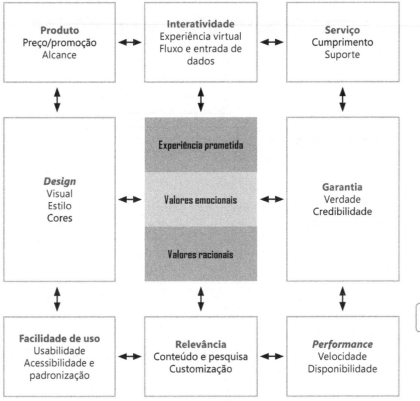

Fonte: Adaptado de Chaffey, 2009, p. 626, tradução nossa.

Assim, um *website* bem projetado é aquele que foi desenvolvido para alcançar a orientação do cliente e aquilo que ele deseja comprar. Isso envolve a difícil tarefa de tentar fornecer conteúdo e serviços para um público amplo. Para uma empresa B2B, os três principais tipos de público são os clientes, outras empresas e o próprio pessoal.

O planejamento dá uma visão mais ampla e de longo prazo para o negócio, além de garantir que todas as partes do negócio estejam conectadas na operação de *e-commerce*. O Sebrae (2016b) instrui que o plano estratégico de *e-commerce* seja objetivo e sucinto (um limite de 10 a 15 páginas), de modo a ser lido e acompanhado por todos aqueles envolvidos com o *e-commerce* na empresa.

O Quadro 3.6 mostra os elementos básicos desse plano (Sebrae, 2016b).

Quadro 3.6 Requisitos básicos para plano estratégico de *e-commerce*

Elemento	O que fazer:
1. Descrição	Breve descrição do projeto de *e-commerce* a ser desenvolvido (não mais de uma página).
2. Objetivos	Exposição detalhada dos objetivos a serem atingidos por meio da operação de *e-commerce* (corte de custos, aumento da base de clientes, adequação às demandas do mercado etc.).
3. Análise de mercado	Descrição das oportunidades do mercado de *e-commerce* para a empresa e do perfil dos consumidores pretendidos.
4. Análise da concorrência	Indicação de quem são os concorrentes, quais deles utilizam o *e-commerce* e quais são suas características.
5. Estratégia de divulgação	Indicação das ações a serem empreendidas para divulgar o *site* e atrair clientes, apontar se serão utilizados *sites* de busca, propaganda *on-line* etc.
6. Estratégia de preços	Definição da política de preços e descontos e de quais serão as modalidades de pagamento, como boleto bancário, cartão de crédito etc.
7. Estratégia de vendas	Explicitação de como será feita a recepção e o processamento de pedidos.
8. Estratégia de logística	Indicação de como será feita a entrega física dos produtos ao comprador.
9. Estratégia de pós-venda	Explicitação de como será feito o atendimento, caso o tipo de produto ou serviço vendido requeira atendimento pós-venda.
10. Aspectos técnicos	Descrição de todos os aspectos técnicos relevantes para a tomada de decisão e o acompanhamento do plano.
11. Avaliar as operações	Estabelecimento de critérios de avaliação para a operação de *e-commerce* (número de visitas por mês, número de visitas não repetidas, número de transações geradas, número de pedidos etc.).
12. Orçamento	Realização de orçamento que cubra o período de instalação da operação de *e-commerce*, o início das operações e a entrada em funcionamento normal da operação.
13. Outras financeiras	Realização de documentos como a projeção de fluxo de caixa, análise do ponto de equilíbrio etc.

Fonte: Elaborado com base em: Sebrae, 2015.

E-commerce: conceitos, implementação e gestão

Assim, é recomendável que o plano seja revisto periodicamente, uma vez que a dinâmica do *e-commerce* é muito grande, sendo necessário reavaliar com frequência o que foi alcançado com relação aos objetivos propostos e às ações planejadas.

No que tange ao ciclo de vida de uma empresa do *e-commerce*, para que ela se desenvolva é necessário passar por quatro ciclos de vida (Albertin, 2012). Ao longo dessa evolução, ela é influenciada diretamente por oportunidades e ameaças do mercado, perfil e lealdade do cliente, modelo de negócio adotado e avaliação do mercado com relação à própria empresa (Figura 3.11).

Figura 3.11 Ciclos de vida para o *e-commerce*

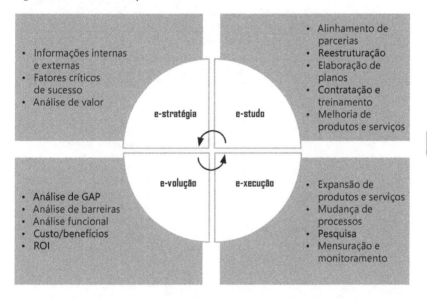

Fonte: Adaptado de Albertin, 2012.

Conforme você pode ver no Quadro 3.7, Lima (2016) apresenta os Fatores Críticos de Sucesso (FCs) da metodologia *Next* para a implantação de *e-commerce*.

Quadro 3.7 Fatores críticos de sucesso para o *e-commerce*

Fatores críticos de sucesso para o *e-commerce*	
Tecnologia da Informação	**1. Tecnologia flexível**: permite a integração via *webservice* com sistemas legados. **2. Escalabilidade**: plataformas frente de loja e ERP que possibilitem crescimento do negócio segundo cada uma das fases. **3. Navegabilidade**: permite fácil navegação tanto em *tablets* e *mobiles* quando em PCs. **4. Segurança e disponibilidade**: sistema antifraude e hospedagem redundante. **5. Ferramentas de conversão**: garante busca e personalização, a fim de que os clientes encontrem as peças e os itens relacionados. **6. Equipe**: time de tecnologia capacitado para atuar no negócio *on-line* (conhecimento e agilidade).
Marketing	**1. Preço**: competitivo, dada a comodidade do processo de vendas por meio da *web* (*mix* abrangente e rapidez de entrega). **2. Produto**: *mix* abrangente e necessidade de categorização, descrição e fotos de forma estratégica. **3. Promoção**: caso existam lojas físicas, alinhamento com força de vendas e ações promocionais. **4. Estratégia de comunicação**: o *e-commerce* vive de tráfego, as mídias são caras e, se a marca não for forte, a empresa terá de investir boa parte de suas receitas em comunicação. Portanto, é preciso ter clara a estratégia de posicionamento e investimento.
Logística	**1. Gestão de estoque**: controle de estoque próprio (compra e venda), fornecedores (sob demanda) e concessionárias (intermediação) de forma sistematizada. **2. Operação de compra e venda**: recebimento, armazenagem, *picking*, *packing* e *posting* e logística reversa. **3. Operação de fornecedores**: garantir entrega de fracionado para armazém. **4. Operação de concessionárias**: garantia de integridade do estoque e entrega das vendas intermediadas. **5. Acompanhamento do ciclo de vida do pedido**: garantia de *tracking* e prazo de entrega para todos os canais. **6. Gestão de transportadoras e valores de frete**: gestão de entregas próprias e para concessionárias de forma fracionada para pequenos produtos ou cubados.

(continua)

E-commerce: conceitos, implementação e gestão

(Quadro 3.7 – conclusão)

Fatores críticos de sucesso para o *e-commerce*	
Serviço de Atendimento ao Cliente (SAC)	**1. Venda não presencial**: políticas de troca e devolução claras. **2. Resposta imediata**: SAC interno e operadores com autonomia para solucionar problemas; integração com as áreas do *e-commerce* para ágil solução dos problemas. **3. Venda técnica**: televendas que atuem com foco no consumidor e com conhecimento dos produtos oferecidos. **4. Atendimento com foco em fidelização**: eventual contato, que deve ser tratado como relacionamento, a fim de fidelizar o cliente.

Fonte: Adaptado de Lima, 2016.

Dessa forma, ao acessar o *website* de uma empresa, o internauta (possível cliente) deve ser "conquistado" rapidamente, pois, com uma infinidade de opções à disposição, sua atenção pode acabar sendo direcionada para outro *website* que ofereça as informações de forma mais consistente e rápida. Por isso, a distribuição dos conteúdos e a rapidez com que o *website* se apresenta ao usuário determinarão o sucesso da "conquista" (Sebrae, 2012). Nesse sentido, algumas sugestões são essenciais na construção do *website* da empresa (Sebrae, 2012):

- **Apresentação** – Coloque as informações mais importante na primeira página (*homepage*), ou seja, informações básicas de contato são essenciais e devem estar na página de entrada do *website*, pois, de acordo com pesquisas realizadas pelo Sebrae (2015a), 74% dos clientes em potencial vão embora se precisarem de um novo clique para obter esse tipo de informação.

- **Identidade da empresa** – Quem é a empresa? A página inicial do *website* deve destacar o logotipo e o nome da empresa e ter um subtítulo de identificação impactante. Se você tem uma boa foto (da fachada, interna, com clientes), coloque-a lá também.

- **Especialidade da empresa** – A página inicial do *website* também deve responder (bem rápido) ao que o cliente em potencial está procurando. Então, a *homepage* deve dar informações suficientes sobre qual é a especialidade da empresa. Não é preciso detalhar, pois isso poderá ser feito no interior do *website*. Responda onde e como você atende, que fabricantes você representa e outras informações que forem extremamente diferenciais no seu negócio em relação à concorrência.

- **Onde e como a empresa pode ser encontrada** – O cliente potencial quer saber como encontrar a empresa, fazer algumas perguntas e, eventualmente, pedir um orçamento. Por isso, é importante ter claras as informações do estabelecimento, isto é, endereço de contato, telefone, *e-mail*, horário de funcionamento.

- **Mostre casos de sucesso** – Muitas de suas vendas terão como referências as opiniões de outros clientes disponibilizadas no *website*, por isso, apresente os casos de sucesso, com depoimentos espontâneos e fotos.

Não basta executar o planejamento tal qual ele foi concebido. É importante estar atento às mudanças que podem afetar as organizações. Para isso, é recomendável elaborar um cronograma para mensurá-las, com reuniões periódicas, discutindo o que mudou desde a aplicação das suas estratégias planos.

Com relação ao planejamento e à execução de um plano para o *e-commerce*, Chaffey (2009) aponta os seguintes aspectos:

- A análise de requisitos de negócios e de usuários para sistemas de *e-business* é importante no fornecimento de sistemas utilizáveis e relevantes.
- A modelagem de processos é usada para avaliar os processos de negócios existentes e sugerir outros novos. Técnicas como a análise de tarefas e de processos e gráficos de fluxo baseados no projeto são úteis na compreensão das tarefas que devem ser suportados pelo sistema ou das fraquezas no processo atual.
- A modelagem de dados para sistemas de *e-business* envolvem principalmente as abordagens tradicionais de relacionamento com entidade.

E-commerce: conceitos, implementação e gestão

- Os projetos arquitetônicos envolvem a avaliação da integração apropriada entre os sistemas legados e os novos sistemas de *e-commerce*. Tais modelos se fundamentam na abordagem cliente-servidor.

- O *design* de interface do usuário pode ser melhorado por meio da utilização de abordagens estruturadas seguindo padrões em evolução, pela estrutura do *website*, da página e do conteúdo. Também, o projeto de segurança é importante para manter a confiança na base de clientes. As soluções de segurança protegem os servidores alvos de ataques e evitam a intercepção de mensagens quando estão em trânsito.

Quanto à etapa de implementação do *e-commerce*, mesmo com uma boa análise e *design*, ainda é necessário acompanhar essas as atividades, os testes dos sistemas e gerenciar a transição do antigo sistema para o novo e o lançamento do *website*.

Note que há também um uso mais amplo do termo *implementação*, que é usado para descrever a implementação da estratégia, incluindo aspectos como gestão, análise, projeto, implementação e manutenção. Nessa etapa alguns aspectos, de forma sucinta, se desatacam (Chaffey, 2009):

- A implementação é um processo interativo de gestão de mudanças que envolve a análise, o *design*, o teste e a avaliação como parte de um processo de prototipagem evolutiva.

- A manutenção é um processo contínuo de monitoramento, avaliando mudanças necessárias e, em seguida, implantando-as por meio da prototipagem evolutiva.

- Páginas da *web* simples são desenvolvidas em HTML estático. A maioria dos sistemas de *e-business* requer páginas dinâmicas, que são implementadas por meio de um computador cliente; do lado do computador servidor, usa-se *scripting*, das quais as mais populares são JavaScript e ASP.

- Os testes têm dois objetivos principais: em primeiro lugar, verificar a não conformidade com os requisitos do negócio e usuários; em segundo, identificar *bugs* ou erros. Existem muitas técnicas especializadas em realizar esses testes, seja em parte do sistema (teste de componente), seja como um todo (teste do sistema).

- Mudanças são geridas incluindo elementos de testes, uma implementação gradual, transição imediata ou em paralelo.

- A gestão de conteúdo requer um processo de atualização claramente definido e responsabilidades de acordo com diferentes tipos de alterações necessárias.
- A avaliação também requer um processo e responsabilidades que vão além de um quadro de medidas. A estrutura sugerida para o quadro de vendas no *e-commerce*, por exemplo, avalia o canal de promoção, seu comportamento, a satisfação, os resultados e a rentabilidade do canal. Assim, ferramentas da *web analytics* apropriadas são importantes para avaliar a eficácia do *e-commerce*.

A *web* é um constante laboratório e, a cada dia, surgem novos tipos de *websites*, novas redes sociais, novos aplicativos e ferramentas. Por isso a importância de acompanharmos as tendências, novidades e oportunidades, para nos manter atualizados e revendo nossos negócios.

A *web* se dissolve em perímetros de tempo, lugar e cultura. Fronteiras entre as nações, casa e trabalho, tempo intimista e dos negócios, entre a noite e o dia, entre indivíduos e organizações. Não há soberania em um mundo eletrônico sem fronteiras. Elementos como *capital*, *consumidores* e *empresas*, sob a forma de **pacotes de comunicação**, atravessam as fronteiras políticas milhões de vezes todos os dias.

3.9 Segurança para servidores e clientes

Recursos do sistema operacional e *softwares* antivírus podem ajudar a proteger servidores e clientes de certos tipos de ataques. Também outra forma de se proteger dos ataques é manter o sistema atualizado – os sistemas Microsoft®, Apple e Linux® UNIX, por exemplo, são continuamente atualizados para amenizar as vulnerabilidades.

A maneira mais fácil e menos dispendiosa para evitar ameaças à integridade do sistema é a instalação de *software* antivírus, que oferecem ferramentas para identificar e erradicar os tipos mais comuns de código malicioso. Programas antivírus podem ser configurados para que os anexos dos *e-mails* sejam inspecionados antes que o indivíduo clique sobre eles; assim, os anexos são eliminados caso contenham um vírus ou *worm* conhecido.

E-commerce: conceitos, implementação e gestão

Portanto, não é suficiente simplesmente instalar o *software* antivírus, pois, como novos vírus são desenvolvidos e lançados a cada dia, atualizações diárias de rotina são necessárias para evitar que novas ameaças sejam carregadas. Alguns *softwares* antivírus de nível *premium* são atualizados a cada hora e pacotes ou suítes antivírus (não pagos) e programas autônomos estão disponíveis para eliminar os intrusos, como programas de *bot, adware* e outros riscos de segurança.

3.9.1 POLÍTICAS DE SEGURANÇA E LEIS

A fim de minimizar as ameaças de segurança, as empresas do *e-commerce* devem desenvolver uma política corporativa coerente que leve em conta a natureza dos riscos, os ativos de informação que precisam de proteção, os procedimentos e tecnologias necessários para lidar com esses riscos, bem como a implementação de mecanismos e auditorias (Lihua; Fengyun; Haiyan, 2011; Laudon; Traver, 2014).

Laudon e Traver (2014) propõem alguns passos para a criação de um plano de segurança para o *e-commerce*, como você pode visualizar no Quadro 3.8.

Quadro 3.8 Etapas envolvidas na construção de um plano de segurança para o *e-commerce*

Passos	Descrição
1. Avaliação dos riscos e pontos de vulnerabilidade	O primeiro passo é o registro das informações e conhecimento dos ativos da empresa e do *site* de *e-commerce*. Quais informações estão em risco? Para cada tipo de informações dos ativos, estimar o valor monetário para a empresa e, se essas informações foram comprometidas, multiplicar esse valor pela probabilidade de ocorrer a perda. Depois de ter feito isso e ordenar os resultados, tem-se uma lista de ativos da informação priorizados pelo seu valor.
2. Política de segurança	É um conjunto de instruções, que prioriza os riscos das informações, identifica alvos de risco aceitável e mecanismos para alcançar esses objetivos. O importante é começar pelos ativos da informação de alta prioridade para a empresa. Os seguintes questionamentos devem ser realizados: Quem gera e controla essas informações na empresa? Qual(is) política(s) de segurança existe(m) para proteger a informação? Quais melhorias podem ser recomendadas para melhorar a segurança desses ativos? Qual o nível de risco que se está disposto a aceitar para cada um desses ativos? Ao responder a essas perguntas, ter-se-á o início de uma política de segurança.

(continua)

(Quadro 3.8 – conclusão)

Passos	Descrição
3. Plano de implementação	São as etapas da ação para atingir as metas do plano de segurança. Especificamente, é determinar como se vai traduzir os níveis de risco aceitável em um conjunto de ferramentas, tecnologias, políticas e procedimentos. Que novas tecnologias serão implantadas para atingir as metas e quais os novos procedimentos necessários? Para implementar o plano, será necessária uma unidade organizacional com alguém responsável pela segurança. Para um pequeno *site* de *e-commerce*, o responsável pela segurança provavelmente vai ser a pessoa encarregada pelos serviços de internet ou o administrador do *site*, enquanto que para as grandes empresas será preciso uma equipe.
4. Organização da segurança	Educa e treina usuários, mantém a gestão consciente de ameaças à segurança e avarias e as ferramentas escolhidas para implementar segurança. Tipicamente administra os controles de acesso, os procedimentos de autenticação, as autorizações e as políticas. Os controles de acesso determinam quais *outsiders* e *insiders* podem ganhar acesso legítimo às suas redes. Controles de acesso *outsider* incluem *firewalls* e servidores *proxy*, enquanto controles de acesso *insider* consistem em procedimentos de *login* (*usernames*, senhas e códigos de acesso). Os procedimentos de autenticação incluem o uso de assinaturas digitais, certificados de autoridade e PKI. Também podem-se destacar os dispositivos biométricos, os quais podem ser utilizados para verificar os atributos físicos associados aos indivíduos, como uma impressão digital ou de retina e o sistema de reconhecimento de fala. Portanto, as políticas de autorização determinam diferentes níveis de acesso aos ativos da informação e para diferentes níveis de usuários. Sistemas de gerenciamento de autorização estabelecem onde e quando um usuário tem permissão para acessar certas partes de um *website*.
5. Auditoria de segurança	Envolve a avaliação da rotina dos registros de acesso (identificando como *outsiders* estão usando o *site*, bem como a forma como os *insiders* estão acessando os ativos). Um relatório mensal deve ser produzido de modo que estabeleça a rotina e as não rotinas de acesso aos sistemas e identifique padrões incomuns das atividades.

Fonte: Adaptado de Laudon; Traver, 2014, p. 291-293, tradução nossa.

O ambiente de políticas públicas é hoje muito diferente desde os primeiros dias do *e-commerce*. Após a ocorrência do *worm* na internet em 1988 (Schneider, 2011), foram formadas várias organizações para compartilhar informações sobre ameaças que cercam os sistemas dos computadores.

E-commerce: conceitos, implementação e gestão

Essas organizações se dedicam ao princípio de que o compartilhamento de informações sobre os ataques e as defesas podem ajudar na criação de uma melhor segurança para os computadores. Algumas das organizações começaram suas atividades em universidades, outras foram lançadas por agências governamentais. Na atualidade, várias organizações, algumas públicas e outras privadas, dedicam-se a rastrear criminosos ou indivíduos envolvidos em ataques contra *websites*, comerciais ou não. Dentre essas organizações, destacam-se as empresas estadunidenses CERT Coordination Center (anteriormente conhecida como Computer Emergency Response Team), da Carnegie Mellon University; e o Sans Institute.

3.9.2 Questões legais e éticas no *E-COMMERCE*

Determinar como regular o comportamento virtual é apenas uma das muitas questões éticas, sociais e políticas levantadas pela rápida evolução da internet e do *e-commerce*. Padrões éticos e sua incorporação na lei frequentemente trilham a inovação tecnológica.

Tal como acontece com os avanços na medicina genética, por exemplo, o *e-commerce* está tomando novas formas e possibilitando novas práticas de negócios que podem trazer inúmeros riscos, particularmente para os consumidores individuais, juntamente a suas vantagens.

Vivemos em uma "sociedade da informação" em que o poder e a riqueza dependem cada vez mais da informação e do conhecimento como ativos centrais. Como outras tecnologias – como vapor, eletricidade, telefone, televisão –, a internet e o *e-commerce* podem ser utilizados para alcançar o progresso social – e, na maior parte, é isso que tem ocorrido.

No entanto, as mesmas tecnologias podem ser usadas para cometer crimes, ameaçar os valores sociais e individuais. Considerando as características únicas da tecnologia da internet, o Quadro 3.9 examina as consequências reais ou potenciais, ética, social e políticas da tecnologia.

Quadro 3.9 Características únicas da tecnologia do *e-commerce* e suas potenciais implicações éticas, sociais e políticas

Dimensões da tecnologia no *e-commerce*	Importância, ética, social e política
Ubiquidade – A tecnologia da internet/*web* está disponível em todos os lugares: no trabalho, em casa e em outros lugares por meio de dispositivos móveis, a qualquer hora.	Trabalhar e fazer compras pode "invadir" a vida familiar; compras podem distrair os trabalhadores no local de trabalho, diminuindo a produtividade; o uso de dispositivos móveis pode levar a acidentes automobilísticos e industriais. Apresenta questões confusas de *nexus* para as autoridades fiscais.
Alcance global – A tecnologia alcança e ultrapassa as fronteiras nacionais, internacionais e globais.	Reduz a diversidade cultural nos produtos; enfraquece as pequenas empresas locais, reforçando simultaneamente as grandes empresas globais; move a produção industrial para áreas de baixos salários do mundo; enfraquece a capacidade de todas as nações, grandes e pequenas, de controlar o destino de suas informações.
Padrão universal – Há um conjunto de padrões de tecnologia, nomeadamente *padrões da internet*.	Aumenta a vulnerabilidade de vírus e ataques de *hackers* em todo o mundo, afetando milhões de pessoas ao mesmo tempo. Aumenta a probabilidade de crimes contra os sistemas e as informações, bem como as decepções.
Tecnologia social – Geração de conteúdo do usuário e as redes sociais.	Cria oportunidades para *cyberbullying*, linguagem abusiva e predação; desafia conceitos de privacidade, uso justo e consentimento para usar informações a serem publicadas; cria novas oportunidades para a vigilância por parte das autoridades e corporações na vida privada.
Customização e padronização – A tecnologia permite mensagens personalizadas, que serão entregues aos indivíduos e aos grupos.	Abre-se a possibilidade intensa de invasão da privacidade para fins comerciais e propósitos governamentais que não tem precedentes.
Densidade da informação – A tecnologia reduz os custos da informação e eleva a sua qualidade.	Confiança, autenticidade, exatidão, integridade e outros recursos de informação de qualidade podem ser degradadas. A capacidade dos indivíduos e organizações para dar sentido a essa abundância de informação é limitado.
Interatividade – A tecnologia funciona por meio da interação com o usuário.	A natureza da interatividade em *sites* comerciais pode ser superficial e sem sentido. Os clientes não são coprodutores do produto tanto quanto eles coproduzem a venda. A quantidade de "personalização" dos produtos é mínima, pois estes estão dentro de plataformas predefinidas e opções de *plug-ins*.

(continua)

E-commerce: conceitos, implementação e gestão

(Quadro 3.9 – conclusão)

Dimensões da tecnologia no *e-commerce*	Importância, ética, social e política
Riqueza da informação – Vídeo, áudio e mensagens de texto são possíveis.	Uma "tecnologia de tela", que reduz o uso de texto e, potencialmente, a capacidade de ler por concentrar-se em mensagens de vídeo e áudio. Mensagens potencialmente muito persuasivas podem reduzir a dependência de múltiplas fontes de informação independentes.

Fonte: Adaptado de Laudon; Traver, 2014, p. 487, tradução nossa.

O *e-commerce* e a internet têm levantado muitas questões éticas, sociais e políticas que são difíceis de classificar, mas que estão inter-relacionadas, embora muitas vezes possa ser complicado verificar relação de uma com a outra (Cheng et al., 2014; Lu; Fan; Zhou, 2016).

Na visão de Laudon e Traver (2014), algumas dessas questões são:

- **Direito à informação** – Quais direitos os indivíduos têm em um mercado público ou em suas casas quando as tecnologias da internet tornam a coleta de informações tão difundida e eficiente? Quais direitos têm os indivíduos de acessar informações sobre as empresas e outras organizações?

- **Direitos de propriedade** – Como os direitos de propriedade intelectual tradicional podem serem executados no mundo da internet, em que cópias perfeitas de obras protegidas podem ser copiadas e facilmente distribuídas em todo o mundo em questão de segundos?

- **Governança** – A internet e o *e-commerce* devem estar sujeitos a leis públicas? Nesse caso, qual legislação tem jurisdição estadual, federal e internacional?

- **Segurança pública e bem-estar** – Que esforços devem de ser realizados para garantir o acesso equitativo aos canais de internet e de *e-commerce*? Os governos devem ser responsáveis por garantir que escolas, faculdades e universidades tenham acesso à internet? O comércio móvel deve ser autorizado para veículos em movimento?

Próximo à privacidade, a questão mais controversa ética, social e política relacionada ao *e-commerce* é o destino de direitos de propriedade intelectual[4] (Krystofik; Wagner; Gaustad, 2015; Smeets; De Vaal, 2016).

Como regra geral, nos EUA, o criador da propriedade intelectual a detém. Por exemplo, quando um *website* de *e-commerce* é criado, este pertence inteiramente ao indivíduo, que tem os direitos exclusivos para usar essa propriedade de forma lícita. Contudo, a internet potencialmente muda as coisas. Uma vez que as obras intelectuais se tornam digitais, torna-se difícil de controlar o acesso, a utilização, a distribuição e as cópias – precisamente aspectos que a propriedade intelectual procura controlar.

Questões éticas são significativas quanto à privacidade *on-line*, pois as leis não mantiveram o mesmo ritmo de crescimento da internet e da *web*. A natureza e o grau de informação das pessoas que os *websites* podem gravar ao coletar informações sobre os hábitos de visualização de página dos visitantes, as seleções de produtos e informações demográficas podem ameaçar os direitos de privacidade desses visitantes. Isso é verdadeiro quando as empresas perdem o controle dos dados que recolhem sobre os seus clientes (e outras pessoas).

Outra questão legal e política que envolve o *e-commerce* são os impostos e as taxações. As empresas que fazem negócios na *web* estão sujeitas aos mesmos impostos como qualquer outra empresa. Sendo assim, mesmo um pequeno negócio na *web* pode tornar-se, instantaneamente, sujeito a impostos em muitos estados e países por causa do âmbito mundial da internet.

Empresas tradicionais podem operar em um local e estar sujeitas a apenas um conjunto de leis fiscais por ano. Contudo, quando as empresas estão operando em vários estados ou países, desenvolvem a infraestrutura de pessoal e de manutenção de forma a cumprir várias leis fiscais. As empresas que se envolvem no *e-commerce* devem cumprir múltiplas leis fiscais desde o primeiro dia de sua existência.

Um negócio *on-line* pode tornar-se sujeito a vários tipos de impostos sobre o rendimento de propriedade e a taxas de transação. Impostos de renda são cobrados pelos governos nacionais, estaduais e municipais sobre o lucro líquido gerado por atividades comerciais. Os impostos de transação, que incluem impostos sobre vendas de direitos aduaneiros, são cobrados sobre os produtos ou serviços que a empresa vende ou usa (Schneider, 2011).

---

4   A propriedade intelectual abrange todos os produtos tangíveis e intangíveis da mente humana.

Direitos aduaneiros são impostos cobrados pelos países sobre determinados produtos importados. Impostos de propriedade são cobrados pelos Estados e governos locais sobre os bens pessoais e imóveis utilizados no negócio. Em geral, os impostos que causam a maior preocupação para as empresas da *web* são aqueles sobre o rendimento e as vendas.

Na concepção de Schneider (2011), o conceito jurídico de competência na internet é ainda obscuro e mal definido. Para ele, a relação entre fronteiras geográficas e limites legais é fundamentada em quatro elementos (*poder, efeitos, legitimidade* e *aviso*) que ajudaram os governos a criar o conceito jurídico de competência no mundo físico, pois eles existem em formas um pouco diferentes. As regras de competência que funcionam muito bem no mundo físico nem sempre funcionam bem no mundo *on-line*.

Assim como no comércio tradicional, os contratos são uma parte dos negócios na *web*, sendo estabelecidos por meio de vários tipos de ofertas e aceitações. Qualquer contrato para a venda de bens ou serviços eletrônicos inclui garantias implícitas. Muitas empresas incluem contratos ou regras nos seus *websites* na forma de termos de acordos e serviços.

Os contratos podem ser invalidados quando uma das partes para a transação é um impostor. No entanto, identidades forjadas estão se tornando mais fáceis de se detectar por meio de ferramentas eletrônicas de segurança.

Outro aspecto importante a se ter em conta é a inclusão de **fotografias**, verificando se estas foram manipuladas ou não, e outros elementos em páginas da *web* que podem levar à violação de direitos autorais, marcas registradas ou patentes, difamação e violação dos direitos de publicidade ou privacidade.

Dessa forma, *websites* de *e-commerce* devem ter cuidado para não implicar em relações que, na verdade, não existem. Declarações avaliativas negativas sobre entidades, mesmo quando verdadeiras, devem ser evitadas devido à natureza subjetiva da difamação e do descrédito de tal produto.

Também há quem use a internet para disseminar crimes, defendendo o terrorismo e até mesmo incentivando guerras. As agências de aplicação de leis têm encontrado dificuldades para combater muitos tipos de crime *on-line* e os governos trabalham constantemente para criar defesas adequadas.

Portanto, ainda que as empresas realizadoras do *e-commerce* estejam sujeitas às mesmas leis e impostos que outras empresas, a natureza de fazer negócios na *web* pode expor as empresas a um maior número de leis e impostos que as empresas tradicionais.

A natureza internacional de todos os negócios *on-line* complica ainda mais as obrigações fiscais, sociais e éticas de uma empresa tradicional. Embora algumas questões legais sejam simples, outras são difíceis de interpretar e seguir por causa da natureza digital do *e-commerce*.

3.10 SISTEMAS DE PAGAMENTO

A fim de compreender os sistemas de pagamento do *e-commerce*, é preciso estar familiarizado com os vários tipos de sistemas de pagamento genéricos. Assim você será capaz de reconhecer os diferentes requisitos que os sistemas de pagamentos do *e-commerce* utilizam, além de identificar as oportunidades oferecidas e a tecnologia para o desenvolvimento de novos tipos de sistemas de pagamento.

3.10.1 TIPOS DE SISTEMAS DE PAGAMENTO PARA O *E-COMMERCE*

Uma função importante de *websites* do *e-commerce* é o controle dos pagamentos por meio da internet. Vários sistemas de pagamento eletrônico foram desenvolvidos para os produtos e serviços adquiridos por meio da internet e incluem pagamentos com cartão de crédito, boleto bancário, Transferência Eletrônica de Fundos (TEF), PayPal, entre tantos outros.

Sistemas de pagamento eletrônicos são um componente-chave da infraestrutura do *e-commerce*. Essas tecnologias fundamentam-se na identificação de usuário e criptografia para as transações. Tecnologias de autenticação são usadas por muitas organizações para confirmar a identidade de um usuário que solicita acesso à informação.

Todos os compradores *on-line* temem roubo dos números dos seus cartões de crédito e das informações bancárias; para ajudar a evitar esse tipo de roubo de identidade, o protocolo de comunicações *Secure Sockets Layer* (SSL) é usado para proteger dados confidenciais (Leu; Huang; Wang, 2015).

E-commerce: conceitos, implementação e gestão

O protocolo de comunicações SSL inclui uma fase de *handshake*, que autentica o servidor (e o cliente, se necessário), determina a criptografia e os algoritmos *hash* a serem utilizados e a troca de chaves de criptografia. Após essa fase, os dados podem ser transferidos.

Os dados são sempre criptografados, garantindo que suas transações não estejam sujeitas à interceptação por terceiros. Embora o SSL manipule parte de uma transação do *e-commerce* por meio da criptografia, um certificado digital é necessário para fornecer a identificação do servidor.

3.10.2 *Electronic cash* (dinheiro eletrônico)

O *electronic cash* é uma quantidade de dinheiro que é computadorizado, armazenado e usado como dinheiro para transações de comércio eletrônico (Baseri; Takhtaei; Mohajeri, 2013). Normalmente, os consumidores devem abrir uma conta com um provedor de serviço de dinheiro eletrônico, fornecendo informações de identificação.

Quando os consumidores querem retirar dinheiro eletrônico para fazer uma compra, eles acessam o provedor de serviço, por meio da internet, e apresentam uma prova de identidade – um certificado digital emitido por uma autoridade de certificação ou um nome de usuário e senha. Depois de verificar a identidade do consumidor, o sistema debita da conta do consumidor e credita da conta do vendedor com a quantidade da compra. Como exemplo de dinheiro eletrônico, podemos citar PayPal, Bill Me Later, MoneyZap e TeleCheck.

O serviço PayPal, do eBay®, permite que qualquer pessoa ou empresa com um endereço de *e-mail* válido envie e receba pagamentos *on-line* de forma segura, fácil e rápida. Para enviar o dinheiro, basta inserir o endereço de *e-mail* do destinatário e a quantidade que deseja enviar. Para pagar, pode-se utilizar cartão de crédito, débito ou fundos de uma conta corrente.

O destinatário recebe um *e-mail* que avisa sobre o recebimento do dinheiro. Em seguida, ele pode obtê-lo clicando em um *link* no *e-mail* que o leva para o *website* do PayPal. Para receber o dinheiro, o usuário também deve ter um cartão de crédito ou uma conta corrente para aceitar transferências de fundo.

Na sequência, apresentamos os principais meios de pagamento no *e-commerce* no mundo.

> ## Principais meios de pagamento no *E-commerce* em 2013-2014
>
> O pagamento por cartão de crédito ou débito continua a ser a forma dominante de pagamento *on-line*.
>
> - Uso de dispositivos móveis para pagamento.
>
> - O PayPal continua a ser o método de pagamento alternativo mais popular *on-line*.
>
> - O Startup Square começa a ganhar força como um aplicativo de *smartphone*, leitor de cartão de crédito e serviço de processamento.
>
> - O Google introduz o Wallet, um sistema de pagamento móvel baseado em *chips* de Near Field Communication (NFC), comunicação de campo próximo; já a Apple liberou desde o iPhone 5S a tecnologia de detecção de impressões digitais, porém sem *chips* NFC.

Fonte: Adaptado de Laudon; Traver, 2014, p. 299, tradução nossa.

Complementando o que é apresentado no Quadro 3.10, podemos informar, por exemplo, que nos Estados Unidos a forma predominante de pagamento no *e-commerce* é o cartão de crédito, fato que, em outras partes do mundo, pode ser muito diferente, dependendo das tradições e da infraestrutura (Laudon; Traver, 2014).

3.10.3 Crédito, débito, *P-card* e cartões inteligentes

Muitos compradores *on-line* usam cartão de crédito e de carga para a maioria de suas compras de internet. Os cartões de crédito, que podem ou não ter um limite de gastos predefinido, geram uma fatura que deve ser paga em sua totalidade ou parcialmente, o que pode gerar a cobrança de juros.

E-commerce: conceitos, implementação e gestão

Em 2000, a American Express se tornou a primeira empresa a oferecer números de cartão de crédito descartáveis (útil quando não confiamos no *website* no qual estamos prestes a realizar uma compra ou a contratar serviços) (Stair; Reynolds, 2012). Há ainda bancos que oferecem serviço de proteção aos consumidores, fornecendo um número exclusivo ao cartão de crédito para cada transação.

Cartões de débito, crédito e carga atualmente armazenam informações limitadas sobre o usuário em uma fita magnética e são lidas cada vez que o cartão é utilizado para fazer compra ou transações.

Um *p-card* (cartão de compras com recarga) é um cartão de crédito utilizado para agilizar o pedido de compras tradicionais e processos de pagamento de faturas. Para utilizar um *p-card*, o usuário deve seguir regras e diretrizes, como o limite de uma única compra, limite de gastos mensais ou restrições de uso em alguns pontos do comércio. Devido aos riscos de compras não autorizadas, as atividades de gastos de cada *p-card* do titular é revista periodicamente para garantir a segurança.

O cartão inteligente, ou *smart card*, é um dispositivo do tamanho de um cartão de crédito, com um *microchip* embutido para fornecer memória eletrônica e capacidade de processamento, que pode ser usado para uma variedade de propósitos, incluindo o armazenamento de dados financeiros do usuário, senhas e códigos de identificação de rede, armazenamento de valores monetários para os gastos etc.

Cartões inteligentes são melhor protegidos contra uso indevido, pois suas informações são criptografadas. Para desbloqueá-las, é necessária uma chave e não há nenhum número externo que possa identificar uma assinatura física que um criminoso possa forjar.

Laudon e Traver (2014) indicam os principais tipos de sistemas de pagamentos do *e-commerce* em uso hoje:

- **Cartão de crédito** – Utilizado como a principal forma de pagamento. Existem cinco partes envolvidas em uma compra *on-line* com cartão de crédito: consumidor, comerciante, câmara de compensação, banco comercial (às vezes chamado de *banco adquirente*) e banco emissor do cartão do consumidor. No entanto, o sistema de cartão de crédito *on-line* tem uma série de limitações que envolvem segurança, risco comerciante, custo e equidade social.

- **PayPal** – Sistema de pagamento *on-line* que possibilita aos consumidores realizar pagamentos *on-line* de forma imediata, com base no valor armazenado em uma conta *on-line*.

- **Amazon Payments, Google Checkout/Google Wallet, e Bill Me Later** – Serviços de pagamento alternativos que permitem aos consumidores fazer compras *on-line* em uma ampla variedade de lojas virtuais sem ter de fornecer informações de cartão de crédito cada vez que fizerem uma compra.

- **Pagamentos móveis** – Utilizam leitores de cartões de crédito ligados a um *smartphone* (Square, PayPal Here) ou *chips* Near Field Communication (NFC), que permitem o pagamento sem contato.

- **Digital cash** (dinheiro digital) – Como o Bitcoin, o qual se fundamenta em um algoritmo que gera *tokens* exclusivos e autenticados, representando o valor em dinheiro e moedas virtuais, que tipicamente circulam dentro de um mundo virtual interno ou são emitidas por uma empresa, normalmente usadas para a compra de bens virtuais.

Portanto, em grande parte, os mecanismos de pagamento existentes têm sido capazes de se adaptar ao ambiente virtual, embora com algumas limitações significativas que levaram a esforços para desenvolver novas alternativas.

Além disso, novos tipos de relações *on-line* de compra entre os indivíduos foram desenvolvidos e as novas tecnologias, como o desenvolvimento da plataforma móvel, criaram também uma necessidade e uma oportunidade para o desenvolvimento de novos sistemas de pagamento.

3.10.4 PAGAMENTOS USANDO TELEFONES CELULARES

Um pagamento móvel envolve a transferência de dinheiro de uma parte interessada para outra usando um telefone móvel. *Apps* (aplicativos) de pagamento móvel normalmente são baixados para um *smartphone* e depois são criadas as configurações com uma conta bancária ou ligados a um cartão de crédito ou débito.

As soluções funcionam perfeitamente, usando um número de telefone como identificador e um código PIN (número de identificação pessoal) para autorizar o pagamento.

E-commerce: conceitos, implementação e gestão

Algumas empresas estão explorando formas mais convenientes para permitir pagamentos por meio de celulares. Duas opções estão disponíveis: pagamentos ligados à conta bancária e pagamentos adicionados à conta telefônica do usuário (Stair; Reynolds, 2012).

O objetivo é tornar o pagamento um processo simples e seguro para que trabalhe em diferentes modelos de telefones e também por meio de muitos provedores de serviço de comunicação – mas isso não é uma tarefa tão simples. A Near Field Communication (NFC) permite o pagamento por meio de dispositivos móveis e constitue em um conjunto de tecnologias sem fio de curto alcance utilizados para compartilhar informações (Juntunen; Tuunainen; Luukkainen, 2012; Reuver et al., 2015).

Em setembro de 2011, o Google lançou o Google Wallet™, um aplicativo móvel projetado para funcionar com *chips* NFC. Atualmente ele trabalha com o sistema de cartões de pagamento MasterCard®, com a tecnologia PayPass®, e é projetado para trabalhar em *smartphones* Android™ (equipados com *chips* NFC) (Laudon; Traver, 2014).

Como já vimos, as organizações utilizam muitos sistemas de processamento de transação (TPSs), que capturam e processam os dados necessários, de forma detalhada, para atualizar registros sobre as operações da organização. Esses sistemas incluem, por exemplo, entrada de pedidos, controle de estoque, folha de pagamento, contas a pagar, contas a receber e a contabilidade geral.

A entrada para esses sistemas inclui transações de negócios básicos, como pedidos dos clientes, ordens de compra, recibos, cartões, faturas e pagamentos do cliente. As atividades de processamento incluem a coleta, a edição, a correção, a manipulação, o armazenamento de dados e a produção de documentos. O resultado do processamento de transações faz com que seja refletido o *status* da operação no momento da última transação processada.

3.10.5 Apresentação de faturamento e pagamento eletrônico (EBPP)

Sistema que permite a entrega *on-line* e o pagamento de contas mensais. Serviços EBPP permitem aos consumidores visualizar contas eletronicamente e pagá-las por meio de transferências de fundos eletrônicos, contas bancárias ou cartão de crédito. De acordo com Laudon e Traver (2014), mais e mais empresas estão optando por emitir declarações e contas eletronicamente, em vez de enviar em versões impressas.

Uma das principais razões para o aumento do uso EBPP é que as empresas estão começando a perceber quanto dinheiro podem ganhar por meio da fatura *on-line*. Não só existe a economia de postagem e processamento, mas os pagamentos podem ser recebidos rapidamente (3 a 12 dias mais rápido, em comparação com notas de papel enviadas pelo correio), melhorando assim o fluxo de caixa (Laudon; Traver, 2014).

A fim de realizar essas economias, muitas empresas estão se tornando mais agressivas no sentido de incentivar seus clientes a se direcionar para o uso EBPP.

3.11 GERENCIAMENTO DAS PARCERIAS

Um elemento-chave da reestruturação da *supply chain* está em estudar a forma de relacionamento com os parceiros de negócio. Essa necessidade de rever a forma de parceria foi acentuada com a globalização e por meio do *e-commerce*.

Stuart e McCutcheon (2000) e Chaffey (2009) salientam que normalmente o baixo custo é o principal motor para a gestão das parcerias na *supply chain*, pois a modificação das parcerias geralmente segue o que esses autores descrevem como a sabedoria recebida que muitos praticantes seguem rigidamente.

Essa abordagem exige das empresas foco em competências essenciais; redução do número de fornecedores; e desenvolvimento de relações de parceria fortes, construídas na confiança e por meio de informações compartilhadas com o restante dos fornecedores.

Na realidade, essa abordagem não pode atender todas as necessidades e o tipo de relação necessária dependerá do objetivo final. Ao se analisar as parcerias, as empresas precisam decidir entre as opções para a extensão de seu controle sobre o processo da *supply chain*.

O Quadro 3.10 apresenta algumas opções estratégicas para parcerias, a fim de aumentar o controle e a propriedade por parte da organização.

Quadro 3.10 Opções estratégicas para parcerias

Arranjo da parceria	Integração técnica de infraestrutura	Exemplo
1. Propriedade total	Problemas técnicos na fusão de sistemas da empresa.	Compra da *Booker* (companhia de distribuição) da Irlanda (varejista). Desde 1993 a Cisco fez mais de 30 aquisições (nem todas relacionadas com *supply chain management*).
2. Participação no investimento (menos de 49% do Patrimônio Líquido)	Problemas técnicos na fusão de sistemas da empresa.	A Cisco também fez mais de 40 investimentos em fornecedores de *hardware* e *software*.
3. Aliança estratégica	Ferramentas de colaboração e *groupware* para o desenvolvimento de novos produtos.	Cabo e *wireless*, Compaq e Microsoft, *e-business*, *a-services*.
4. Parceria nos lucros	Ferramentas de colaboração e *groupware* para o desenvolvimento de novos produtos.	Arranjo por vezes utilizado para terceirização.
5. Contrato a longo prazo	Ferramentas para o gerenciamento de contratos de serviços.	Os *Internet Service Providers* (ISPs) têm desempenho e disponibilidade do *Service-Level Agreements* (SLAs) com cláusulas de penalidade.
6. Fornecedores preferenciais	*Links* permanentes de EDI ou de internet configurado com parceiros preferenciais.	Troca de informações da Tesco.
7. Propostas competitivas	Propostas emitidas no *site* intermediário ou do comprador.	Organizadores e compradores de leilões.
8. Contratos de curto prazo	Propostas emitidas no *site* intermediário ou do comprador.	Organizadores e compradores de leilões.
9. Mercados locais e leilões	Leilões no site intermediário ou comprador.	*Business-to-business marketplaces*.

Fonte: Adaptado de Chaffey, 2009, p. 373, tradução nossa.

Conforme vimos no Quadro 3.10, embora uma organização possa perder o controle dos processos por meio da terceirização, um acordo contratual ainda pode lhes permitir exercer forte controle sobre as saídas do processo. Mesmo que haja uma tendência geral para a terceirização, isso não significa que os arranjos de propriedade sejam incomuns.

Para ter sucesso em B2B, e em particular na troca, é necessário ter vários serviços de apoio. Um *e-business* bem-sucedido gerencia cuidadosamente seus parceiros e prospecta clientes em toda a cadeia de valor, na maioria das vezes em um ambiente de *e-commerce*. Portanto, é aconselhável examinar o papel das tecnologias de soluções, tais como *call centers* e ferramentas de colaboração, na criação de um ambiente *on-line* integrado para envolver os clientes e os parceiros.

O uso de tais soluções e tecnologia aparece sob dois nomes: Gestão de Relacionamento com Fornecedores (*Supplier Relationship Management* – SRM) e Gestão de Relacionamento com o Parceiro (*Partner Relationship Management* – PRM) (Turban et al., 2012; Storey; Kocabasoglu-Hillmer, 2013; Tseng, 2014).

Os clientes corporativos podem exigir serviços adicionais – por exemplo, eles precisam ter acesso ao relatório de estoque do fornecedor para saber quais itens um fornecedor pode entregar rapidamente. Eles também podem querer ver seus registros e históricos de compra e podem precisar de *showrooms* privados e salas comerciais.

Um grande número de fornecedores pode estar disponível para projetar e construir soluções adequadas de relacionamento no B2B. A estratégia de fornecer serviços eletrônicos de qualidade abrangente para parceiros de negócios é chamada *PRM*.

No contexto da PRM, clientes de negócios são apenas uma categoria de parceiros de negócios. Fornecedores, parceiros em *joint ventures*, prestadores de serviços e outros também fazem parte da comunidade B2B. Empresas com muitos fornecedores podem criar programas especiais para eles, o que é chamado de *Supplier Relationship Management* (SRM).

Assim, uma das principais categorias da PMR é a SRM, em que os parceiros são os fornecedores. Para muitas empresas (por exemplo, varejistas e fabricantes), a capacidade de funcionar adequadamente com fornecedores é um fator crítico de sucesso. Um exemplo disso é o modelo de SRM PeopleSoft (Oracle) em tempo real, que é genérico e pode ser adquirido por qualquer empresa de grande porte.

E-commerce: conceitos, implementação e gestão

A ideia central desse modelo é que uma e-SCM é fundamentada na **integração** e na **colaboração**. Os processos da *supply chain* estão conectados, as decisões são tomadas coletivamente, as métricas de desempenho são fundamentadas na compreensão comum, os fluxos de informação em tempo real (sempre que possível) e a única coisa que um novo parceiro precisa, a fim de aderir ao sistema SRM, é um navegador *web*.

Observe na Figura 3.12 o funcionamento do PeopleSoft's SRM Model.

Figura 3.12 PeopleSoft's SRM Model

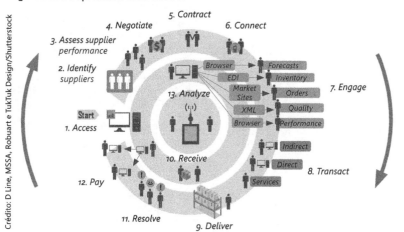

Fonte: Turban et al., 2012, W5.13.

O Quadro 3.11 apresenta os 13 passos do PeopleSoft's SRM Model.

Quadro 3.11 Gerenciamento do SRM em tempo real

Passo	Descrição
1. Acesso	Identificar todos os recursos necessários para satisfazer as necessidades de produtos ou serviços da empresa.
2. Identificar fornecedores	A disponibilidade de um grande *pool* de fornecedores aprovados melhora opções.
3. Acesso ao desempenho do fornecedor	Verificar o desempenho passado, os depoimentos e as capacidades declaradas.
4. Negociar	Preços e outros termos relevantes contam somente quando combinados.

(continua)

(Quadro 3.11 – conclusão)

Passo	Descrição
5. Contratar	Identificar e registrar parceiros comerciais. Adjudicar contratos para os fornecedores adequados.
6. Conectar	A ligação entre empresa e fornecedores por meio de procedimentos de adjudicação, em que todos os envolvidos podem ver o que está sendo realizado, facilita a colaboração.
7. Envolver e compartilhar	Permitir as interações entre a empresa e os fornecedores. Mostrar as necessidades previstas e as avaliações de desempenho dos fornecedores.
8. Transacionar	Criar e recolher ordens de compra de toda a empresa e as comparar com o orçamento. Transmitir essas ordens usando licitações e RFQ.
9. Entregar	Os produtos são retirados do estoque do fornecedor e leitores de código de barras sem fio atualizam os níveis de estoque. As faturas de envio são geradas e as mercadorias são entregues.
10. Receber	Os dispositivos sem fio podem ajudar a determinar se os pedidos chegaram conforme o planejado, em boas condições, na quantidade certa e no prazo determinado.
11. Resolver	Acertar quaisquer controvérsias e pagar somente se estiver satisfeito.
12. Pagar	Acertar as contas com fornecedores e verificar o custo real *versus* o custo projetado. Definir a *Electronic Receipt Settlement* (ERS – Nota Fiscal Eletrônica).
13. Analisar	A análise do processo pode mostrar problemas e levar a melhorias.

Fonte: Turban et al., 2012, W5., p. 23, tradução nossa.

Na medida em que a relação entre parceiros aumentar, o volume e a complexidade das exigências de troca de informações também aumentará. Segundo Chaffey (2009), um acordo de longo prazo de troca de informações pode incluir: ordens de curto prazo; capacidade para compromisso de médio e longo prazo; acordo financeiro ou contratual a longo prazo; *design* do produto, incluindo especificações, desempenho, monitoramento, padrão de qualidade de produto e serviço; e logística.

Stuart e McCutcheon (2000) apresentam um conjunto mais simplificado de opções de parceria, sugerindo que, uma vez escolhida, a opção deve ser dependente do objetivo central. Se, por exemplo, a opção for a redução de custos, em seguida, uma relação com a tensão competitiva é exigida (equivalente a opções 6 a 9 do Quadro 3.12).

Alternativamente, se o objetivo central é conseguir os benefícios do valor agregado, tais como a melhoria da velocidade de entrega, características de *design* adicionais ou a necessidade de personalização, então a abordagem "de plena concorrência" (opções 6 a 9 do Quadro 3.12) pode não ser apropriada. Nesse caso, uma aliança estratégica ou parceria cooperativa seria a melhor opção.

Stuart e McCutcheon (2000) salientam ainda que as vantagens competitivas obtidas por meio de redução de custos são suscetíveis a curta duração e assim as empresas terão cada vez mais que recorrer aos benéficos do valor agregado. Cada fornecedor tem de ser considerado adequado para toda e qualquer tipo de parceria.

3.12 Sistemas de Informações Gerenciais (SIG)

O Sistema de Informação Gerencial (SIG) (em inglês, *Management Information Systems* – MIS) é um conjunto estruturado de pessoas, procedimentos, *softwares*, bases de dados que propiciam informações aos gestores e melhoram a tomada de decisão (Caniëls; Bakens, 2012; Kivinen; Lammintakanen, 2013; Kostalova; Tetrevova; Svedik, 2015).

Um SIG centra-se na eficiência operacional, ou seja, na fabricação, comercialização, produção, nas finanças e em outras áreas funcionais que recebem o suporte de um banco de dados em comum e são ligadas por ele.

Os MISs normalmente fornecem relatórios-padrão gerados com dados e informações do TPS ou ERP (Figura 3.13). A Dell Computer, por exemplo, usou o SIG para desenvolver uma variedade de relatórios sobre seus processos de fabricação e custos e foi capaz de duplicar sua variedade de produtos, economizando cerca de US$ 1 milhão por ano em custos, como resultado de fabricação.

Figura 3.13 Sistemas de informações gerenciais

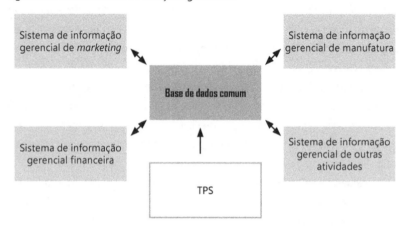

Fonte: Adaptado de Stair; Reynolds, 2012, p. 20., tradução nossa

O SIG é o ponto-chave para qualquer organização, uma vez que esta define os princípios e valores dos sistemas, os quais são ferramentas que podem moldar quaisquer valores brutos em dados significativos e prontamente utilizáveis.

3.13 Sistemas de Suporte à Decisão (SSD)

Na década de 1980, as melhorias na tecnologia resultaram em sistemas de informação que eram menos caros e mais poderosos do que os anteriores. Rapidamente se reconheceu que esses sistemas poderiam apoiar as atividades de tomada de decisões.

Um Sistema de Suporte à Decisão (SSD) – em inglês, *Decision Support System* (DSS) – é um conjunto organizado de pessoas, procedimentos, *softwares*, bancos de dados e dispositivos que dão suporte à tomada de decisão específica do(s) problema(s) (Lima, 2010; Gunasekaran; Ngai, 2012; Nourinejad; Roorda, 2014; Fanti et al., 2015). O foco de um SSD é sobre a tomada de decisões eficazes. Assim, considerando que o SIG ajuda uma organização a "fazer as coisas direito", podemos dizer que um SSD ajuda o gestor a "fazer a coisa certa".

Um SSD pode incluir uma coleção de modelos utilizados para apoiar um tomador de decisão ou usuário (modelo de base), uma coleção de fatos e informações para auxiliar na tomada de decisão (banco de dados) e os sistemas e

E-commerce: conceitos, implementação e gestão

procedimentos (interface do usuário ou gerenciador de diálogo) que ajudam os decisores e outros usuários a interagirem com o SSD (Stair; Reynolds, 2012).

Os *softwares* muitas vezes são usados para gerenciar o banco de dados (*Database Management system* – DBMS) e o modelo base (*Model Management System* – MMS). Contudo, nem todos os SSDs têm todos esses componentes.

Além de TPSs, MISs e SSDs, as organizações muitas vezes dependem de sistemas especializados. Muitas usam sistemas de gestão de conhecimento (*knowledge management systems* – KMSs), inteligência artificial, sistemas inteligentes ou realidade virtual.

Um KMSs é uma coleção organizada de pessoas, procedimentos, *softwares*, bases de dados e dispositivos para criar, armazenar, compartilhar e usar o conhecimento e experiência da organização (Zhang; Ordóñez De Pablos; Zhou, 2013; Sittiwong; Manyum, 2015; Pontuschka, 2016).

Alguns sistemas especializados se fundamentam na noção de inteligência artificial (*Artificial Intelligence* – AI), em que o sistema de um computador assume as características de inteligência humana. O campo da inteligência artificial inclui vários subcampos (robótica, sistemas de aprendizagem, redes neurais, sistemas especialistas, processamento da linguagem natural e sistemas de visão) (Gulyás; Kiss; Berta, 2013; Gunasekaran; Ngai, 2014; Chan et al., 2016).

Alguns especialistas e pesquisadores, como Laudon e Traver (2014), preveem que no futuro teremos pequenos *nanobots* (robôs moleculares) viajando por todo o corpo humano pela corrente sanguínea, monitorando a nossa saúde, e que haverão ainda diversos outros *nanobots* incorporados em produtos e serviços.

Os sistemas especialistas possibilitam ao computador a capacidade de realizar sugestões e exercer funções como um *expert* em uma área de conhecimento, permitindo melhorar a *performance* do usuário iniciante e que as organizações capturem e utilizem a sabedoria dos peritos e especialistas (Gulyás; Kiss; Berta, 2013; Gunasekaran; Ngai, 2014; Chan et al., 2016). Dessa forma, anos de experiência e habilidades específicas não estariam completamente perdidos quando um especialista humano morre, se aposenta ou sai de outro emprego. Assim, a coleta de dados, procedimentos que devem ser seguidos para alcançar o resultado apropriado, está inserida no conhecimento do sistema especialista.

A realidade virtual[5] e a multimídia são sistemas especializados valiosos para muitas empresas e organizações sem fins lucrativos, pois muitos imitam ou agem como ambientes reais (Hashimoto et al., 2013; Damgrave; Lutters; Drukker, 2014). Ou seja, o usuário torna-se totalmente imerso em um mundo gerado por um computador artificial, 3D, que é apresentado na escala completa e adequadamente e refere-se ao tamanho humano. A realidade virtual também se refere a aplicações que não são totalmente imersivas, como o uso de *mouse* de navegação por meio de um ambiente 3D com monitores de gráficos, sistemas de projeção de som e outros.

O *Head-Mounted Display* (HMD), dispositivos de vídeo usados na cabeça que possuem uma tela óptica localizada em frente a ambos os olhos (binóculo) ou a apenas um olho (monóculo) foi o primeiro a fornecer ao usuário uma experiência imersiva. Como resultado, o espectador pode olhar ao redor e andar por meio do ambiente virtual circundante.

A multimídia é uma extensão natural da realidade virtual e pode incluir fotos e imagens, manipulação de som e efeitos especiais em 3D. Costuma ser usada principalmente em filmes, mas a tecnologia 3D pode ser usada por empresas para criar produtos, como motocicletas, motores a jato, pontes e muito mais.

ESTUDO DE CASO

WHIRLPOOL LIMPA SUA *SUPPLY CHAIN*

Objetivo: Discutir o que se entende por gestão da *supply chain* e identificar as principais operações de gerenciamento e abastecimento da cadeia e as atividades de gerenciamento

Problema: *Drivers* e métodos para otimizar a *supply chain*.

Whirlpool Corporation: líder da indústria de eletrodomésticos global, fundada em 1911, comercializa Whirlpool, Maytag, KitchenAid, Jenn-Air, Amana, Brastemp, Consul, Bauknecht e outras grandes marcas para os consumidores, ao redor do mundo. Ela fabrica aparelhos em todos as principais categorias, ou seja, cozinha, refrigeração, aparelhos de bancada, filtração de água, entre outros.

---

5   Realidade virtual é a simulação de um ambiente real ou imaginado que pode ser experimentado visualmente em três dimensões.

E-commerce: conceitos, implementação e gestão

A Whirlpool é comprometida com a criação do valor da marca – com foco na inovação, no custo, na produtividade, na qualidade e no consumo do produto. Cada vez mais a empresa busca melhorar sua plataforma operacional global para garantir o melhor custo e a qualidade como fabricante mundial em sua área de atuação. Assim, sua *supply chain* foi transformada para melhor fornecer produtos para os consumidores e clientes comerciais.

Os benefícios dessas ações são evidentes: a criação de uma rede mais forte, o aumento da eficiência, o prazo da entrega. Podemos observar nesse contexto que o compromisso com a qualidade começa na fase de conceito e continua durante toda a vida útil do aparelho. O resultado desses esforços é uma vantagem sustentável e competitiva para a empresa.

Globalmente, a Whirlpool Corporation fabrica produtos que utilizam princípios de manufatura enxuta e excelência operacional e que atendam aos padrões de alta qualidade da empresa, pois há um foco constante na procura de novas e originais maneiras para melhorar a função, desempenho e sustentabilidade dos produtos.

Assim, quais foram os elementos de mudança para a *supply chain*? Em primeiro lugar, devemos considerar que o foco estratégico da Whirlpool era seus produtos e marcas. Ao perceber algumas mudanças ambientais (necessidades dos clientes), a atenção da empresa foi direcionada para sua *supply chain* e a melhor forma de gerenciá-la. Assim, foram reconhecidos dois problemas: 1) o desejo dos parceiros comerciais em segurar lotes de estoque (o que impactou sobre fluxos de caixa); 2) o equilíbrio do número de clientes que necessitam de seus produtos rapidamente.

Uma das metas que limitavam o redesenho da sua *supply chain* era garantir que uma ordem (pedido) do cliente pudesse ser cumprida e entregue em até 48 horas. Para isso, a empresa criada adotou nas suas operações a estratégia de cadeia de fornecimento com o objetivo de melhorar seu fluxo de caixa, reduzindo custos e proporcionando o serviço adequado para os clientes.

Dentre os benefícios trazidos pela mudança na *supply chain*, podemos destacar a redução de custos, a racionalização das instalações, a melhoria na gestão dos estoques e a maior satisfação do cliente. Nesse contexto de mudança, o primeiro aspecto da estratégia da Whirlpool foi o processo de ordem dos pedidos. Assim, foi realizada alteração nos processos, na tecnologia e gestão dos estoques, na integração ou substituição de Sistemas de Informação (SIs). No geral, houve a necessidade de melhorar a visibilidade na *supply chain*. Em segundo lugar, a empresa racionalizou as instalações, reduzindo o número de edifícios e consolidando grandes armazéns nos principais centros de distribuição regionais. Isso resultou em milhões em economia de custos. Em terceiro lugar, eles otimizaram a oferta e demanda com as mudanças no planejamento e integraram SIs com os fornecedores a montante.

Fonte: Adaptado de Video Case Study 25 (2009), tradução nossa.

SÍNTESE

Neste capítulo, vimos a estrutura de uma *e-supply chain* (e-SCM), bem como os tipos de tecnologias utilizadas, parcerias e colaborações. Os seguintes tópicos foram levantados:

- Destacamos as bases tecnológicas, os relacionamentos e a e-SCM no *e-commerce*; conhecemos os conceitos de e-SCM, suas atividades e infraestrutura e também vimos o que é o *e-procurement*.

- Citamos a integração multicanais e os modelos de negócios no varejo *on-line*; também mostramos as tecnologias e a questão da colaboração nas cadeias de abastecimento.

- Analisamos o processo de atendimento de pedidos no *e-commerce*, considerando as *supply chains*.

E-commerce: conceitos, implementação e gestão

- Relacionamos o *e-commerce* com seu planejamento e gestão; indo mais além, verificamos a segurança para computadores servidores e clientes, políticas de seguranças e questões legais e éticas.

- Mostramos os sistemas de pagamento, destacando os tipos desses sistemas.

- Compreendemos o gerenciamento das parceiras na *supply chain*, um elemento-chave na sua reestruturação.

- Analisamos os sistemas de informações gerenciais e os de suporte à decisão.

QUESTÕES PARA REVISÃO

1. Os desenvolvimentos tecnológicos e as TICs têm o potencial de facilitar a coordenação nas *Supply Chain Management* (SCM) ou o gerenciamento da *supply chain*, que, por sua vez, permite sua integração virtual. O foco dessa integração, no contexto de atividades com acesso à internet, é geralmente referido como *e-SCM*. Considerando os processos e as atividades no gerenciamento de um e-SCM, relacione a primeira coluna com a segunda.

Coluna 1	Coluna 2
(1) *E-logistics*	( ) Muitas organizações estão fazendo uso de combinações de tecnologias, como o RFID e os dispositivos sem fio, para gerenciar seus estoques.
(2) Projeto colaborativo e desenvolvimento de produto	( ) Envolve o uso de técnicas de *design* e desenvolvimento de produtos com múltiplas empresas para melhorar o produto.
(3) Reposição	( ) Engloba os processos de produção e de distribuição de forma integrada.
(4) Gestão de estoque usando dispositivos sem fio	( ) É o uso de tecnologias com base na *web* para apoiar os processos de aquisição, armazenagem, transporte de materiais e redução de tempo no mercado.
(5) Planejamento colaborativo	( ) É uma prática empresarial que combina o conhecimento do negócio e as previsões de vários jogadores ao longo de uma *supply chain* para melhorar o planejamento e a realização da demanda do cliente.

2. Conceituando o *e-procurement*, temos que: é o uso da tecnologia com base na *web* para apoiar os processos de aquisição, incluindo requisição, terceirização, contratação, ordenação e pagamento. Ele suporta a compra de materiais diretos e indiretos e emprega várias funções com base na *web*, tais como comprar por catálogos *on-line*, contratos, pedidos e notificações de envio. Assinale a alternativa correta, considerando o ponto de vista do fornecedor e do comprador quanto ao *e-prourement*.

a) Tanto na perspectiva do fornecedor quanto na do comprador, o *e-procurement* ajuda a melhorar e gerenciar o relacionamento com as partes interessadas, bem como a responder de forma rápida aos interessados.

b) O *e-procurement* pode ajudar a melhorar e gerenciar o relacionamento com fornecedores e permitir o controle mais eficaz dos pedidos. Na

E-commerce: conceitos, implementação e gestão

ótica do comprador, possibilita responder de forma mais rápida e com eficiência às exigências dos compradores.

c) O *e-procurement* somente é percebido na visão do fornecedor, pois possibilita responder de maneira muito mais rápida e com qualidade às exigências dos compradores e, também, atender às demandas do mercado.

d) Tanto na perspectiva do fornecedor como na do comprador, o *e-procurement* ajuda a diminuir os custos de aquisição de matéria-prima, agiliza a entrega das remessas, bem como proporciona o rastreamento dos pedidos.

e) Para o comprador, o *e-procurement* pode ajudar a melhorar e gerenciar o relacionamento com fornecedores e permite o controle mais eficaz dos pedidos. Na ótica do fornecedor, o *e-procurement* possibilita responder de forma mais rápida e com eficiência às exigências dos compradores.

3. A importância da informação dentro das organizações aumenta segundo seu crescimento e complexidade, e isso acontece em todos os níveis, seja operacional, seja tático ou estratégico. Portanto, a introdução de um novo Sistema de Informação (SI) afetará a estrutura organizacional, os objetivos, os planejamentos e as rotinas de trabalho, os valores, a tomada de decisão, o comportamento do dia a dia, a relação com a concorrência, entre muitos outros fatores. Conforme esse contexto, relacione a primeira coluna com a segunda.

Coluna 1

(1) Sistemas de Informações Gerenciais
(2) Sistemas de Suporte à Decisão
(3) Inteligência artificial
(4) Sistemas especialistas
(5) Realidade virtual e multimídia

Coluna 2

( ) O sistema de um computador assume as características da inteligência humana. Inclui vários subcampos (robótica, sistemas de aprendizagem, redes neurais, sistemas especialistas, processamento da linguagem natural e sistemas de visão).

( ) É um conjunto organizado de pessoas, procedimentos, *softwares*, bancos de dados e dispositivos que dão suporte à tomada de decisão específica do(s) problema(s). Seu foco é sobre a tomada de decisões eficazes.

( ) Esses sistemas especializados são valiosos para muitas empresas e organizações sem fins lucrativos. Muitos imitam ou agem como ambientes reais.

( ) É um sistema que se centra na eficiência operacional, isto é, fabricação, comercialização, produção, finanças e em outras áreas funcionais que recebem o suporte de um banco de dados em comum e são ligadas por ele.

( ) Possibilitam ao computador a capacidade de realizar sugestões e exercer funções como um *expert* em uma área de conhecimento, permitindo melhorar a *performance* do usuário iniciante.

4. O RFID deve ser utilizado para o atendimento de pedidos?

5. Que métodos de pagamento são utilizados no B2B?

Questões para reflexão

1. A fim de diminuir as ameaças de segurança, é aconselhável que as empresas do *e-commerce* desenvolvam uma política corporativa coesa que considere a natureza dos riscos, bem como os ativos de informação que precisam de proteção e os procedimentos e tecnologias necessários para lidar com esses perigos. Considerando isso, cite os passos para a criação de um plano de segurança do *e-commerce*.

2. As empresas tradicionais podem operar em um local, ficando assim sujeitas a apenas um conjunto de leis fiscais por ano. Contudo, quando operam em vários estados ou países, desenvolvem a infraestrutura de pessoal e de manutenção de forma a cumprir várias leis fiscais. Brevemente, descreva a questão dos impostos e das taxas com relação ao *e-commerce*.

Para saber mais

AMEAÇA virtual. Direção: Peter Howitt. EUA: MGM, 2001. 109 min.

Este filme aborda questões referentes à temática da globalização, mostrando o lado obscuro (corrupção) das poderosas indústrias multinacionais desenvolvedoras de *softwares*, que fazem de tudo para alcançar lucros gigantescos.

Para concluir...

O ciberespaço não é uma questão de lugar, mas o instante, o eterno presente, em que o passado e o futuro são continuamente reciclados na replicação eterna. No mundo da *web*, o físico é digitalizado e logo se torna real. A velocidade da *web* tem alimentado e facilitado o colapso do espaço e do tempo em todas as mídias. Nesse contexto, muitos meios de comunicação tradicionais são incapazes de se manter.

A *web* está rapidamente se tornando o principal meio pelo qual as pessoas se comunicam, tomam decisões e até mesmo constroem suas identidades sociais. Para algumas organizações, já é um meio dominante para as transações comerciais, pois, na era da informação, as organizações e seus *stakeholders* habitam a *web* e pensamentos pós-modernistas são estímulos para formar novas teorias de gestão e negócios.

Assim surgiu o *e-commerce*, uma revolução nas práticas de negócios. De forma ampla, ele é a aplicação de novas tecnologias, em especial as da *web* (a internet), para ajudar indivíduos, empresas e outras organizações a conduzirem os negócios de forma mais eficaz. Ele apresenta um impacto sobre três principais partes interessadas: a sociedade, as organizações e os clientes (ou consumidores).

Apesar de apresentar uma série de vantagens, que incluem redução de custos, aumento da eficiência, personalização e acesso a mercados globais, também existem limitações que se aplicam a cada uma das partes interessadas, como os problemas de sobrecarga das informações, a confiabilidade e a segurança, os custos de acesso e as dificuldades da segurança na internet. Se bem-sucedido, o *e-commerce* envolve a compreensão dessas limitações e minimiza seu impacto negativo, ao mesmo tempo que maximiza os benefícios.

Contudo, a fim de auxiliar a compreensão geral do *e-commerce*, uma série de quadros têm sido introduzidas para explorá-lo partindo de diferentes perspectivas: o macroambiente, que identifica a interação entre tecnologia, pessoas, organizações, políticas, técnicas e padrões de trabalho, que, em conjunto, permitem a realização do *e-commerce*; os diferentes participantes e os tipos de transações do *e-commerce* que ocorrem entre eles; e o grau de digitalização que analisa produtos, processos e agentes de entrega em uma organização.

E-commerce: conceitos, implementação e gestão

Dessa forma, esses quadros ajudam a identificar os elementos do *e-commerce* e como as empresas podem entender melhor sua aplicabilidade prática. O cerne do *e-commerce* é a tecnologia, por isso, de modo a gerir eficazmente um *e-business*, é necessário entender como ela funciona, além de seus benefícios comerciais e suas limitações.

Os meios mais comumente usados nas infraestruturas são a internet, intranets e extranets. Cada tipo de rede tem uma arquitetura semelhante, usa padrões e protocolos com base em internet e oferece benefícios similares, tais como redução de custos, aumento da eficiência, trabalho colaborativo, melhor uso dos recursos e compartilhamento de informações.

No entanto, um dos principais problemas de todas essas infraestruturas é a sensibilidade da segurança, que decorre desde as origens da internet, em que a eficiência e a confiabilidade da entrega de dados sempre foram primordiais. O que diferencia as redes umas das outras é o tipo de usuário e seu grau de controle e conhecimento, o que, por sua vez, também afeta a segurança nas redes.

Assim, a tecnologia não é mais domínio exclusivo do departamento de TI das organizações. No mundo do *e-business* e do *e-commerce*, os gestores e tomadores de decisão precisam ser capazes de entender a tecnologia a fim de fazer escolhas que sejam consistentes com os objetivos dos negócios.

No entanto, uma das questões mais importantes que surge como resultado do uso e da aplicação de tecnologias com base na *web* é a compatibilidade com as infraestruturas existentes. Cada vez mais todos os negócios dependem da informação como elemento essencial para o crescimento e a geração de vantagem competitiva.

Muitas técnicas e aplicações foram introduzidas – como mineração de dados, armazenamento de dados, CRM, SCM, ERP e tantos outros – para habilitar as organizações a armazenar, manipular e transferir informações entre diferentes funções dos negócios e entre diferentes organizações.

Dessa forma, a fim de fazer isso dar certo, é crucial que a compatibilidade entre a tecnologia com base na *web* e os bancos de dados já existentes, aplicativos e sistemas legados seja alcançada para otimizar os benefícios dos aplicativos.

Pela própria natureza da *web*, os sistemas de *e-business* são fundamentados no princípio de sistemas abertos com uma orientação de mercado. Qualquer sistema de *e-business* deve estar pronto para interagir com os consumidores e ser conectado com o sistema de um parceiro para compartilhar os processos em comum.

A orientação para o mercado dos sistemas de *e-commerce* fornece oportunidades B2B e B2C e opções adicionais. Os principais inibidores continuam a ser as preocupações sobre a falta de confiança dos consumidores nas relações B2C e de parceiros de negócios nas relações B2B.

Dessa forma, para continuar a realizar os impactos positivos e evitar as consequências negativas que surgiram e surgem na economia da informação, alguns problemas com relação às invasões na privacidade, à falta de confiança de transações *on-line*, às disputas sobre propriedades intelectuais e os riscos de fraude no comércio eletrônico devem ser resolvidos

Muitas questões sobre o *e-business* e o *e-commerce* ainda serão discutidas nos próximos anos, pois, embora esses sistemas se mostrem promissores na atual economia, muitos aspectos precisam ser melhorados. Portanto, nosso objetivo com este livro, ao abordar os tantos aspectos básicos e as articulações do *e-commerce*, é suscitar discussões e reflexões no meio acadêmicos e dos negócios.

REFERÊNCIAS

ABOSAG, I. The Antecedents and Consequence of Et-Moone B2B Relationships. **Industrial Marketing Management**, v. 51, p. 150-157, Nov. 2015.

ABOUHOGAIL, R. A. New Multicast Authentication Protocol for Entrusted Members Using Advanced Encryption Standard. **The Egyptian Journal of Remote Sensing and Space Science**, v. 14, n. 2, p. 121-128, Dec. 2011.

AGARWAL, A.; SHANKAR, R. Online Trust Building in E-enabled Supply Chain. **Supply Chain Management: an International Journal**, v. 8, n. 4, p. 324-334, 2003.

AGRAWAL, M. A. Comparative Survey on Symmetric Key Encryption Techniques. **International Journal on Computer Science and Engineering (IJCSE)**, v. 4, n. 5, May 2012.

AHMAD, S. et al. A Comparison Between Symmetric and Asymmetric Key Encryption Algorithm Based Decryption Mixnets. In: NETWORKING SYSTEMS AND SECURITY (NSYSS), INTERNATIONAL CONFERENCE ON, 2015, Dhaka. **Proceedings...** p. 1-5.

AHN, I.; OH, H.-C.; PARK, J. Investigation of the C-SEIRA Model for Controlling Malicious Code Infection in Computer Networks. **Applied Mathematical Modelling**, v. 39, n. 14, p. 4121-4133, July 2015.

ALALLAYAH, K. et al. Applying Neural Networks for Simplified Data Encryption Standard (SDES) Cipher System Cryptanalysis. **The International Arab Journal of Information Technology**, v. 9, n. 2, p. 163-169, Mar. 2012.

ALBERTIN, A. L. **Comércio eletrônico**: modelo, aspectos e contribuições de sua aplicação. 6. ed. São Paulo: Atlas, 2012.

AL-GAHTANI, S. S. Modeling the Electronic Transactions Acceptance Using an Extended Technology Acceptance Model. **Applied Computing and Informatics**, v. 9, n. 1, p. 47-77, Jan. 2011.

ALVES, C. S. et al. A importância da logística para o e-commerce: o exemplo da Amazon.com. In: CONGRESSO USP – INICIAÇÃO CIENTÍFICA EM CONTABILIDADE, 1., 2009, São Paulo. **Anais...** São Paulo: USP, 2004. Disponível em: <http://www.congressousp.fipecafi.org/web/artigos12004/375.pdf>. Acesso em: 3 jun. 2016.

ANDERSEN, E. S. Do Project Managers have Different Perspectives on Project Management? **International Journal of Project Management**, v. 34, n. 1, p. 58-65, Jan. 2016.

ASF – Apache Software Foundation. **Apache Http Server 2.2 Official Documentation**: Server Administration. EUA: Fultus Books, 2010. v. 1.

ASGHAR, H.; ANWAR, Z.; LATIF, K. A Deliberately Insecure RDF-based Semantic Web Application Framework for Teaching SPARQL/SPARUL Injection Attacks and Defense Mechanisms. **Computers & Security**, v. 58, p. 63-82, May 2016.

ASLLANI, A.; LARI, A. Using Genetic Algorithm for Dynamic and Multiple Criteria Web-site Optimizations. **European Journal of Operational Research**, v. 176, n. 3, p. 1767-1777, 2007.

ATIEH, A.; AL SHARIFF, S. Case Study on the Return on Investment (ROI) for Using Renewable Energy to Power-up Typical House in Saudi Arabia. **Sustainable Cities and Society**, v. 17, p. 56-60, Sept. 2015.

AZIZ, N. H. A.; MOHAMED, I. S.; ZAKARIA, N. B. Security, Risk and Trust Issues among Muslim Users for Online Businesses. **Procedia Economics and Finance**, v. 31, p. 587-594, 2015.

BABAEI, M.; GHOLAMI, Z.; ALTAFI, S. Challenges of Enterprise Resource Planning Implementation in Iran Large Organizations. **Information Systems**, v. 54, p. 15-27, Dec. 2015.

BÄCKSTRAND, J. **Levels of Interaction in Supply Chain Relations**. 168 sheets. Thesis (Licenciation in Engineering and Management) – School of Engineering, Jönköping University, Jönköping, Sweden, 2007.

BALTAZAR, R. de O. **Implicações da implantação de sistemas ERP em micro e pequenas empresas do setor varejista de calçados:** um estudo multicasos. 63 f. Trabalho de Conclusão de Curso (Graduação em Tecnologias da Informação e Comunicação) – Universidade Federal de Santa Catarina, Araranguá, 2015.

BANERJEE, S.; CHAKRAVARTY, A. **Price Setting and Price Discovery Strategies with a Mix of Frequent and Infrequent Internet Users**. 2005. Disponível em: <http://ssrn.com/abstract=650706>. Acesso em: 3 jun. 2016.

BARBOSA, A. **Comércio e negócio eletrônico**. 30 f. Trabalho de Conclusão de Curso (Bacharelado em Tecnologia em Processamento de Dados) – Universidade Norte do Paraná, Londrina, 2006. Disponível em: <http://pt.slideshare.net/alexandreahgb/comercio-eletronico-52517217>. Acesso em: 13 ago. 2016.

BARNES, S. J.; VIDGEN, R. T. Technology Socialness and Web Site Satisfaction. **Technological Forecasting and Social Change**, v. 89, p. 12-25, Nov. 2014.

BASERI, Y.; TAKHTAEI, B.; MOHAJERI, J. Secure Untraceable Off-line Electronic Cash System. **Scientia Iranica**, v. 20, n. 3, p. 637-646, June 2013.

BATTISTI, G. **Teste**. 11 set. 1997. Disponível em: <http://penta.ufrgs.br/gere97/forum2.html>. Acesso em: 3 jun. 2016.

BAUDIN, M.; BONNAL, P.; RUIZ, J.-M. The Collaborative DSM: a New Way to Handle Complex Collaborative Planning and Scheduling Processes. **Risk and Change Management in Complex Systems**, p. 267-276, July 2014.

E-commerce: conceitos, implementação e gestão

BENBYA, H.; PASSIANTE, G.; BELBALY, N. A. Corporate Portal: a Tool for Knowledge Management Synchronization. **International Journal of Information Management**, v. 24, n. 3, p. 201-220, June 2004.

BICAKCI, K.; BAGCI, I. E.; TAVLI, B. Communication/computation Tradeoffs for Prolonging Network Lifetime in Wireless Sensor Networks: the Case of Digital Signatures. **Information Sciences**, v. 188, p. 44-63, Apr. 2012.

BLOG DA QUALIDADE. **Gestão da cadeia de abastecimento Supply Chain Management**. 11 set. 2012. Disponível em: <http://www.blogdaqualidade. com.br/gestao-da-cadeia-de-abastecimento-supply-chain-management/>. Acesso em: 3 jun. 2016.

BOLAND, G. W.; DUSZAK JR., R. The Challenges in Delivering the Value Chain. **Journal of the American College of Radiology**, v. 12, n. 4, p. 409-411, Apr. 2015.

BORNIA, A. C.; DONADEL, C. M.; LORANDI, J. A. A logística do comércio eletrônico do B2C (Business to Consumer). In: ENCONTRO NACIONAL DE ENGENHARIA DE PRODUÇÃO – ENEGEP, 26., 2006, Fortaleza. **Anais eletrônicos...** Fortaleza, CE: Abepro, 2006. Disponível em: <http://egov.ufsc. br/portal/sites/default/files/logistica_do_comercio_eletronico.pdf>. Acesso em: 29 ago. 2016.

BRADBURY, D. Digital Certificates: Worth the Paper they're Written on? **Computer Fraud & Security**, v. 2012, n. 10, p. 12-16, Oct. 2012.

BUL'AJOUL, W.; JAMES, A.; PANNU, M. Improving Network Intrusion Detection System Performance through Quality of Service Configuration and Parallel Technology. **Journal of Computer and System Sciences**, v. 81, n. 6, p. 981-999, Sept. 2015.

BURDON, M.; REID, J.; LOW, R. Encryption Safe Harbours and Data Breach Notification Laws. **Computer Law & Security Review**, v. 26, n. 5, p. 520-534, Sept. 2010.

CAMPANO, J. **Introdução ao *e-commerce* e questões de usabilidade**. JM Digital, 2009. Disponível em: <http://pt.slideshare.net/desenvolveti/ebook-intro ducaoaoecommerceequestoesdeusabilidade>. Acesso em: 29 ago. 2016.

CANIËLS, M. C. J.; BAKENS, R. J. J. M. The Effects of Project Management Information Systems on Decision Making in a Multi Project Environment. **International Journal of Project Management**, v. 30, n. 2, p. 162-175, Feb. 2012.

CAPTCHA.NET. **Captcha**: Telling Humans and Computers Apart Automatically. 2015. Disponível em: <http://www.captcha.net/>. Acesso em: 3 jun. 2016.

CARUSO, D. **Four Ways an Integrated System Improves Supply Chain Performance**. 2009. Disponível em: <http://www.microsoft.com/dynamics/ en/gulf/industries/manufacturingerp-supply-chain.aspx>. Acesso em: 16 jan. 2016.

CASSIVI, L. Collaboration Planning in a Supply Chain. **Supply Chain Management: an International Journal**, v. 11, n. 3, p. 249-258, May 2006.

CENTOBELLI, P. et al. E-procurement and E-supply Chain: Features and Development of E-collaboration. **IERI Procedia**, v. 6, p. 8-14, 2014.

CHAFFEY, D. **E-business and E-commerce Management**: Strategy, Implementation and Practice. 4. ed.New York: Pearson Publications, 2009.

CHAN, F. T. S.; CHONG, A. Y.-L.; ZHOU, L. An Empirical Investigation of Factors Affecting E-collaboration Diffusion in SMEs. **International Journal of Production Economics**, v. 138, n. 2, p. 329-344, Aug. 2012.

CHAN, F. T. S.; AU, K. C.; CHAN, P. L. Y. A Decision Support System for Production Scheduling in an Ion Plating Cell. **Expert Systems with Applications**, v. 30, n. 4, p. 727-738, May 2006.

CHAN, K. Y. et al. Artificial Intelligence Techniques in Product Engineering. **Engineering Applications of Artificial Intelligence**, v. 47, p. 1-2, Jan. 2016.

CHATURVEDI, S.; SHARMA, R. Securing Text & Image Password Using the Combinations of Persuasive Cued Click Points with Improved Advanced Encryption Standard. **Procedia Computer Science**, v. 45, p. 418-427, 2015.

CHEN, C.-M.; LIN, H.-C. Detecting Botnet by Anomalous Traffic. **Journal of Information Security and Applications**, v. 21, p. 42-51, Apr. 2015.

CHEN, Z. et al. Malware Characteristics and Threats on the Internet Ecosystem. **Journal of Systems and Software**, v. 85, n. 7, p. 1650-1672, July 2012.

CHENG, H.-F. et al. Measuring Perceived EC Ethics Using a Transaction-Process-Based Approach: Scale Development and Validation. **Electronic Commerce Research and Applications**, v. 13, n. 1, p. 1-12, Jan./Feb. 2014.

CHOI, H.; LEE, H. Identifying Botnets by Capturing Group Activities in DNS Traffic. **Computer Networks**, v. 56, n. 1, p. 20-33, Jan. 2012.

CHOI, K.; NARASIMHAN, R.; KIM, S. W. Postponement Strategy for International Transfer of Products in a Global Supply Chain: a System Dynamics Examination. **Journal of Operations Management**, v. 30, n. 3, p. 167-179, Mar. 2012.

CHONG, A. Y.-L. A Two-staged SEM-neural Network Approach for Understanding and Predicting the Determinants of M-commerce Adoption. **Expert Systems with Applications**, v. 40, n. 4, p. 1240-1247, Mar. 2013.

CHONG, A. Y.-L.; OOI, K.-B.; SOHAL, A. The Relationship Between Supply Chain Factors and Adoption of E-collaboration Tools: an Empirical Examination. **International Journal of Production Economics**, v. 122, n. 1, p. 150-160, Nov. 2009.

CHOU, D. C.; TAN, X.; YEN, D. C. Web Technology and Supply Chain Management. **Information Management & Computer Security**, v. 12, n. 4, p. 338-349, 2004.

E-commerce: conceitos, implementação e gestão

ČIARNIENĖ, R.; STANKEVIČIŪTĖ, G. Theoretical Framework of E-business Competitiveness. **Procedia: Social and Behavioral Sciences**, v. 213, p. 734-739, Dec. 2015.

CLARK, P. G.; AGAH, A. Modeling Firewalls for Behavior Analysis. **Procedia Computer Science**, v. 62, p. 159-166, 2015.

CORONADO, S. A. **Análise dos impactos intangíveis na implantação de um Sistema Integrado de Gestão em uma Instituição Federal de Ensino Superior**. 119 f. Dissertação (Mestrado em Engenharia de Produção) – Universidade Federal de Itajubá, Itajubá, 2015.

COSTA, A. A.; TAVARES, L. V. Social E-business as Support for Construction E-procurement: E-procurement Network Dynamics. **Automation in Construction**, v. 43, p. 180-186, July 2014.

CRISTÓVÃO, A. M. et al. ERP: um estudo sobre a sua história, os números que esses sistemas movimentam no Brasil e tendências futuras. **Revista do Couro**, n. 226, p. 59-65, jan./fev. 2013.

CURRIM, I. S.; MINTZ, O.; SIDDARTH, S. Information Accessed or Information Available? The Impact on Consumer Preferences Inferred at a Durable Product E-commerce Website. **Journal of Interactive Marketing**, v. 29, p. 11-25, Feb. 2015.

DAI, H. et al. Bullwhip Effect and Supply Chain Costs with Low- and High-quality Information on Inventory Shrinkage. **European Journal of Operational Research**, v. 250, n. 2, p. 457-469, Apr. 2016.

DALVEREN, Y. Using E-learning in Enterprise Resource Planning (ERP) Training: a Case Study to Assist Curriculum Designers in Turkey. **Procedia: Social and Behavioral Sciences**, v. 116, p. 1353-1357, Feb. 2014.

DAMGRAVE, R. G. J.; LUTTERS, E.; DRUKKER, J. W. Rationalizing Virtual Reality Based on Manufacturing Paradigms. **Procedia CIRP**, v. 21, p. 264-269, Nov. 2014.

DAS, M. L.; SAMDARIA, N. On the Security of SSL/TLS-Enabled Applications. **Applied Computing and Informatics**, v. 10, n. 1-2, p. 68-81, Jan. 2014.

DE CHERNATONY, L. Succeeding with Brands on the Internet. **Journal of Brand Management**, v. 8, n. 3, p. 186-195, Feb. 2001.

DENG, Z. et al. Collaborative Planning in the New Media Age: the Dafo Temple Controversy, China. **Cities**, v. 45, p. 41-50, June 2015.

DIARRASSOUBA, I. et al. Hose Workload Based Exact Algorithm for the Optimal Design of Virtual Private Networks. **Computer Networks**, v. 57, n. 14, p. 2766-2774, Oct. 2013.

DINIZ, L. L. et al. O comércio eletrônico como ferramenta estratégica de vendas para empresas. In: ENCONTRO CIENTÍFICO E SIMPÓSIO DE EDUCAÇÃO UNISALESIANO, Educação e Pesquisa: a produção do conhecimento e a formação de pesquisadores, 3., 2011, Lins-SP, **Anais...** Lins-SP: Unisalesiano, 2011.. p. 1-13. Disponível em: <http://www.unisalesiano.edu.br/simposio2011/publicado/artigo0093.pdf>. Acesso em: 29 ago. 2016.

DINU, G.; DINU, L. Using Internet as a Commercial Tool: a Case Study of E-commerce in Resita. **Procedia Engineering**, v. 69, p. 469-476, 2014. Disponível em: <http://www.sciencedirect.com/science/article/pii/S1877705814002604>. Acesso em: 29 ago. 2016.

DOONG, H.-S.; WANG, H.-C.; FOXALL, G. R. An Investigation of Consumers' Webstore Shopping: a View of Click-and-mortar Company. **International Journal of Information Management**, v. 31, n. 3, p. 210-216, June 2011.

E-COMMERCEBRASIL. Disponível em: <https://www.ecommercebrasil.com.br/fornecedores-categoria/plataformas/>. Acesso em: 13 ago. 2016.

EGLASH, J. **How to Write a .com Business Plan**: the Internet Entrepreneur's Guide to Everything you Need to Know About Business Plans and Financing Options. New York: McGraw Hill, 2001.

ELECTRONIC COMMERCE PAYMENT SYSTEM. **Smart cards**. 2015. Disponível em: <http://electroniccommercepaymentsystem.weebly.com/3-smart-cards.html>. Acesso em: 3 jun. 2016.

ELEZI, M.; RAUFI, B. Conception of Virtual Private Networks Using IPsec Suite of Protocols, Comparative Analysis of Distributed Database Queries Using Different Ipsec Modes of Encryption. **Procedia: Social and Behavioral Sciences**, v. 195, p. 1938-1948, July 2015. Disponível em: <http://www.sciencedirect.com/science/article/pii/S187704281503685X>. Acesso em: 29 ago. 2016.

ELLIS, D. **Seven Ways to Improve Returns Processing**. 5 jan. 2006. Disponível em: <http://multichannelmerchant.com/opsandfulfillment_warehouse/seven-ways-to-improve-returns-processing-05012006/>. Acesso em: 4 jun. 2016.

EMARKETER. **Internet Users and Penetration Worldwide, 2011-2017**. Apr. 2013. Disponível em: <http://www.emarketer.com/>. Acesso em: 4 set. 2015.

EMRICH, O.; PAUL, M.; RUDOLPH, T. Shopping Benefits of Multichannel Assortment Integration and the Moderating Role of Retailer Type. **Journal of Retailing**, v. 91, n. 2, p. 326-342, June 2015.

ERGULER, I. A Potential Weakness in RFID-based Internet-of-things Systems. **Pervasive and Mobile Computing**, v. 20, p. 115-126, July 2015.

ESTRUC, M. S. **Comércio eletrônico**. 55 f. Monografia (Graduação em Administração) – Centro Universitário de Brasília, Brasília, 2005.

EVANS, P.; WURSTER, T. S. Getting Real About Virtual Commerce. **Harvard Business Review**, v. 77, n. 6, p. 83-94, Nov./Dec. 1999. Disponível em: <https://hbr.org/1999/11/getting-real-about-virtual-commerce#>. Acesso em: 29 ago. 2016.

FABBE-COSTES, N.; JAHRE, M. Supply Chain Integration and Performance: a Review of the Evidence. **The International Journal of Logistics Management**, v. 19, n. 2, p. 130-154, 2008.

FAEHNLE, M.; TYRVÄINEN, L. A Framework for Evaluating and Designing Collaborative Planning. **Land Use Policy**, v. 34, p. 332-341, Sept. 2013.

FALL, K. R.; STEVENS, W. R. **TCP/IP Illustrated**: the Protocols. Michigan: Pearson Education, 2011. v. 1.

FANTI, M. P. et al. A Simulation Based Decision Support System for Logistics Management. **Journal of Computational Science**, v. 10, p. 86-96, Sept. 2015. Disponível em: <http://www.sciencedirect.com/science/article/pii/S1877750314001239>. Acesso em: 29 ago. 2016.

FAQ INFORMÁTICA. **Protocolo TCP/IP, como funciona e quais as suas camadas?** 2015. Disponível em: <http://faqinformatica.com/o-que-e-o-tcpip-e-as-camadas/>. Acesso em: 4 June 2016.

FARQUAD, M. A. H.; RAVI, V.; RAJU, S. B. Churn Prediction Using Comprehensible Support Vector Machine: an Analytical CRM Application. **Applied Soft Computing**, v. 19, p. 31-40, Jun. 2014.

FICHTE, J. K.; SZEIDER, S. Backdoors to Tractable Answer-Set Programming. **Artificial Intelligence**, v. 220, p. 64-103, Mar. 2015. Disponível em: <http://ijcai.org/Proceedings/11/Papers/150.pdf>. Acesso em: 29 ago. 2016.

FINANCIAL WEB. **Overview of EBPP (Electronic Bill Presentment and Payment)**. 2015. Disponível em: <http://www.finweb.com/banking-credit/overview-of-ebpp-electronic-bill-presentment-and-payment.html#axzz3pKCz6MVq>. Acesso em: 4 jun. 2016.

FRIESZ, T. L. Supply Chain Disruption and Risk Management. Editorial. **Transportation Research Part B: Methodological**, v. 45, n. 8, p. 1125-1127, 2011.

GARTNER. **Gartner Says Worldwide Public Cloud Services Market to Total $ 131 Billion**. Feb. 2013. Disponível em: <http://www.gartner.com/newsroom/id/2352816>. Acesso em: 4 jun. 2016.

GILLE, C.; BIRGIT, W.; GILLE, A. Sequence Alignment Visualization in HTML5 Without Java. **Bioinformatics**, v. 30, n. 1, p. 121-122, Jan. 2014. Disponível em: <http://www.ncbi.nlm.nih.gov/pubmed/24273246>. Acesso em: 29 ago. 2016.

GILLILAND, D. I.; RUDD, J. M. Control of electronic channel affiliates: an exploratory study and Research Propositions. **Journal of Business Research**, v. 66, n. 12, p. 2650-2656, Dec. 2013.

GIMÉNEZ, C.; LOURENÇO, H. R. E-SCM: Internet's Impact on Supply Chain Processes. **The International Journal of Logistics Management**, v. 19, n. 3, p. 309-343, 2008. Disponível em: <http://www.econ.upf.edu/~ramalhin/PDFfiles/2008_e-scm.pdf>. Acesso em: 29 ago. 2016.

GORDON, N. S. et al. Interactive Gaming Reduces Experimental Pain With or Without a Head Mounted Display. **Computers in Human Behavior**, v. 27, n. 6, p. 2123-2128, Nov. 2011.

GORDON, S. D. et al. Authenticated Broadcast With a Partially Compromised Public-key Infrastructure. **Information and Computation**, v. 234, p. 17-25, Feb. 2014. Disponível em: <http://people.csail.mit.edu/ranjit/papers/byz.pdf>. Acesso em: 29 ago. 2016.

GUIA DE E-COMMERCE. Fornecedores de Plataformas de E-commerce. Disponível em: <http://www.guiadeecommerce.com.br/fornecedores-de-plataformas-de-ecommerce/>. Acesso em: 13 ago. 2016.

GULCHARAN, N. F. B. I. et al. Limitation and Solution for Healthcare Network Using RFID Technology: a Review. **Procedia Technology**, v. 11, p. 565-571, 2013. Disponível em: <http://www.sciencedirect.com/science/article/pii/S2212017313003836>. Acesso em: 29 ago. 2016.

GULYÁS, A.; KISS, I.; BERTA, I. Artificial Intelligence in Electrostatic Risk Management. **Journal of Electrostatics**, v. 71, n. 3, p. 387-391, June 2013.

GUNASEKARAN, A.; NGAI, E. W. T. Decision Support Systems for Logistics and Supply Chain Management. **Decision Support Systems**, v. 52, n. 4, p. 777-778, Mar. 2012.

_____. Expert Systems and Artificial Intelligence in the 21st Century Logistics and Supply Chain Management. **Expert Systems with Applications**, v. 41, n. 1, p. 1-4, Jan. 2014.

HADDARA, M.; ELRAGAL, A. ERP Lifecycle: When to Retire Your ERP System? In: CRUZ-CUNHA, M. M. et al. (Ed.). **Communications in Computer and Information Science**. Denmark: Springer Berlin – Heidelberg, 2011. v. 219. p. 168-177.

HADJIKHANI, A.; LAPLACA, P. Development of B2B Marketing Theory. **Industrial Marketing Management**, v. 42, n. 3, p. 294-305, Apr. 2013. Disponível em: <https://www.researchgate.net/publication/256720343_Development_of_B2B_marketing_theory>. Acesso em: 29 ago. 2016.

HAMEED, S. et al. Radio Frequency Identification (RFID) Based Attendance & Assessment System with Wireless Database Records. **Procedia: Social and Behavioral Sciences**, v. 195, p. 2889-2895, July 2015. Disponível em: <http://www.sciencedirect.com/science/article/pii/S1877042815038938>. Acesso em: 29 ago. 2015.

HANSON, D. **Case studies**. 2014. Cengage. Disponível em: <http://www.cengage.com/resource_uploads/downloads/0170186288_243677.pdf>. Acesso em: 4 jun. 2016.

HASAN, B. Perceived Irritation in Online Shopping: The Impact of Website Design Characteristics. **Computers in Human Behavior**, v. 54, p. 224-230, Jan. 2016.

HASHIM, N.; SAID, I.; IDRIS, N. H. Exploring E-Procurement Value for Construction Companies in Malaysia. **Procedia Technology**, v. 9, p. 836-845, 2013. Disponível em: <http://www.sciencedirect.com/science/article/pii/S2212017313002478>. Acesso em: 29 ago. 2016.

HASHIMOTO, D. A. et al. Effect of Competitive Training on a Virtual Reality Simulator on Surgical Performance: a Randomized Controlled Trial. **Journal of Surgical Research**, v. 179, n. 2, p. 211, Feb. 2013. Disponível em: <http://www.journalofsurgicalresearch.com/article/S0022-4804(12)01296-6/pdf>. Acesso em: 30 ago. 2016.

HASSAN, H. et al. Extent of E-procurement Use in SMEs: a Descriptive Study. **Procedia: Social and Behavioral Sciences**, v. 164, p. 264-270, Dec. 2014. Disponível em: <http://www.sciencedirect.com/science/article/pii/S1877042814058960>. Acesso em: 30 ago. 2016.

HASSOUNA, M. et al. An End-to-end Secure Mail System Based on Certificateless Cryptography in the Standard Security Model. **International Journal of Computer Science Issues (IJCSI)**, v. 10, n. 2, Mar. 2013. Disponível em: <http://www.ijcsi.org/papers/IJCSI-10-2-3-264-271.pdf>. Acesso em: 30 ago. 2016.

HE, L.; QIN, Z. T.; BEWLI, J. Low-rank Tensor Recovery for Geo-demand Estimation in Online Retailing. **Procedia Computer Science**, v. 53, p. 239-247, Aug. 2015. Disponível em: <http://www.sciencedirect.com/science/article/pii/S1877050915018037>. Acesso em: 30 ago. 2016.

HE, X. et al. Improving Cloud Network Security Using the Tree-Rule Firewall. **Future Generation Computer Systems**, v. 30, p. 116-126, Jan. 2014.

HSU, P.-F. Integrating ERP and E-business: Resource Complementarity in Business Value Creation. **Decision Support Systems**, v. 56, p. 334-347, July 2013.

HUANG, Q.; WONG, D. S.; SUSILO, W. How to Protect Privacy in Optimistic Fair Exchange of Digital Signatures. **Information Sciences**, v. 325, p. 300-315, Dec. 2015.

HUANG, Z.; BENYOUCEF, M. User Preferences of Social Features on Social Commerce Websites: an Empirical Study. **Technological Forecasting and Social Change**, v. 95, p. 57-72, June 2015.

I9 NÚCLEO ESTUDANTIL DE INOVAÇÃO TECNOLÓGICA. **[Hands On] – Arduino + LCD + Leitor RFID**. Disponível em: <http://www2.joinville.udesc.br/~i9/2014/08/15/hands-on-arduino-lcd-leitor-rfid/>. Acesso em: 4 jun. 2016.

IDEL – Instituto de Desenvolvimento Logístico. **A tecnologia RFID aplicada à logística**. 2015. Disponível em <http://www.hbatecnologia.com.br/forumlogistico/pdf/palestra.pdf>. Acesso em: 4 jun. 2016.

INTERMEC BRASIL. **Coletores móveis de dados RFID**. 2015. Disponível em <http://www.intermec.com.br/index.aspx>. Acesso em: 7 nov. 2015.

ISHAK, M. W.; SAID, J. Assessing the Role of Anti-corruption Initiatives in Reducing Lobbyist Involvement in E-procurement: a Case Study of Mardi. **Procedia Economics and Finance**, v. 31, p. 485-494, 2015. Disponível em: <http://www.sciencedirect.com/science/article/pii/S2212567115011182X>. Acesso em: 30 ago. 2016.

ISLAM, M. N.; ISLAM, M. F.; SHAHRABI, K. Robust Information Security System Using Steganography, Orthogonal Code and Joint Transform Correlation. **Optik: International Journal for Light and Electron Optics**, v. 126, n. 23, p. 4026-4031, Dec. 2015.

IVASHINA, V.; SCHARFSTEIN, D. Bank Lending During the Financial Crisis of 2008. **Journal of Financial Economics**, v. 97, n. 3, p. 319-338, Sept. 2010.

JAGGI, A. S. et al. An Experimental approach for Developing Radio Frequency Identification (RFID) Ready Packaging. **Journal of Cleaner Production**, v. 85, p. 371-381, Dec. 2014.

JAMES, A. Optimisation, Security, Privacy and Trust in E-business Systems. **Journal of Computer and System Sciences**, v. 81, n. 6, p. 941-942, Sept. 2015.

JARRAYA, Y. et al. Verification of Firewall Reconfiguration for Virtual Machines Migrations in the Cloud. **Computer Networks**, v. 93, Part 3, p. 480-491, Dec. 2015.

JIANG, G. et al. Evolution of Knowledge Sharing Behavior in Social Commerce: an Agent-based Computational approach. **Information Sciences**, v. 278, p. 250-266, Sept. 2014.

JOHNSON, M. E.; WHANG, S. E-business and Supply Chain Management: an Overview and Framework. **Production and Operations Management**, v. 11, n. 4, p. 413-423, Nov. 2002. Disponível em: <http://mba.tuck.dartmouth.edu/digital/images/subnav/Research/POMSArticle.pdf>. Acesso em: 30 ago. 2016.

JUNTUNEN, A.; TUUNAINEN, V. K.; LUUKKAINEN, S. Critical Business Model Issues in Deploying NFC Technology for Mobile Services: Case Mobile Ticketing. **International Journal of E-Services Mobile Applications (IJESMA)**, v. 4, n. 3, p. 23-41, 2012.

KADŁUBEK, M. The Selected Areas of E-logistics in Polish E-commerce. **Procedia Computer Science**, v. 65, p. 1059-1065, Oct. 2015. Disponível em: <http://www.sciencedirect.com/science/article/pii/S1877050915028823>. Acesso em: 30 ago. 2016.

KALAKOTA, R.; WHINSTON, A. B. **Electronic Commerce**: a Manager's Guide. New York: Addison-Wesley, 1997.

KAMBIL, A. Doing Business in the Wired World. **IEEE Computer Society**, v. 30, n. 5, p. 56-61, May 1997. Disponível em: <https://www.researchgate.net/publication/201168956_Doing_Business_in_the_Wired_World>. Acesso em: 30 ago. 2016.

KANTER, J.; WALSH, J. J. Toward more Successful Project Management. **Information Systems Management**, v. 21, n. 2, p. 16-21, Mar. 2004.

KARDARAS, D. K.; KARAKOSTAS, B.; MAMAKOU, X. J. Content Presentation Personalisation and Media Adaptation in Tourism Web Sites Using Fuzzy Delphi Method and Fuzzy Cognitive Maps. **Expert Systems with Applications**, v. 40, n. 6, p. 2331-2342, May 2013.

E-commerce: conceitos, implementação e gestão

KATHING, M.; BHATTACHARJEE, S.; RAJKUMARI, R. A Comparative Study of Counter Mode with Cipher Block Chaining Message Authentication Code Protocol (CCMP) and Temporal Key Integrity Protocol (TKIP): Wireless Security. **International Journal of Computing, Communications and Networking**, v. 2, n. 1, Jan./Mar. 2013. Disponível em: <https://www.researchgate.net/publication/259647437_A_Comparative_study_of_Counter_mode_with_Cipher_block_chaining_Message_authentication_code_Protocol_CCMP_and_Temporal_Key_Integrity_Protocol_TKIP_Wireless_Security>. Acesso em: 30 ago. 2016.

KEATHLEY, E. F. **Digital Asset Management**: Content Architectures, Project Management, and Creating Order out of Media Chaos. New York: Apress, 2014.

KEMPNY, D. Customer Service as the Basis of the Firms' Competitiveness in the Supply Chains. In: KISPERSKA-MOROŃ, D.; KRZYŻANIAK, S. **Logistyka**. Poznań: Wydawnictwo Instytutu Logistyki i Magazynowania, 2009. (Biblioteka Logistyka). p. 3-15.

KENDALL, K. E.; KENDALL, J. E. **Systems Analysis and Design**. 6. ed. Upper Saddle River: Prentice Hall, 2005.

KERN, T.; KREIJGER, J. An Exploration of the Application Service Provision Outsourcing Option. In: ANNUAL HAWAII INTERNATIONAL CONFERENCE ON SYSTEM SCIENCES – HICSS, 34., 2001, Maui, HI. **Proceedings...** New York: IEEE, Jan. 2001.

KHODAKARAMI, F.; CHAN, Y. E. Exploring the Role of Customer Relationship Management (CRM) Systems in Customer Knowledge Creation. **Information & Management**, v. 51, n. 1, p. 27-42, Jan. 2014.

KHURANA, A. **Internet and World Wide Web**. Lesson 3, Directorate of Distance Education, Master of Commerce, India, p. 1-25, 2011. Disponível em: <http://www.ddegjust.ac.in/studymaterial/mcom/mcom.htm>. Acesso em: 23 set. 2015.

KISPERSKA-MORON, D.; SWIERCZEK, A. The Selected Determinants of Manufacturing Postponement within Supply Chain Context: an International Study. **International Journal of Production Economics**, v. 133, n. 1, p. 192-200, Sept. 2011.

KIVINEN, T.; LAMMINTAKANEN, J. The Success of a Management Information System in Health Care: a Case Study from Finland. **International Journal of Medical Informatics**, v. 82, n. 2, p. 90-97, Feb. 2013.

KOSTALOVA, J.; TETREVOVA, L.; SVEDIK, J. Support of Project Management Methods by Project Management Information System. **Procedia: Social and Behavioral Sciences**, v. 210, p. 96-104, Dec. 2015. Disponível em: <http://www.sciencedirect.com/science/article/pii/S1877042815056803>. Acesso em: 30 ago. 2016.

KÖSTER, A.; MATT, C.; HESS, T. Carefully Choose your (Payment) Partner: How Payment Provider Reputation Influences M-commerce Transactions. **Electronic Commerce Research and Applications**, v. 15, p. 26-37, Jan./Feb. 2016.

KOWALSKY, M. Opportunity Costs of Electronic Resources. **Procedia Economics and Finance**, v. 23, p. 948-952, July 2015. Disponível em: <http://www.sciencedirect.com/science/article/pii/S221256711500489X>. Acesso em: 30 ago. 2016.

KRYSTOFIK, M.; WAGNER, J.; GAUSTAD, G. Leveraging Intellectual Property Rights to Encourage Green Product Design and Remanufacturing for Sustainable Waste Management. **Resources, Conservation and Recycling**, v. 97, p. 44-54, Apr. 2015.

KUMAR, N. et al. An Intelligent approach for Building a Secure Decentralized Public Key Infrastructure in VANET. **Journal of Computer and System Sciences**, v. 81, n. 6, p. 1042-1058, Sept. 2015.

KUMAR, R.; SINGH, R. K.; SHANKAR, R. Critical Success Factors for Implementation of Supply Chain Management in Indian Small and Medium Enterprises and their Impact on Performance. **IIMB Management Review**, v. 27, n. 2, p. 92-104, Jun. 2015. Disponível em: <http://www.sciencedirect.com/science/article/pii/S0970389615000312>. Acesso em: 30 ago. 2016.

LAI, Y.; LIU, Z. Unknown Malicious Code Detection Based on Bayesian. **Procedia Engineering**, v. 15, p. 3836-3842, Dec. 2011. Disponível em: <http://www.sciencedirect.com/science/article/pii/S1877705811022193>. Acesso em: 30 ago. 2016.

LAMB, C. W.; HAIR, J. F.; MCDANIEL, C. **MKTG 8**: Principles of Marketing. 8. ed. Stamford: Cengage Learning, 2014.

LAUDON, K. C.; LAUDON, J. P. **Management Information System**: Managing the Digital Firm. 12. ed. New Jersey: Pearson Education, 2012.

_____. **Sistemas de informação gerenciais**: administrando a empresa digital. 11. ed. São Paulo: Prentice Hall, 2014.

LAUDON, K. C.; LAUDON; J. P.; ELRAGAL, A. A. **Management Information Systems**: Managing the Digital Firm. Arab World Edition. England: Pearson Education, 2013.

LAUDON, K. C.; TRAVER, C. G. **E-commerce**: Business, Technology, Society. 10. ed. New York: Pearson, 2014.

LEE, H. L.; PADMANABHAN, V.; WHANG, S. Information Distortion in a Supply Chain: the Bullwhip Effect. **Management Science**, v. 50, n. 12, p. 1875-1886, Apr. 1997.

LEE, T.; DAVIES, J. Domain Name Service (DNS). In: _____. **Microsoft Windows 2000 TCP/IP Protocols and Services Technical Reference**. Chap. 16. Washington: Microsoft Press, 2000. Disponível em: <https://technet.microsoft.com/en-us/library/bb962025.aspx>. Acesso em: 5 jun. 2016.

E-commerce: conceitos, implementação e gestão

LEE, H. L.; WHANG, S. Gestão da E-SCM: a cadeia de suprimentos eletrônica. **HSM Management**, São Paulo, Savana Ltda., n. 30, p. 109-116, jan./fev. 2002.

LEENES, R. E.; KOSTA, E. Taming the Cookie Monster with Dutch law: a Tale of Regulatory Failure. **Computer Law & Security Review**, v. 31, n. 3, p. 317-335, Jun. 2015. Disponível em: <http://papers.ssrn.com/sol3/papers.cfm?abstract_id=2577233>. Acesso em: 30 ago. 2016.

LEU, F.-Y.; HUANG, Y.-L.; WANG, S.-M. A Secure M-Commerce System Based on Credit Card Transaction. **Electronic Commerce Research and Applications**, v. 14, n. 5, p. 351-360, Sept./Oct. 2015.

LÉVY, P. **A inteligência coletiva**: por uma antropologia do ciberespaço. São Paulo: Loyola, 1998.

LIHUA, M.; FENGYUN, M.; HAIYAN, G. The E-commerce Risk Early-Warning Model Based on the Unascertained C-means Clustering. **Procedia Engineering**, v. 15, p. 4740-4744, 2011. Disponível em: <http://www.sciencedirect.com/science/article/pii/S1877705811023885>. Acesso em: 30 ago. 2016.

LILAS, T. E.; TAPAKIS, E. Assessment of a New Decision Support Expert System in Headaches Cases. **Homeopathy**, v. 103, n. 1, p. 87, Jan. 2014. Disponível em: <https://www.vithoulkascompass.com/content/Headache_Cases.pdf>. Acesso em: 30 ago. 2016.

LIMA, G. **A Enext**: metodologia. Disponível em: <http://www2.espm.br/sites/default/files/pagina/3-_gabriel_lima.pdf>. Acesso em: 5 jun. 2016.

LIMA, L. O. A. de **Uma proposta de um sistema de apoio à decisão com ênfase no processo cognitivo dos agentes decisores**. 74 f. Dissertação (Mestrado em Engenharia de Produção) – Universidade Federal de Pernambuco, Recife, 2010. Disponível em: <http://repositorio.ufpe.br:8080/xmlui/handle/123456789/5374>. Acesso em: 30 ago. 2016.

LIN, C.-T.; WU, W.-J.; CHENG, L.-M. Towards Understanding Integration of Heavyweight-product Managers and Collaboration Software in Collaborative Product Development: an Empirical Study in Taiwan. **Technological Forecasting and Social Change**, v. 99, p. 156-167, Oct. 2015.

LIU, J.-Y. et al. Research on Behavioral Targeted Advertising in Mobile Internet. **The Journal of China Universities of Posts and Telecommunications**, v. 21, Supplement 1, p. 1-5, July 2014.

ŁOBAZIEWICZ, M. The Design of B2B System User Interface for Mobile Systems. **Procedia Computer Science**, v. 65, p. 1124-1133, 2015. Disponível em: <http://www.sciencedirect.com/science/article/pii/S1877050915028665>. Acesso em: 30 ago. 2106.

LOMBARDI, S.; GORGOGLIONE, M.; PANNIELLO, U. The Effect of Context on Misclassification Costs in E-commerce Applications. **Expert Systems with Applications**, v. 40, n. 13, p. 5219-5227, Oct. 2013.

LOSTAKOVA, H.; PECINOVA, Z. The Role of Partnership and Flexibility in Strengthening Customer Relationships in the B2B Market. **Procedia: Social and Behavioral Sciences**, v. 150, p. 563-575, Sept. 2014. Disponível em: <http://www.sciencedirect.com/science/article/pii/S1877042814051258>. Acesso em: 30 ago. 2016.

LU, B.; FAN, W.; ZHOU, M. Social Presence, Trust, and Social Commerce Purchase Intention: an Empirical Research. **Computers in Human Behavior**, v. 56, p. 225-237, Mar. 2016. Disponível em: <http://aisel.aisnet.org/cgi/viewcontent.cgi?article=1285&context=pacis2014>. Acesso em: 30 ago. 2016.

MAGRETTA, J. Why Business Models Matter. **Harvard Business Review**, v. 80, n. 5, p. 86-92, May 2002. Disponível em: <https://hbr.org/2002/05/why-business-models-matter>. Acesso em: 30 ago. 2016.

MAITY, M.; DASS, M. Consumer Decision-making Across Modern and traditional Channels: E-commerce, M-commerce, In-store. **Decision Support Systems**, v. 61, p. 34-46, May 2014.

MALONE, T. W.; CROWSTON, K. The Interdisciplinary Study of Coordination. **ACM Computer Surveys**, v. 26, n. 1, p. 87-119, Mar. 1994. Disponível em: <http://computerscience.unicam.it/merelli/Calcolo/malone.pdf>. Acesso em: 30 ago. 2016.

MANZOOR, A. **E-commerce**: an Introduction. Saarbrücken, Germany: Lap Lambert Academic Publishing GmbH & Co, 2010.

MANZOOR, S. **Web Applications Performance Symptoms and Bottlenecks Identification**. 27 Nov. 2012. Disponível em: <http://www.agileload.com/agileload/blog/2012/11/27/web-applications-performance-symptoms-and-bottlenecks-identification>. Acesso em: 5 jun. 2016.

MARICAR, S. A. Determinant Factors of Disruptive Technology: Case Study of Web-based Airplane Ticket Selling. **Procedia: Social and Behavioral Sciences**, v. 115, p. 424-429, Feb. 2014. Disponível em: <http://www.sciencedirect.com/science/article/pii/S1877042814019971>. Acesso em: 30 ago. 2016.

MARINAGI, C.; TRIVELLAS, P.; SAKAS, D. P. The Impact of Information Technology on the Development of Supply Chain Competitive Advantage. **Procedia: Social and Behavioral Sciences**, v. 147, 586-591, Aug. 2014. Disponível em: <http://www.sciencedirect.com/science/article/pii/S1877042814040804>. Acesso em: 30 ago. 2016.

MARTÍNEZ-TORRES, M. R. et al. An Evolutionary Factor Analysis Computation for Mining Website Structures. **Expert Systems with Applications**, v. 39, n. 14, p. 11623-11633, Oct. 2012.

MATENDE, S.; OGAO, P. Enterprise Resource Planning (ERP) System Implementation: a Case for User Participation. **Procedia Technology**, v. 9, p. 518-526, Dec. 2013. Disponível em: <http://www.sciencedirect.com/science/article/pii/S2212017313002120>. Acesso em: 30 ago. 2016.

MELKONYAN, A. et al. Facilitating Remote Laboratory Deployments Using a Relay Gateway Server Architecture. **IEEE Transactions on Industrial Electronics**, v. 61, n. 1, p. 477-485, Jan. 2014.

MENEGHELLO, G. C. **O efeito chicote na cadeia de suprimentos**. 29 abr. 2012. Disponível em: <http://gcmeneghellologistica.blogspot.com.br/2012_04_01_archive.html>. Acesso em: 5 jun.2016.

MENG, Y.; KWOK, L.-F. Adaptive Blacklist-based Packet Filter with a Statistic-based Approach in Network Intrusion Detection. **Journal of Network and Computer Applications**, v. 39, p. 83-92, Mar. 2014.

MICHAEL, S. C. Can Information Technology Enable Profitable Diversification? An Empirical Examination. **Journal of Engineering and Technology Management**, v. 24, n. 3, p. 167-185, Sept. 2007.

MICROSOFT. **How OneDrive Syncs Between Multiple Clients and the OneDrive Server**. 2014. Disponível em: <http://answers.microsoft.com/en-us/onedrive/wiki/odoptions-oddesktop/how-onedrive-syncs-between-multiple-clients-and/aaa138d7-ade4-48c1-9d7c-c8b8755712db>. Acesso em: 5 jun. 2016.

MILOVANOVIC, S. Application of Internet Technology and Electronic Business Concept in Serbia. **Procedia Economics and Finance**, v. 19, p. 278-286, 2015. Disponível em: <http://www.sciencedirect.com/science/article/pii/S2212567115000283>. Acesso em: 30 ago. 2016.

MONTOYA-TORRES, J. R.; ORTIZ-VARGAS, D. A. Collaboration and Information Sharing in Dyadic Supply Chains: a Literature Review over the Period 2000-2012. **Estudios Gerenciales**, v. 30, n. 133, p. 343-354, Oct./Dec. 2014. Disponível em: <http://www.sciencedirect.com/science/article/pii/S0123592314001521>. Acesso em: 30 ago. 2016.

MUALUNGA, H. P. B. **Extensibilidade e implementação do ERP Primavera na indústria de construção civil**. 66 f. Dissertação (Mestrado em Sistemas de Informação Organizacionais) – Instituto Politécnico de Setúbal, Setúbal, 2015. Disponível em: <https://comum.rcaap.pt/bitstream/10400.26/10537/1/Est%C3%A1gio_Relat%C3%B3rio_VFinal%28Julh%29.pdf>. Acesso em: 30 ago. 2016.

MÜLLER, R.; SÖDERLUND, J. Innovative Approaches in Project Management Research. **International Journal of Project Management**, v. 33, n. 2, p. 251-253, 2015. Disponível em: <https://www.researchgate.net/publication/267760839_Innovative_approaches_in_project_management_research>. Acesso em: 30 ago. 2016.

NAEEM, E. A. et al. Efficient Implementation of Chaotic Image Encryption in Transform Domains. **Journal of Systems and Software**, v. 97, p. 118-127, Nov. 2014.

NALIVAIKO, E. et al. Cybersickness Provoked by Head-mounted Display Affects Cutaneous Vascular Tone, Heart Rate and Reaction Time. **Physiology & Behavior**, v. 151, p. 583-590, Nov. 2015.

NASCIMENTO, H. M.; LUFT, M. C. M. S.; SANTOS, L. A. da S. E-commerce: perfil dos e-consumidores entre os estudantes do curso de Administração da Universidade Federal de Sergipe. **Revista Brasileira de Administração Científica**, v. 3, n. 2, p. 25-40, ago. 2012.

NAVIMIPOUR, N. J.; SOLTANI, Z. The Impact of Cost, Technology Acceptance and Employees' Satisfaction on the Effectiveness of the Electronic Customer Relationship Management Systems. **Computers in Human Behavior**, v. 55, Part B, p. 1052-1066, Feb. 2016.

NICKERSON, R. An E-Commerce System Model. In: AMERICAS CONFERENCE ON INFORMATION SYSTEMS – AMCIS, 8., 2002, Dallas. **Proceedings...** Dallas: AIS Eletronic Library, 2002. Disponível em: <http://aisel.aisnet.org/cgi/viewcontent. cgi?article=1406&context=amcis2002>. Acesso em: 30 ago. 2016.

NOGUEIRA, A. S. **Logística empresarial**: uma visão local com pensamento globalizado. São Paulo: Atlas, 2012.

NORRIS, G. et al. **E-business and ERP**: Transforming the Enterprise. Canadá: John Wiley & Sons, 2000.

NOURINEJAD, M.; ROORDA, M. J. A Dynamic Carsharing Decision Support System. **Transportation Research Part E: Logistics and Transportation Review**, v. 66, p. 36-50, Jun. 2014.

NURMILAAKSO, J. M. Adoption of e-Business Functions and Migration from EDI-based to XML-Based e-Business Frameworks in Supply Chain Integration. **International Journal of Production Economics**, v. 113, n. 2, p. 721-733, Jun. 2008.

OFFUTT, J. Quality Attributes of Web Software Applications. **IEEE Software**, Special Issue on Software Engineering of Internet Software, v. 19, n. 2, p. 25-32, Mar./Apr. 2002. Disponível em: <https://cs.gmu.edu/~offutt/rsrch/papers/ swe-websoftware.pdf>. Acesso em: 30 ago. 2016.

OLHAR DIGITAL. **Os 20 maiores sites de e-commerce no Brasil**. 16 jul. 2015. Disponível em: <http://olhardigital.uol.com.br/noticia/os-20-maiores-sites-de-e-commerce-no-brasil/49824>. Acesso em: 5 jun. 2016.

OLIVEIRA, L. A. G. de; BATISTA, P. C. de S. Obtenção de vantagem competitiva e criação de valor através de alianças estratégicas. In: SEMANA UNIVERSITÁRIA, CIÊNCIA E CONSCIÊNCIA, 8., 2003, Fortaleza, Ceará. **Anais...** Fortaleza: UECE, 2003. Disponível em: <http://www.uece.br/propgpq/semana_universitaria/ anais/anais2003/trabalhos_completos/sociais/sociais_33.doc>. Acesso em: 5 jun. 2016.

OLIVEIRA, R. C. F. de Pierre Lévy: a inteligência coletiva e os espaços do saber. **Portal Educação**, abr. 2014. Disponível em: <http://www.portaleducacao. com.br/marketing/artigos/56040/pierre-levy-a-inteligencia-colet iva-e-os-espacos-do-saber>. Acesso em: 5 jun. 2016.

OTERO, E. L.; GALLEGO, P. A. M.; PRATT, R. M. E. Click-and-Mortar SMEs: Attracting Customers to your Website. **Business Horizons**, v. 57, n. 6, p. 729-736, Nov./Dec. 2014.

PARK, J. H. J. et al. (Ed.). **Information Technology Convergence, Secure and Trust Computing, and Data Management**. New York: Springer, 2012.

PARZIALE, L. et al. **TCP/IP Tutorial and Technical Overview**. IBM, International Technical Support Organization, RedBooks, 2006.

PASTORE, P. **Os aspectos e desafios logísticos para a implementação do** *e-commerce* **B2C para a venda de uniformes na Marinha do Brasil**. 124 f. Dissertação (Mestrado em Engenharia de Produção) – Pontifícia Universidade Católica do Rio de Janeiro, Rio de Janeiro, 2010.

PATIL H.; DIVEKAR, B. R. Inventory Management Challenges for B2C E-commerce Retailers. **Procedia Economics and Finance**, v. 11, p. 561-571, 2014. Disponível em: <http://www.sciencedirect.com/science/article/pii/S2212567114002214>. Acesso em: 30 ago. 2016.

PICCOLI, G.; IVES, B. Review: IT-dependent Strategic Initiatives and Sustained Competitive Advantage: a Review and Synthesis of the Literature. **MIS Quarterly**, v. 29, n. 4, p. 747-776, 2005.

PIERA, C. et al. E-procurement and E-supply Chain: Features and Development of E-collaboration. **IERI Procedia**, v. 6, p. 8-14, 2014. Disponível em: <http://www.sciencedirect.com/science/article/pii/S2212667814000045>. Acesso em: 30 ago. 2016.

PIRES, S. R. I. **Gestão da cadeia de suprimentos (Supply Chain Management)**: conceitos, estratégias, práticas e casos. São Paulo: Atlas, 2007.

PONTUSCHKA, M. **Sistemas de informação II**: uma introdução aos sistemas de informação. Aula 2. 10 mar. 2016. Disponível em <http://pt.slideshare.net/maigon/sistemas-de-infomrao-2-aula02-introduo-aos-sistemas-de-informao>. Acesso em: 5 jun. 2016.

PORTER, M. E. **Estratégia competitiva**: técnicas para análise de indústrias e da concorrência. Rio de Janeiro: Campus, 2004.

POSTEL, J.; REYNOLDS, J. **RFC 959**: File Transfer Protocol (FTP). Oct. 1985. Disponível em: <https://tools.ietf.org/pdf/rfc959.pdf>. Acesso em: 5 jun. 2016.

RABELO, M.; MELO, M. A. B. de **Comércio eletrônico**. Cadernos da Webaula, Educação a distância, Parte 2, Fanese, 2011. Disponível em: <http://app.fanese.edu.br/cadernos/wp-content/uploads/comercio_eletronico-parte-2.pdf>. Acesso em: 5 jun. 2016.

RAHMANI, K.; THOMSON, V. Ontology Based Interface Design and Control Methodology for Collaborative Product Development. **Computer-Aided Design**, v. 44, n. 5, p. 432-444, May 2012.

RAM, J.; CORKINDALE, D.; WU, M.-L. ERP Adoption and the Value Creation: Examining the Contributions of Antecedents. **Journal of Engineering and Technology Management**, v. 33, p. 113-133, July/Sept. 2014.

RAMANATHAN, R.; RAMANATHAN, U.; HSIAO, H.-L. The Impact of E-commerce on Taiwanese SMEs: Marketing and Operations Effects. **International Journal of Production Economics**, v. 140, n. 2, p. 934-943, Dec. 2012.

REUVER, M. de et al. Collective Action for Mobile Payment Platforms: a Case Study on Collaboration issues between Banks and Telecom Operators. **Electronic Commerce Research and Applications**, v. 14, n. 5, p. 331-344, Sept./ Oct. 2015.

REYNOLDS, J. **The Complete E-commerce Book**: Design, Build, and Maintain a Successful Web-based Business. 2. ed. Gilroy: CMP Books, 2004.

RHEE, H. S.; PARK, J. H.; LEE, D. H. Generic Construction of Designated Tester Public-key Encryption with Keyword Search. **Information Sciences**, v. 205, p. 93-109, Nov. 2012.

ROBERT, J.-M. et al. A Distributed Resource Management Model for Virtual Private Networks: Tit-for-Tat Strategies. **Computer Networks**, v. 56, n. 2, p. 927-939, Feb. 2012.

ROBERTS, C. M. Radio Frequency Identification (RFID). **Computers & Security**, v. 25, n. 1, p. 18-26, Feb. 2006.

ROBINSON, A. **[Infographic] The Evolution and History of Supply Chain Management**. Jan. 2015. Disponível em: <http://cerasis.com/2015/01/23/history-of-supply-chain-management/>. Acesso em: 5 jun. 2016.

ROH, J. J.; MIN, H.; HONG, P. C. A Co-ordination Theory Approach to Restructuring the Supply Chain: an Empirical Study from the Focal Company Perspective. **International Journal of Production Research**, v. 49, n. 15, p. 4517-4541, Aug. 2011. Disponível em: <https://www.researchgate.net/publication/233145518_A_co-ordination_theory_approach_to_restructuring_the_supply_chain_An_empirical_study_from_the_focal_company_perspective>. Acesso em: 30 ago. 2016.

RONGPING, M.; YONGGANG, F. Security in the Cyber Supply Chain: a Chinese Perspective. **Technovation**, v. 34, n. 7, p. 385-386, July 2014.

ROSACI, D.; SARNÈ, G. M. L. Multi-agent Technology and Ontologies to Support Personalization in B2C E-commerce. **Electronic Commerce Research and Applications**, v. 13, n. 1, p. 13-23, Jan./Feb. 2014.

ROSENFELD, L.; MORVILLE, P. **Information Architecture for the World Wide Web**. 2. ed: Sebastopol: O'Reilly, 2002.

ROSS, D. F. **Introduction to E-supply Chain Management**: Engaging Technology to Build Market-Winning Business Partnerships. Boca Raton, FL, USA: St. Lucie Press, 2003.

ROTH, N. An Architectural Assessment of Bitcoin: Using the Systems Modeling Language. **Procedia Computer Science**, v. 44, p. 527-536, 2015. Disponível em: <http://www.sciencedirect.com/science/article/pii/S1877050915003026>. Acesso em: 30 ago. 2016.

ROY, S.; VENKATESWARAN, P. A Text Based Steganography Technique with Indian Root. **Procedia Technology**, v. 10, p. 167-171, 2013. Disponível em: <http://www.sciencedirect.com/science/article/pii/S2212017313005033>. Acesso em: 30 ago. 2016.

RUIZ-GARCIA, L.; LUNADEI, L. The Role of RFID in Agriculture: Applications, Limitations and Challenges. **Computers and Electronics in Agriculture**, v. 79, n. 1, p. 42-50, Oct. 2011.

RUSICH, A.; DANIELIS, R. Total Cost of Ownership, Social Lifecycle Cost and Energy Consumption of Various Automotive Technologies in Italy. **Research in Transportation Economics**, v. 50, p. 3-16, Aug. 2015.

SADEGHI, A. Providing a Measure for Bullwhip Effect in a Two-Product Supply Chain with Exponential Smoothing Forecasts. **International Journal of Production Economics**, v. 169, p. 44-54, Nov. 2015.

SAID, R. A. eERP: integrando o ERP ao e-Business. In: SIMPÓSIO DE EXCELÊNCIA EM GESTÃO EM TECNOLOGIA, 13., 2006, Resende-RJ. **Anais...** Resende-RJ: Associação Educacional Dom Bosco, 2006. Disponível em: <http://www.aedb.br/seget/arquivos/artigos06/841_e_ERP%20integrando%200%20ERP%20ao%20e_Business%20III%20Seget%20TI.pdf>. Acesso em: 30 ago. 2016.

SAINT PAUL RFID. **RFID "Identificação por frequência de rádio"**. 2015. Disponível em: <http://www.rfid.ind.br/o-que-e-rfid#.Vj2Cib8v3Nk>. Acesso em: 5 jun. 2016.

SAMBASIVAN, M.; MOHAMED, Z. A.; NANDAN, T. Performance Measures and Metrics for E-Supply Chains. **Journal of Enterprise Information Management**, v. 22, n. 3, p. 346-360, 2009.

SANJUAN, A. G.; FROESE, T. The Application of Project Management Standards and Success Factors to the Development of a Project Management Assessment Tool. **Procedia: Social and Behavioral Sciences**, v. 74, p. 91-100, Mar. 2013. Disponível em: <http://www.sciencedirect.com/science/article/pii/S1877042813004643>. Acesso em: 30 ago. 2015.

SANKAR, K.; KANNAN, S.; MUTHUKUMARAVEL, A. E Logistics for Warehouse Management. **Middle-East Journal of Scientific Research**, v. 20, n. 6, p. 766-769, 2014. Disponível em: <http://www.idosi.org/mejsr/mejsr20(6)14/23.pdf>. Acesso em: 30 ago. 2016.

SARRAF, T. **Como escolher uma plataforma de e-commerce**: os principais pontos e funcionalidades para escolher a melhor plataforma para o seu negócio. 2015. Disponível em: <http://www2.espm.br/ecommerce-implantacao>. Acesso em: 5 jun. 2016.

SATZINGER, J. W., JACKSON, R. B.; BURD, S. D. **Systems Analysis and Design in a Changing World**. 6. ed. Boston: Course Technology, 2012.

SCARFE, W. C. Integrating Images in Dental Manufacturing Technology: the Prosthetic Value Chain. **Oral Surgery, Oral Medicine, Oral Pathology, Oral Radiology, and Endodontology**, v. 112, n. 3, p. 281-283, Sept. 2011. Disponível em: <http://www.oooojournal.net/article/S1079-2104(11)00374-X/pdf>. Acesso em: 30 ago. 2016.

SCHNEIDER, G. P. **Electronic commerce**. 9. ed. Canada: Cengage Learning, 2011.

_____. **Electronic commerce**. 10. ed. Canada: Cengage Learning, 2013.

SD ASIA. **The Internet Then and Now [Infographic]**. July 2015. Disponível em: <http://sdasia.co/2015/07/03/the-internet-now-and-then-infographic/>. Acesso em: 5 jun. 2016.

SEBRAE – Serviço Brasileiro de Apoio às Micro e Pequenas Empresas. **Comércio eletrônico**: como o site da loja virtual deve ser construído. 16 mar. 2016a. Disponível em: <http://www.sebrae.com.br/sites/PortalSebrae/sebraeaz/como-o-site-da-loja-virtual-deve-ser-construido,5a14798d773c4410VgnVCM2000003c74010aRCRD>. Acesso em: 5 jun. 2016.

____. **Comércio eletrônico**: o planejamento da loja virtual de sucesso. 14 abr. 2016b. Disponível em <http://www.sebrae.com.br/sites/PortalSebrae/sebraeaz/O-planejamento-da-loja-virtual-de-sucesso#estrat%C3%A9gia-para-o-sucesso>. Acesso em: 5 jun. 2016.

____. **Conheça os elementos básicos do plano de negócios de e-commerce**. 2015. Disponível em <http://www.sebrae.com.br/sites/PortalSebrae/artigos/Elementos-B%C3%A1sicos-do-Plano-de-neg%C3%B3cios-de-e%E2%80%93commerce>. Acesso em: 23 jan. 2016.

____. **Design Thinking**: a combinação de cores em uma loja online. Disponível em: <http://www.sebrae.com.br/sites/PortalSebrae/artigos/a-combinacao-de-cores-em-uma-loja-online,be0a9e665b182410VgnVCM100000b272010aRCRD>. Acesso em: 5 jun. 2016c.

____. **Internet na medida**: como criar um site de sucesso. Brasília, 2012. <http://www.sebraesp.com.br/arquivos_site/biblioteca/guias_cartilhas/na_medida_como_criar_um_site_de_sucesso_manual_participante.pdf>. Acesso em: 5 jun. 2016.

____. **Internet para pequenos negócios**: táticas para construir uma presença de sucesso na internet. Disponível em: <https://www.sebraemg.com.br/atendimento/bibliotecadigital/documento/cartilha-manual-ou-livro/internet-para-pequenos-negocios-taticas-para-construir-uma-presenca-de-sucesso-na-internet>. Acesso em: 5 jun. 2016d.

SERVE, M. et al. B2B-enhanced Supply Chain Process: toward Building Virtual Enterprises. **Business Process Management Journal**, v. 8, n. 3, p. 245-253, 2002.

SHAIKH, A.; AL-DOSSARY, M. K. A Review of Impact Making Technologies in Supply Chain Management. In: EBES CONFERENCE, 10., 2013, Istanbul. **Proceedings...** Istanbul: Eurasia Business and Economics Society – EBES, 2013.

SHAN, W. et al. Evaluation of Correlation Power Analysis Resistance and its Application on Asymmetric Mask Protected Data Encryption Standard Hardware. **IEEE Transaction on Instrumentation and Measurement**, v. 62, n. 10, p. 2716-2724, Oct. 2013.

SIDDIQUI, A. W.; RAZA, S. A. Electronic Supply Chains: Status & Perspective. **Computers & Industrial Engineering**, v. 88, p. 536-556, Oct. 2015.

E-commerce: conceitos, implementação e gestão

SILVA, R.; AGUIAR, A.; PINTO, C. E-Collaboration Tools as a Support to Businesses Internationalization: a Case Study Analysis. **Procedia Technology**, v. 16, p. 332-341, 2014. Disponível em: <http://www.sciencedirect.com/science/article/pii/S2212017314003260>. Acesso em: 30 ago. 2016.

SIMATUPANG, T. M.; WRIGHT, A. C.; SRIDHARAN, R. The Knowledge of Coordination for Supply Chain Integration. **Business Process Management**, v. 8, n. 3, p. 289-308, 2002.

SINGH, R.; KUMAR, H.; SINGLA, R. K. An Intrusion Detection System Using Network Traffic Profiling and Online Sequential Extreme Learning Machine. **Expert Systems with Applications**, v. 42, n. 22, p. 8609-8624, Dec. 2015.

SITTIWONG, T.; MANYUM, W. The Study of Students' Opinions on the Knowledge Management System to Support Online Instruction for Self-directed Learning. **Procedia: Social and Behavioral Sciences**, v. 176, p. 750-756, Feb. 2015. Disponível em: <http://www.sciencedirect.com/science/article/pii/S187704281500573X>. Acesso em: 30 ago. 2016.

SKUDIENE, V.; AURUSKEVICIENE, V.; SUKEVICIUTE, L. Internationalization Model Revisited: E-marketing Approach. **Procedia: Social and Behavioral Sciences**, v. 213, p. 918-924, Dec. 2015. Disponível em: <http://www.sciencedirect.com/science/article/pii/S1877042815058607>. Acesso em: 30 ago. 2016.

SMEETS, R.; DE VAAL, A. Intellectual Property Rights and the Productivity Effects of MNE Affiliates on Host-Country Firms. **International Business Review**, v. 25, n. 1, p. 419-434, Feb. 2016.

SMITH, R. W. **LPIC-1 Linux Professional Institute Certification Study Guide**. 3. ed. Indianapolis: John Wiley & Sons, 2013.

SOKOLOV, A.; MESROPYAN, V.; CHULOK, A. Supply Chain Cyber Security: a Russian Outlook. **Technovation**, v. 34, n. 7, p. 389-391, July 2014. Disponível em: <https://www.researchgate.net/publication/260030531_Supply_chain_cyber_security_A_Russian_outlook>. Acesso em: 30 ago. 2016.

SOMMERVILLE, I. **Software Engineering**. 7. ed. Boston: Addison Wesley, 2004.

SOUZA, C. A. de; ZWICKER, R. Ciclo de vida de sistemas ERP. **Caderno de Pesquisas em Administração**, São Paulo, v. 1, n. 11, p. 46-57, 2000. Disponível em: <http://www.valdick.com/files/ERP_artigo3.pdf>. Acesso em: 30 ago. 2016.

SOUZA, D. C. de. **Como funciona uma rede**: Parte 1. Optclean, 4 abr. 2015. Disponível em: <http://optclean.com.br/como-funciona-uma-rede-de-computadores-parte-1/>. Acesso em: 5 jun. 2016.

STAIR, R. M.; REYNOLDS, G. W. **Fundamentals of Information Systems**. 6. ed. Boston: Cengage Learning, 2012.

STAYKOVA, K. S.; DAMSGAARD, J. The Race to Dominate the Mobile Payments Platform: Entry and Expansion Strategies. **Electronic Commerce Research and Applications**, v. 14, n. 5, p. 319-330, Sept./Oct. 2015.

STOREY, C.; KOCABASOGLU-HILLMER, C. Making Partner Relationship Management Systems Work: the Role of Partnership Governance Mechanisms. **Industrial Marketing Management**, v. 42, n. 6, p. 862-871, Aug. 2013.

STUART, I.; MCCUTCHEON, D. The Manager's Guide to Supply Chain Management. **Business Horizons**, v. 43, n. 2, p. 35-44, Mar./Apr. 2000.

SUN, Y.; MOUAKKET, S. Assessing the Impact of Enterprise Systems Technological Characteristics on User Continuance Behavior: an Empirical Study in China. **Computers in Industry**, v. 70, p. 153-167, Jun. 2015.

SWAFFORD, P. M.; GHOSH, S.; MURTHY, N. Achieving Supply Chain Agility Through IT Integration and Flexibility. **International Journal of Production Economics**, v. 116, n. 2, p. 288-297, Dec. 2008.

SWAMINATHAN, J. M.; SMITH, S. F.; SADEH, N. M. Modeling Supply Chain Dynamics: a Multiagent Approach. **Decision Sciences**, v. 29, n. 3, p. 607-632, 1998. Disponível em: <http://www.cs.cmu.edu/afs/cs/user/sfs/www/papers/dsj04.pdf>. Acesso em: 30 ago. 2016.

SYSEL, M.; DOLEŽAL, O. An Educational HTTP Proxy Server. **Procedia Engineering**, v. 69, p. 128-132, 2014. Disponível em: <http://www.sciencedirect.com/science/article/pii/S1877705814002148>. Acesso em: 30 ago. 2016.

TANJUNG, F. A.; DHEWANTO, W. Formulation of E-Commerce Website Development Plan Using Multidimensional Approach for Web Evaluation. **Procedia: Social and Behavioral Sciences**, v. 115, p. 361-372, Feb. 2014. Disponível em: <http://www.sciencedirect.com/science/article/pii/S1877042814019909>. Acesso em: 30 ago. 2016.

TAO, R. et al. Secure Gateway of Internet of Things Based on Appweb and Secure Sockets Layer for Intelligent Granary Management System. In: INTERNATIONAL CONFERENCE ON COMPUTER AND COMPUTING TECHNOLOGIES IN AGRICULTURE (CCTA), 7., 2013, Beijing. p. 78-89. In: LI, D.; CHEN, Y. **Computer and Computing Technologies in Agriculture VII** – CCTA. Beijing: International Federation for Information Pocessing – IFIP, 2013.

TASSABEHJI, R. **Applying E-commerce in Business**. London: Sage Publications, 2005.

TELECO. **Redes IP I**: fundamentos redes. Disponível em: <http://www.teleco.com.br/tutoriais/tutorialredeipec1/pagina_2.asp>. Acesso em: 5 jun. 2016a.

_____. **SNMP**: protocolo. Disponível em: <http://www.teleco.com.br/tutoriais/tutorialsnmp/pagina_3.asp>. Acesso em: 5 jun. 2016b.

TENNEKOON, R. et al. **Per-hop Data Encryption Protocol for Transmitting Data Securely over Public Networks**. In: INTERNATIONAL WORKSHOP ON FRONTIERS IN AMBIENT AND MOBILE SYSTEMS (FAMS), 4., Kanagawa - Japan, 2014. Proceedings... Kanagawa, Japan: Department of Systems Design, Keio University, 2014. Disponível em: <http://www.sciencedirect.com/science/article/pii/S1877050914007194>. Acesso em: 5 jun. 2016.

E-commerce: conceitos, implementação e gestão

TESTA, M. G.; LUCIANO, E. M.; FREITAS, H. Comércio eletrônico: tendências e necessidades de pesquisa. **Revista Angrad**, Rio de Janeiro, v. 7, n, 1, p. 23-42, jan./mar. 2006. Disponível em: <https://www.researchgate.net/publication/278849825_Comercio_Eletronico_Tendencias_e_Necessidades_de_Pesquisa>. Acesso em: 30 ago. 2016.

THE BUSINESS ZOOM. **Modelo Cadeia de Valor (Michael Porter, 1985)**. 2015. Disponível em: <http://www.thebusinesszoom.com/cadeia-de-valor-porter.html>. Acesso em: 5 jun. 2016.

THORLEUCHTER, D.; VAN DEN POEL, D. Predicting E-commerce Company Success by Mining the Text of its Publicly-Accessible Website. **Expert Systems with Applications**, v. 39, n. 17, p. 13026-13034, Dec. 2012.

TICKNOR, M. et al. **IBM WebSphere Application Server v8 Concepts, Planning, and Design Guide**. IBM, International Technical Support Organization, RedBooks, Aug. 2011.

TIMMERS, P. **Electronic Commerce**: Strategies and Models for Business-to-business Trading. England: John Wiley & Sons, 2000.

TING, S. L.; TSANG, A. H. C. A Two-factor Authentication System using Radio Frequency Identification and Watermarking Technology. **Computers in Industry**, v. 64, n. 3, p. 268-279, Apr. 2013.

TRABELSI, Z. et al. Dynamic Traffic Awareness Statistical Model for Firewall Performance Enhancement. **Computers & Security**, v. 39, Part B, p. 160-172, Nov. 2013.

_____. Statistical Dynamic Splay Tree Filters towards Multilevel Firewall Packet Filtering Enhancement. **Computers & Security**, v. 53, p. 109-131, Sept. 2015.

TSENG, S.-M. Exploring the Intention to Continue Using Web-based Self-service. **Journal of Retailing and Consumer Services**, v. 24, p. 85-93, May 2015.

_____. The Impact of Knowledge Management Capabilities and Supplier Relationship Management on Corporate Performance. **International Journal of Production Economics**, v. 154, p. 39-47, Aug. 2014.

TUNG, F.-C.; CHANG, S.-C.; CHOU, C,-M. An Extension of Trust and TAM Model with IDT in the Adoption of the Electronic Logistics Information System in HIS in the Medical Industry. **International Journal of Medical Informatics**, v. 77, n. 5, p. 324-335, May 2008.

TURBAN, E. et al. **Electronic Commerce 2008**: a Managerial Perspective. 5. ed. New Jersey: Prentice Hall, 2008.

_____. **Electronic Commerce**: a Managerial and Social Networks Perspective. 7. ed. New Jersey: Prentice Hall, 2012.

TUREK, B. **Information Systems in Supply Chain Integration and Management**. 2013. Disponível em: <http://www.ehow.com/info_8337099_inf ormation-supply-chain-integration-management.html>. Acesso em: 23 jan. 2016.

TURNER, S. Transport Layer Security. **IEEE Computer Society**, v. 18, n. 6, p. 60-63, Nov./Dec. 2014.

USTUNDAG, A.; TANYAS, M. The Impacts of Radio Frequency Identification (RFID) Technology on Supply Chain Costs. **Transportation Research Part E: Logistics and Transportation Review**, v. 45, n. 1, p. 29-38, Jan. 2009.

VALLEJO, B.; WEHN, U. Capacity Development Evaluation: the Challenge of the Results Agenda and Measuring Return on Investment in the Global South. **World Development**, v. 79, p. 1-13, Mar. 2016. Disponível em: <http://www.sciencedirect.com/science/article/pii/S0305750X15002739>. Acesso em: 30 ago. 2016.

VANITHA, M.; SELVAKUMAR, R.; SUBHA, S. Hardware and Software Implementation for Highly Secured Modified Wired Equivalent Privacy (MdWEP). **Journal of Theoretical and Applied Information Technology**, v. 48, n. 2, p. 668-673, Feb. 2013.

VENKATESH, V. IT, Supply Chain, and Services: Looking ahead. **Journal of Operations Management**, v. 31, n. 6, p. 281-284, Sept. 2013.

VIDEO CASE STUDY 25. **Whirlpool Cleans up its Supply Chain**. The McGraw-Hill Companies, 2009. Disponível em: <http://cws.cengage.co.uk/colekelly7/students/Video%20Cases/Chapter%2041%20-%20Video%20Case%20Study%2025.pdf>. Acesso em: 5 jun. 2016.

VIDEO CASE STUDY 29. **Databases and the Edge for FreshDirect**. Case Media. The McGraw-Hill Companies, 2006. Disponível em: <http://cws.cengage.co.uk/colekelly7/students/Video%20Cases/Chapter%2030%20-%20Video%20Case%20Study%2029.pdf>. Acesso em: 5 jun. 2016.

VIDOTTI, S. A. B. G.; SANCHES, S. A. S. Arquitetura da informação em web sites. In: SIMPÓSIO INTERNACIONAL DE BIBLIOTECAS DIGITAIS, 2., 2004, Campinas. **Anais eletrônicos...** Campinas: Unicamp, 2004.

WALKER, H.; BRAMMER, S. The Relationship between Sustainable Procurement and e-Procurement in the Public Sector. **International Journal of Production Economics**, v. 140, n. 1, p. 256-268, Nov. 2012.

WANG, J.; KISSEL, Z. A. **Introduction to Network Security**: Theory and Practice. Singapore: John Wiley & Sons, 2015.

WANG, S. et al. Service Vulnerability Scanning Based on Service-oriented Architecture in Web Service Environments. **Journal of Systems Architecture**, v. 59, n. 9, p. 731-739, Oct. 2013.

WANG, W.; YANG, M.; SEONG, P. H. Development of a Rule-based Diagnostic Platform on an Object-Oriented Expert System Shell. **Annals of Nuclear Energy**, v. 88, p. 252-264, Feb. 2016.

WANG, Y. **E-collaboration**: a Literature Review. Oct. 2005. CUIMRC Working Paper Series. Disponível em: <http://www.cuimrc.cf.ac.uk/sites/www.cuimrc.cf.ac.uk/download.php?id=36> Acesso em: 14 ago. 2015.

E-commerce: conceitos, implementação e gestão

WANG, Y. et al. Service Supply Chain Management: a Review of Operational Models. **European Journal of Operational Research**, v. 247, n. 3, p. 685-698, Dec. 2015.

WATSON, R. T. et al. **Electronic Commerce**: the Strategic Perspective. Zurich, Switzerland: The Jacobs Foundation, 2008. Disponível em: <https://florida. theorangegrove.org/og/file/29589c3c-8bcd-72c1-b2f2-37789232eb3c/1/ Electronic_Commerce.pdf>. Acesso em: 4 jun. 2016.

WEBSENSE. **Deploying with Websense Content Gateway**. Disponível em: <https://www.websense.com/content/support/library/web/v75/wcg_deploy/ WCG_Deploy.pdf>. Acesso em: 4 jun. 2016.

WHATIS.COM. **E-commerce (Electronic Commerce or EC)**. Disponível em <http://searchcio.techtarget.com/definition/e-commerce>. Acesso em: 14 ago. 2016.

WHITTEN, J. L.; BENTLEY, L. D. **Systems Analysis and Design Methods**. 7. ed. New York: Irwin/McGraw-Hill, 2007.

WIECZERZYCKI, W. The Role of Information Technology in the Supply Chain. In: CIESIELSKI, M.; DŁUGOSZ, J. **Supply Chain Strategies**. Warszawa: Polskie Wydawnictwo Ekonomiczne, 2010. p. 110-116.

WIERSEMA, F. The B2B Agenda: the Current State of b2b Marketing and a Look Ahead. **Industrial Marketing Management**, v. 42, n. 4, p. 470-488, May 2013.

WU, Z.; WU, J. Price Discount and Capacity Planning under Demand Postponement with Opaque Selling. **Decision Support Systems**, v. 76, p. 24-34, Aug. 2015.

XIA, W.; LEE, G. Grasping the Complexity of IS Development Projects. **Communications of the ACM**, v. 47, n. 5, p. 68-74, May 2004. Disponível em: <http://misrc.umn.edu/workingpapers/fullPapers/2003/0340_110103.pdf>. Acesso em: 30 ago. 2016.

YANG, Z.; SHI, Y.; WANG, B. Search Engine Marketing, Financing Ability and Firm Performance in E-commerce. **Procedia Computer Science**, v. 55, p. 1106-1112, 2015. Disponível em: <http://www.sciencedirect.com/science/article/pii/ S1877050915015537>. Acesso em: 30 ago. 2016.

YANJING, J. Integration of ERP and CRM in E-commerce Environment. In: INTERNATIONAL CONFERENCE ON MANAGEMENT AND SERVICE SCIENCE – MASS '09, 9., Wuhan, China, 2009. **Proceedings...** Wuhan, China: MASS, 2009, p. 1-4.

YAO, X.; CHEN, Z.; TIAN, Y. A Lightweight Attribute-based Encryption Scheme for the Internet of Things. **Future Generation Computer Systems**, Amsterdam, Holanda, v. 49, p. 104-112, Aug. 2015.

YENICIOGLU, B.; SUERDEM, A. Participatory New Product Development: a Framework for Deliberately Collaborative and Continuous Innovation Design. **Procedia: Social and Behavioral Sciences**, v. 195, p. 1443-1452, July 2015. Disponível em: <http://www.sciencedirect.com/science/article/pii/S187704281503921X>. Acesso em: 30 ago. 2016.

YUE, C.; XIE, M.; WANG, H. An Automatic HTTP Cookie Management System. **Computer Networks**, v. 54, n. 13, p. 2182-2198, 2010. Disponível em: <http://www.cs.wm.edu/~hnw/paper/COMNET_2010.pdf>. Acesso em: 30 ago. 2016.

ZHANG, J.; HU, N.; RAJA, M. K. Digital Certificate Management: Optimal Pricing and CRL Releasing Strategies. **Decision Support Systems**, v. 58, p. 74-78, Feb. 2014.

ZHANG, X.; ORDÓÑEZ DE PABLOS, P.; ZHOU, Z. Effect of Knowledge Sharing Visibility on Incentive-based Relationship in Electronic Knowledge Management Systems: an Empirical Investigation. **Computers in Human Behavior**, v. 29, n. 2, p. 307-313, Mar. 2013.

ZHANG, Y. et al. Assessment of E-commerce Security Using AHP and Evidential Reasoning. **Expert Systems with Applications**, v. 39, n. 3, p. 3611-3623, Feb. 2012.

ZHANG, Y.; BIAN, J.; ZHU, W. Trust Fraud: a Crucial Challenge for China's E-commerce Market. **Electronic Commerce Research and Applications**, v. 12, n. 5, p. 299-308, Sept./Oct. 2013.

ZHANG, Z.; CHOW, S. S. M; CAO, Z. Post-challenge Leakage in Public-key Encryption. **Theoretical Computer Science**, v. 572, p. 25-49, Mar. 2015.

ZHOU, T. An Empirical Examination of Continuance Intention of Mobile Payment Services. **Decision Support Systems**, v. 54, n. 2, p. 1085-1091, Jan. 2013.

ZHU, W. et al. State-of-Art Power Line Communications Channel Modelling. **Procedia Computer Science**, v. 17, p. 563-570, 2013. Disponível em: <http://www.sciencedirect.com/science/article/pii/S1877050913002056>. Acesso em: 30 ago. 2016.

ZWASS, V. Electronic Commerce: Structures and Issues. **International Journal of Electronic Commerce**, v. 1, n. 1, p. 3-23, Sept./Dec. 1996. Disponível em: <http://www.ijec-web.org/v1n1/p003full.html>. Acesso em: 30 ago. 2016.

Respostas

Capítulo 1

Questões para revisão

1. 1, 2, 1, 2, 1
2. 5, 2, 3, 1, 6, 4
3. 4, 3, 1, 5, 2
4. Os principais elementos do mundo digital são a economia, as empresas e a sociedade digital. Eles são diversificados e se expandem rapidamente. O mundo digital é acompanhado por empresas sociais e clientes sociais.
5. As principais limitações do *e-commerce* são a resistência à nova tecnologia, o medo de fraudes, a integração com outros sistemas de TI, o atendimento de pedidos, a privacidade, aspectos regulatórios (que são pouco claros), falta de confiança nos computadores, parceiros de negócios desconhecidos, dificuldades para justificar as iniciativas do *e-commerce* e a falta de colaboradores qualificados.

Questões para reflexão

1. A internet oferece aos profissionais do *marketing* novas formas de identificar e se comunicar com milhões de potenciais clientes a custos mais baixos que a mídia tradicional. Ajuda as empresas a aprenderem com os clientes, a fim de melhorar a oferta de produtos e aumentar o valor para eles. Técnicas de segmentação comportamentais aumentam a eficácia do *banner*, mídia avançada e anúncios em vídeo.
2. Podemos destacar as seguintes ferramentas utilizadas na *e-logistics*:
   A postergação da logística (*postponement*) ou adiantamento da finalização do produto com customização.
   Desmaterialização.
   Intercâmbio de recursos.
   Embarques alavancados.
   O modelo *Clicks-and-Mortar* (CAM).

Capítulo 2

Questões para revisão

1. 3, 5, 2, 1, 4
2. c
3. a
4. Em primeiro lugar, as limitações dependem das exigências do mercado para produtos *on-line*, pois o efeito da saturação pode ser forte. Em segundo lugar, o custo e o acesso à internet podem influenciar o crescimento. Em terceiro lugar, as diferenças e os hábitos culturais podem impedir ou desacelerar as compras *on-line*. Em quarto lugar, a facilidade de compras no B2C é importante. Em quinto lugar, a disponibilidade de pagamentos e a infraestrutura do atendimento de pedidos são fatores críticos para o sucesso.
5. A capacidade de uma empresa em sobreviver e prosperar depende do seu modelo de negócio, da capacidade do empreendedor e da execução bem-sucedida do plano de negócios. Criatividade, atitudes empreendedoras e de gestão de competências representam um investimento no capital humano de cada empresa, o que é importante para o sucesso. Isso é uma verdade para negócios *on-line* e *off-line*. No entanto, para ter sucesso nos negócios *on-line*, a gestão precisa considerar fatores adicionais, como modelos de *e-business*, modelos de receita, sinergia, possíveis conflitos entre os canais *on-line* e *off-line*, gestão do *website* e integração dos SIs para *e-commerce*.

Questões para reflexão

1. O desenvolvimento de um *website* para o *e-commerce* exige funcionalidades interativas, como a capacidade de responder à entrada do usuário (nome e endereço); receber pedidos de clientes para produtos e serviços; oferecer segurança nas operações com cartão de crédito em tempo real; consultar bancos de dados sobre o preço de produtos e serviços; e, até mesmo, ajustar a publicidade na tela com base nas características do usuário. A funcionalidade estendida exige o desenvolvimento de servidores de aplicativos da *web* e uma arquitetura de sistema multicamadas para lidar com as cargas de processamento. Quando empresas começaram a

E-commerce: conceitos, implementação e gestão

estabelecer sua presença na internet, o *website* era um folheto estático que não era atualizado frequentemente com novas informações, no qual raramente eram incluídos quaisquer recursos de processamento de transações de negócios.

2. Os três tipos de processo do *e-marketing* são:

- Aquisição de clientes – Atrair visitantes para o *website* a fim de promover uma marca por meio de motores de busca ou publicidade em outros *websites*.

- Conversão de cliente – Envolver os visitantes do *website* para atingir os resultados que o gestor deseja, como conduzir as vendas ou a navegação de outros conteúdos. É desenvolver uma experiência satisfatória ao cliente.

- Retenção de clientes e crescimento – Incentivar o uso de repetição de canais digitais e, para *websites* transacionais, repetir as vendas.

Capítulo 3

Questões para revisão

1. 4, 2, 3, 1, 5
2. e
3. 3, 2, 5, 1, 4
4. Se o comprador exige o uso das etiquetas RFID, não há escolha senão seguir o pedido. No entanto, os especialistas em equipamentos RFID não estão sempre disponíveis em uma empresa. Contudo, alguns fornecedores terceirizados de serviços de logística de terceiros dão suporte ao serviço de marcação com as etiquetas RFID. Nesses casos, quem paga o custo e quem recebe o benefício? Até agora, grandes compradores, como Walmart, obtêm o benefício e os fornecedores pagam o custo. A longo prazo, os fornecedores podem ser capazes de compartilhar o benefício na gestão de estoques. Porém, leva tempo até que a aceitação da tecnologia RFID seja suficiente para maximizar seu benefício.
5. Vários métodos estão disponíveis, pois as transferências eletrônicas são muito populares. Alguns clientes pagam com e-cheques e pequenas quantidades costumam ser pagas com cartões de crédito. Para manutenção, reparo e operações, considera-se o uso de cartões de compras. Para o

comércio global, cartas eletrônicas de crédito são populares. Com todos esses métodos, um fator importante é determinar o quão bem eles trabalham com sistemas de contabilidade e de ordenação existentes e com parceiros de negócios.

Questões para reflexão

1. Os passos para a criação de uma política de segurança no *e-commerce* são os seguintes:
   - avaliação dos riscos e pontos de vulnerabilidade;
   - política de segurança;
   - plano de implementação;
   - organização da segurança;
   - auditoria de segurança.

2. Outra questão legal e política que envolve o *e-commerce* são os impostos e as taxações. As empresas que fazem negócios na *web* estão sujeitas aos mesmos impostos que qualquer outra empresa. No entanto, mesmo um pequeno negócio na *web* pode se tornar instantaneamente sujeito a impostos em muitos estados e países por causa do âmbito mundial da internet.

Sobre as autoras

Nara Medianeira Stefano é economista graduada pela Universidade Federal de Santa Maria (UFSM) em 2005. Tornou-se mestre em Engenharia de Produção pela mesma instituição de ensino em 2009 e doutora em Engenharia de Produção pela Universidade Federal de Santa Catarina (UFSC) em 2014. Atualmente, realiza o estágio de pós-doutorado na UFSC. Tem experiência em várias áreas de pesquisa, entre as quais as principais são: métodos multicritérios de decisão, lógica *fuzzy*, gestão de periódicos científicos, gestão da informação, gestão de custos. Tem mais de 70 artigos publicados em periódicos nacionais e internacionais, foi editora por seis anos *do Iberoamerican Journal of Industrial Engineering* (IJIE) e é autora das obras: *Avaliação de periódicos científicos sob a ótica do Capital Intelectual e métodos fuzzy* (Paco Editorial, 2016) e *Gestão de custos em empresas de serviços: teoria e prática* (CRV, 2013).

Izabel Cristina Zattar graduou-se em Tecnologia em Mecânica pela Sociedade Educacional de Santa Catarina (Sociesc) em 2002, realizou mestrado em Engenharia Mecânica na UFSC em 2004 e doutorado em Engenharia Mecânica, em 2008, nessa mesma instituição. Tem experiência nas áreas de processos de fabricação, planejamento e melhorias de processos e indicadores de produtividade. Atualmente, trabalha em projetos com diversas empresas, entre editoras, incubadoras e indústrias de bens manufaturados, além de agências de fomento.

Os papéis utilizados neste livro, certificados por instituições ambientais competentes, são recicláveis, provenientes de fontes renováveis e, portanto, um meio **responsável** e natural de informação e conhecimento.

Impressão: Reproset